寬 主編
國 副主編
字字形表

春秋文字字形表

吴國昇 編著

本項目爲
國家社科基金重大項目「漢字發展通史」（11&ZD126）
二〇一五年國家古籍整理出版資助項目

前言

近年來，我們先後承擔了國家社會科學基金重點項目「漢字理論與漢字發展史研究」（05AYY002）、重大招標項目「漢字發展通史」研究（11&ZD126）等課題。前一課題的結項成果《古漢字發展論》，有幸列入「國家哲學社會科學成果文庫」（二〇一三），由中華書局於二〇一四年出版；後一課題目前也已進入研究的後期階段。

漢字理論與發展史是一項基礎性研究課題。作爲自源的古典文字體系，漢字歷史悠久，内涵豐富，系統複雜。在開展課題研究時，我們曾設想在以下方面有所創新並取得進展：一是進一步歸納和揭示漢字的結構類型，重新闡釋漢字的構造理論及其功能；二是更客觀地描述漢字形體的特點及其發展變化，揭示漢字形體發展演變的基本規律；三是劃分出漢字發展演進的歷史階段，並對各個階段漢字構形、形體、使用等情況作出準確的判斷；四是建立觀測漢字發展歷史的理論構架和衡量標尺，以便更準確地描述漢字的發展演變歷史；五是形成比較符合漢字實際的文字學理論體系和有關專題研究的新成果。這些設想在《古漢字發展論》的「前言」中我們曾經提及。顯然，要實現上述理想目標絶非一日之功，需要做出長遠規劃並分階段開展研究工作。隨着研究工作的有計劃推進，圍繞上述目標我們已經取得了一批預期的研究成果。由上海古籍出版社出版的這套古漢字系列字形表，就是這些階段性成果的一部分。

中國文字學研究有着悠久深厚的傳統，先秦兩漢時期就逐步形成漢字構形分析的理論和方法，那就是「六書」學說。東漢許慎《説文解字》是兩漢文字學理論和實踐的結晶，它的問世確立了傳統文字學的基礎和發展方向。傳統文字學不僅重視漢字構造及其形音義關係的闡釋，也十分重視漢字使用情況的研究，這與傳統「小學」形成的背景密切相關。傳統文字學研究文字的目的是「説字解經誼」（《説文・敘》），「以字解經，以經解字」是經學家和文字訓詁學家的不二法門。在漢唐經傳訓釋和歷代文字學著作中，保留了極爲豐富的分析漢字字用的資料，「通假字」、「古今字」、「正俗字」等概念，都是前人分析字用現象形成的認識成果。百餘年來，文字學研究取得了重要發展，尤其是甲骨文等古文字新材料的發現，極大促進了漢字形體和結構的分析，以漢字形體結構爲研究重點的「形體派」，遂成爲文字學研究的主流，而文字學界對前人字用研究的成果和傳統卻有所忽視。

我們認爲，漢字發展史的研究，要在繼承和發揚文字學研究傳統的同時，以現代學術視野來確定研究的理論、路徑和方法。漢字發展史研究的首要工作，是要確定好觀測漢字發展的理論構架，因此，我們提出要從漢字結構、形體、使用和相關背景等維度，全面考察漢字發展的各個方面，進而揭示漢字體系發展的基本走向和運動規律。其次是要以斷代研究爲基礎，在科學劃分漢字發展歷史階段的基礎上，對不同階段漢字進行深入的斷代研究，以理清不同時期漢字發展和使用的全面情況，從而爲漢字發展研究奠定堅實的基礎（見《古漢字發展論》第十七至十九頁）。

不同時代的文字使用現狀及其變化，是不同時代文字發展的真實記録。在開展漢字發展史研究時，只有通過對這些用字現象的深入考察，才能更好地認識漢字體系在不同時代的發展演變。這就是我們之所以提出從結構、形體、使用三維視角，來觀察漢字發展的一些理論思考。與此同時，任何文字體系的發展，又都不能脱離其時代的變更和發展，只有對文字體系發展的時代背景有了深入而全面的把握，才能真正揭示各種文字現象産生發展的歷史動因。因此，嚴格意義的漢字斷代研究，應該包括上述幾個方面。

在開展漢字發展史研究過程中，我們尤爲重視字形表的編纂工作。字形表的編纂雖然只是從形體結構對某一時代的文字狀況進行全面清理，並不是斷代研究的全部，但無疑卻是最基礎性的工作。這套古漢字系列字形表，以出土文獻資料爲依據，對商代、西周、春秋、戰國、秦文字進行了斷代清理，較爲全面地呈現出古漢字階段各個時期字形的典型樣本。與編纂文字編的宗旨不盡相同，字形表主要是爲了全面系統地展現古漢字各個時期形體結構的特點和實際面貌，展示和驗證不同時期漢字體系的發展。因此，各字形表在編纂時，不僅注意努力做到收字全面，釋字準確無誤，對異形異構字做到應收盡收，而且更加重視選取形體結構的典型樣本，並儘可能地標識其時代和區域分佈。我們希望通過編纂古漢字系列字形表，能爲漢字理論與發展史研究打下堅實的材料基礎。

這套古漢字系列字形表的編纂經歷了較長一段時間，在納入漢字發展史研究計劃之前，有的編著者實際上就已經開始了相關工作。在啟動「漢字理論與漢字發展史」課題後，各字形表的編纂工作也隨之全面展開。二〇一三年元月，該課題進行結題總結，各字形表初步編成，課題組爲此組織了第一次集中審讀。此後，根據「漢字發展通史」研究課題的新要求，各字形表進入材料增補和編纂完善階段。二〇一四年八月，課題組對已編成的字形表初稿再次組織了集體審讀，進一步明確和統一體例，對各表中存在的問題提出了具體修改意見。二〇一五年七月，課題組召開了第三次集體審讀會。這次會議之後，各字形表陸續進入到定稿階段。我們之所以多次組織集體審讀，主要是由於字形表編纂需要跟蹤學術研究進展，對不斷公布的新材料、新成果的增補吸收和一些疑難字的處理，都需要集思廣益，發揮集體力量。二〇一五年九月至二〇一六年二月，各表修訂稿陸續完成交稿，主編對稿件進行了全面審訂，並提出修改意見。二〇一六年上半年，完成了修訂稿終審，編纂工作遂告一段落。上海古籍出版社收到字形表稿件後，又一次進行了體例的統一和完善。在這個過程中，各書編著者和出版單位都付出了艱辛的勞動。字形表的編纂看似容易成卻難，正是由於課題組多年努力，團結協作，相互學習，相互砥礪，才能完成這一艱巨繁難的編纂任務。

古文字學是一門始終處於快速發展的學科，新材料層出不窮，新成果不斷問世。古文字學界一直有着跟蹤研究新進展，適時編著各類文字編的良好傳統。近年來，利用新材料、新成果編纂的各種文字編不少，這些文字編較好地反映了古文字學界的研究成果，也爲字形表編纂工作提供了極大便利，是編纂字形表的重要參考，在此謹向各位文字編著者表示衷心感謝！在字形表編纂過程中，我們始終注意吸收古文字學界新成果，但限於體例，未能逐一注明，謹向有關作者致以歉意並表示感謝！各字形表引用和參考各家成果情況，請參看書後所列「參考文獻」以及「凡例」、「後記」所作的有關說明。儘管我們將編纂高水準字形表作爲工作的目標，但囿於見聞和學識，字形表中存在的疏忽或錯謬一定不少，誠懇期待各位讀者批評指正。

最後，我們要由衷感謝國家社會科學基金對該項研究計劃的資助支持！由衷感謝上海古籍出版社吴長青先生、顧莉丹博士等爲系列字形表的編纂出版所做的貢獻和付出的辛勞！

黄德寬

二〇一七年六月

凡例

一、本字形表以收春秋時期文字爲主，包括銅器、兵器、石器等各類器物上的文字。爲了盡可能不漏收春秋文字材料，對凡屬「西周晚期或春秋早期」有争議者，皆歸入春秋早期； 屬「春秋晚期或戰國早期」有争議者，皆歸入春秋晚期。

二、全書分爲正文十四卷、合文一卷。字頭排列大致按照許慎《説文解字》一書順序。見於《説文解字》者，首出楷書字頭； 同一字頭下的異體字出隸定字形，另起一欄。凡《説文解字》所無之字，徑出隸定字頭，在字頭右上角標*號，按偏旁部首附於相應各部之後。

三、同一字形按春秋早、中、晚三期分欄排列。三期的大致界限爲： 前七七〇—前六七〇年爲早期； 前六七〇—前五六〇年爲中期； 前五六〇—前四五三年爲晚期。

四、本表收字原則： 收録全部已釋字； 可隸定且大體了解用法的字； 經常出現尚未釋出的可隸定字。

五、爲避免字形失真，本字形表收録的字形，儘量采用原拓掃描録入。字迹不清晰者一般不收，但字形特別重要者則同時附摹本收録。原拓與摹本同時出現時，僅出原拓出處。

六、每一字頭下所收字形爲具有文字學意義之典型字形，各類異形儘量全數收録，同一隸定字形下略有差異者分列排佈； 字形殘缺或不具有典型性者一般不收。

七、每一字形下均標明出處，以便查核。只有純數字爲《殷周金文集成（修訂增補本）》編號，其餘材料用簡稱，詳見

《引書簡稱表》。

八、字形材料國屬明確者標明國別。

九、字形下必要時加按語，不詳注出處。書後附有《參考文獻》。

十、字形表後附有拼音檢字表和筆畫檢字表，以備檢索。合文部分不出檢字表。

十一、收録資料截止時間爲二〇一五年八月。

目録

0002 元　　0001 一

元		一			春秋文字字形表　卷一
 天尹鐘 00006  邛季之孫戈 （邛） 11252	 秦子戈 （秦） 11353  曾伯霥簠 （曾） 04631	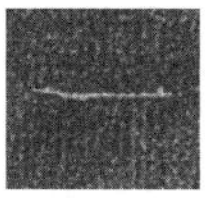 蠶公彭宇簠 （楚） 04610	 洹子孟姜壺 （齊） 09730  鑄叔皮父簋 （鑄） 04127	早期	
 敶伯元匜 （陳） 10267  魯大司徒厚氏元笧 （魯） 04691	 子犯鐘 （晉） 影彙 1023  王孫誥鐘 （楚） 影彙 434			中期	
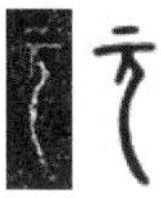 郳公鞁父鎛 （小邾） 商圖15818  蔡侯紐鐘 （蔡） 00217	 晉公盆 （晉） 10342 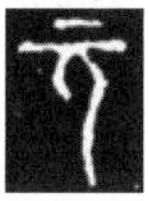 鼄公華鐘 （邾） 00245	 侯馬盟書 （晉） 16:3  温縣盟書 （晉） T1K1:2279	 石鼓・霝雨 （秦）	晚期	

					 魯大司徒厚 氏元簠 （魯） 04689  魯大司徒厚 氏元簠 （魯） 04690
 虡公劍 近二1297	 之乘辰鐘 （徐） 影彙 1409  能原鎛 （越） 00156	 吴季子之子 逞劍 （吴） 11640  玄鏐之用戈 商圖16797	 少虡劍 （晉） 11696  曾侯與鐘 （曾） 江考 2014. 4	 攻吴大叡矛 （吴） 影彙1625  攻吴王叡戗 此郤劍 （吴） 影彙1188	 欒書缶 （楚） 10008  沇兒鎛 （徐） 00203

0003

天

天					
		 天尹鐘 00005	 秦公鐘 （秦） 00262  曾伯霥簠 （曾） 04631		
 秦景公石磬 （秦） 通鑒 19782		 叔夷鎛 （齊） 00285  敬事天王鐘 （楚） 00080	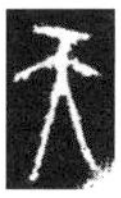 秦公簋 （秦） 04315  宋公圝鼎 （宋） 文物 2014.1		 次□缶 （徐） 影彙 1249
 懷后石磬 （秦） 通鑒 19817	 子璋鐘 （許） 00119  郤王義楚觶 （徐） 06513	 曾侯與鐘 （曾） 江考 2014.4 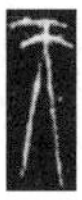 蔡侯𩔖尊 （蔡） 06010	 石鼓·馬薦 （秦）  宋公䜌簠 （宋） 04589	 攻吴王夫差劍 （吴） 影彙 1734  攻吴王夫差劍 （吴） 影彙 1551	 吴王夫差劍 （吴） 影彙 317

0004

丕

不					
					 洹子孟姜壺 （齊） 09729
 公典盤 （齊） 影彙 1043  王孫遺者鐘 （楚） 00261	 秦公簋 （秦） 04315  王孫誥鐘 （楚） 影彙 441			 敬事天王鐘 （楚） 00078	 庚壺 （齊） 09733  叔夷鐘 （齊） 00275
 温縣盟書 （晉） T1K1:2182  温縣盟書 （晉） T1K1:1845	 與兵壺 （鄭） 近二 878 「不」「丕」一字分化。「不」字見卷十二。	 吴王光鐘 （吴） 00224  吴王光鐘 （吴） 00224	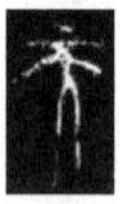 蔡侯鎛 （蔡） 00220  𪒠鎛 （楚） 影彙 489	 曾侯與鐘 （曾） 江考 2014.4	 宋公䜌簠 （宋） 04590  司馬楙鎛 （滕） 近二 47

0007 帝　　0006 上　　0005 吏

帝	堂	二		上	吏
		 上曾太子鼎 （曾） 02750  上鄀公敄人 簋蓋 （鄀） 04183	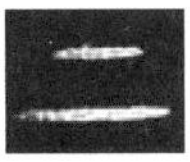 秦公鐘 （秦） 00262 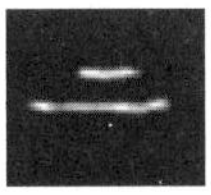 洹子孟姜壺 （齊） 09729		 己侯壺 （紀） 09632
 秦公簋 （秦） 04315  秦景公石磬 （秦） 通鑒 19793		 上鄀府簠 （楚） 04613	 鄭大内史叔 上匜 （鄭） 10281  秦景公石磬 （秦） 通鑒 19799		「史」「吏」「事」「使」一字分化。
 温縣盟書 （晉） T1K1:3797  越王者旨於 睗鐘 （越） 00144	 侯馬盟書 （晉） 92:38  侯馬盟書 （晉） 98:16	 者減鐘 （吳） 00197		 蔡侯龖尊 （蔡） 06010  曾侯與鐘 （曾） 江考 2014. 4	 侯馬盟書 （晉） 156:19  侯馬盟書 （晉） 156:21

0008 旁	0009 下				0010 祜
旁	下			二	祜
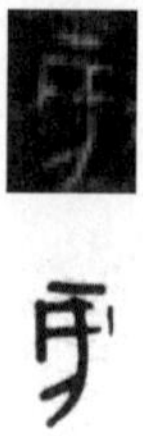 秦政伯喪戈（秦）近二 1248				 曾子斿鼎（曾）02757  鄀公諴鼎（鄀）02753	 曾孟嬴剈簠（曾）影彙 1199  曾亘嫚鼎（曾）影彙1202
				 盄和鐘（秦）00270	 曾子㞒簠（曾）04528  黄子壺（黄）09664
 曾侯與鐘（曾）江考 2014. 4  者𣳚鐘（吴）00197	 哀成叔鼎（鄭）02782  鄭莊公之孫盧鼎（鄭）商圖 02409	 曾侯與鐘（曾）江考 2014. 4  蔡侯𩡨盤（蔡）10171	 𪓐鐘（楚）影彙485  𪓐鎛（楚）影彙490	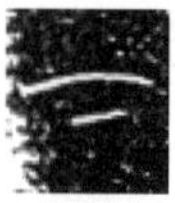 聽盂 影彙1072	

0012 福　　0011 禮

	福		礼	⿱宀祜	
	 魯伯悆盨 （魯） 04458  曾伯陭壺 （曾） 09712	 秦公鎛 （秦） 00267  宗婦鄁嬰壺 09699			 伯其父簠 04581
 王孫誥鐘 （楚） 影彙 439	 曾子屖簠 （曾） 04528	 盄和鐘 （秦） 00270		 黃君孟鼎 （黃） 02497  黃君孟鑘 （黃） 09963	 黃子盤 （黃） 10122
 杕氏壺 （燕） 09715			 九里墩鼓座 （舒） 00429		

⿱宀⿰王畐	⿱宀⿰示畐	⿰示舌	⿰示酉		
 邿召簠 （邿） 影彙1042  邿召簠 （邿） 影彙 1042	 曾師季韩盤 （曾） 10138		 侯母壺 （魯） 09657  曾子伯誩鼎 （曾） 02450		
		 黄子盤 （黄） 10122  黄子匜 （黄） 10254	 曾子㞬簠 （曾） 04528  曾子㞬簠 （曾） 04529	 國差罎 （齊） 10361  叔夷鐘 （齊） 00277	 王子午鼎 （楚） 影彙 446  王子午鼎 （楚） 影彙 449
				 曩公壺 （曩） 09704	

	0016	0015		0014	0013
	齋	神		祇	祐
禶	齋	神		祟	祐
		 秦景公石磬 (秦) 通鑒 19786  秦景公石磬 (秦) 通鑒 19800			
 蔡侯𤔲盤 (蔡) 10171  曾侯與鐘 (曾) 江考 2014.4	 曾侯與鐘 (曾) 江考 2014.4 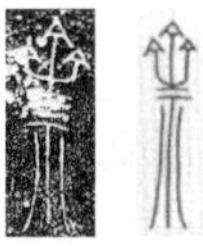 曾侯殘鐘 (曾) 江考 2014.4		 蔡侯紐鐘 (蔡) 00211  蔡侯鎛 (蔡) 00219	 石鼓・作原 (秦)	 蔡侯𤔲尊 (蔡) 06010  蔡侯𤔲盤 (蔡) 10171

		0019 祀		0018 祭	0017 禋
		祀	祭	祭	禋
	 冶仲考父壺（楚）09708	 秦公鐘（秦）00262  有兒簋（陳）商圖05166			
 郲公鈺鐘（郲）00102  王子午鼎（楚）02811	 王子午鼎（楚）影彙447  王孫誥鐘（楚）影彙425	 秦公簋（秦）04315  邛伯之孫盂（邛）中網 120828			
 徐王子旃鐘（徐）00182  沇兒鎛（徐）00203	 鼄公華鐘（邾）00245  司馬楙鎛（滕）近二 48	 哀成叔鼎（鄭）02782  宋君夫人鼎（宋）近二 304	 郐王義楚觶（徐）06513  欒書缶（楚）10008	 鼄公華鐘（邾）00245  鄬侯少子簋（莒）04152	 與兵壺（鄭）近二 878  蔡侯龖尊（蔡）06010

祖

昌	且		禑	祟	祖
	 鄀公敄人鐘 （鄀） 00059  曾伯霥簠 （曾） 04631	 秦公鐘 （秦） 00262  戎生鐘 （晉） 影彙 1613			
	 王子午鼎 （楚） 影彙445	 秦公簋 （秦） 04315  齊鞷氏鐘 （齊） 00142			 齊侯鎛 （齊） 00271  叔夷鐘 （齊） 00275
 曾侯與鐘 （曾） 江考 2014.4	 余贎逐兒鐘 （徐） 00184 「且」爲「祖」古字，卷十四「且」字重見。	 晉公盆 （晉） 10342  鼄公華鐘 （邾） 00245	 司馬楙鎛 （滕） 近二50	 邾公孫班鎛 （邾） 00140  邸公韍父鎛 （小邾） 商圖 15818	 遷邟鐘 （舒） 商圖15520  樂書缶 （楚） 10008

	0024		0023	0022	0021
	祈		祝	祠	祰
⿰言旂	祈	⿱臭示	祝	祠	祰
		 ⿱臭示姬鬲（鑄）影彙 1070  祝司寇獸鼎（鑄）02474			 有兒簋（陳）商圖05166
 王子午鼎（楚）影彙 449					
	 能原鎛（越）00156		 石鼓・吴人（秦）  侯馬盟書（晉）179:18	 趙孟庎壺（晉）09678  趙孟庎壺（晉）09679	

0027	0026	0025			
祓*	𥘵*	禦			
祓	𥘵	禦	⿸㫃惠	旝	⿱㫃心
				 齊太宰歸父盤 （齊） 10151	
 醢祓想簠 （楚） 影彙534 或釋「祓」。	 競之定豆 （楚） 商圖 06150  競之定鬲 （楚） 商圖 03002	 能原鎛 （越） 00155	 蔡叔季之孫君匜 （蔡） 10284		 曾侯與鐘 （曾） 江考 2014.4

0031 ⿰示亟* 0030 ⿱尚示* 0029 ⿱亦示* 0028 ⿰示交*

⿰示⿱亟土	⿰示亟		⿱尚示	⿱亦示	⿰示交
 侯馬盟書 (晉) 198:2	 侯馬盟書 (晉) 156:2  侯馬盟書 (晉) 16:37	 侯馬盟書 (晉) 3:1  侯馬盟書 (晉) 88:2	 與兵壺 (鄭) 近二 878  競孫旟也鬲 (楚) 商圖 03036	 𨜏篙鐘 (楚) 00038	 温縣盟書 (晉) WT1K17:131

		王	三	祒	禐
	 楚太師登鐘 (楚) 商圖 15516  王鬲 商圖02695	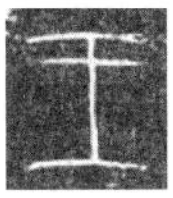 秦公鎛 (秦) 00267 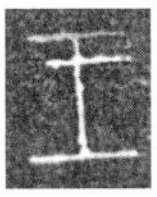 曾侯宏鼎 (曾) 商圖 02219	 秦子鎛 (秦) 商圖 15770 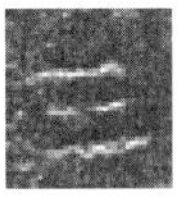 晉公戈 (晉) 影彙 1866		
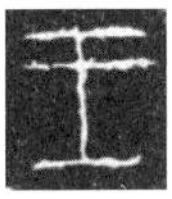 庚兒鼎 (徐) 02715	 敬事天王鐘 (楚) 00074  王孫誥鐘 (楚) 影彙 421	 子犯鐘 (晉) 影彙 1021  敶医作王仲 嬀媛簠 (陳) 04604	 叔左鼎 商圖02334 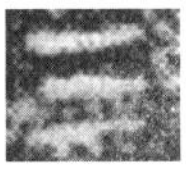 趙焦犳戈 (晉) 中原 2014.2		
 沇兒鎛 (徐) 00203  吴王光鑑 (吴) 10298	 黝鐘 (楚) 影彙488  遷邟鐘 (舒) 影彙 1253	 石鼓・而師 (秦)  曾侯與鐘 (曾) 江考 2014.4	 侯馬盟書 (晉) 156:7 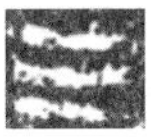 隂公鯱曹戈 11209	 侯馬盟書 (晉) 77:4	 侯馬盟書 (晉) 75:6

卷一

三部　王部

					 王子午鼎 （楚） 影彙 444  王孫誥戟 （楚） 影彙 466
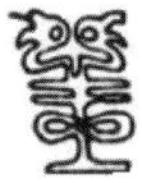 戉王劍 （越） 11570  越王者旨於 睗鐘 （越） 00144	 越王勾踐之 子劍 （越） 11594  戉王矛 （越） 11451	 攻敔王光戈 （吴） 11151 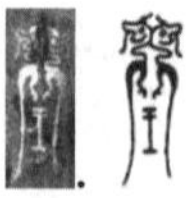 王子玫戈 （吴） 11207	 之乘辰鐘 （徐） 影彙 1409  攻敔王光戈 （吴） 11151	 楚王孫漁戈 （楚） 11153  王孫名戟 （楚） 商圖16848	 王子頣俎 商圖06321  郯王者旨於 睗劍 （越） 11600

皇

		皇			
		 魯伯悆盨 （魯） 04458  子皇母簠 （小邾） 商圖05853	 鑄叔皮父簋 （鑄） 04127  曾伯霥簠 （曾） 04631	 戎生鐘 （晉） 影彙 1618 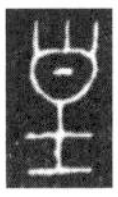 郜公平侯鼎 （郜） 02771	 秦公鎛 （秦） 00268  虢季鐘 （虢） 影彙 2
 王子午鼎 （楚） 影彙446  王子午鼎 （楚） 影彙449	 齊侯鎛 （齊） 00271  齊鞷氏鐘 （齊） 00142				
 曾侯與鐘 （曾） 江考 2014.4  郐王義楚觶 （徐） 06513	 晉公盆 （晉） 10342  吴王光鐘 （吴） 00224				

				 皇與匜 商圖 14933	 魯仲齊鼎 （魯） 02639  曾仲大父 螽𣪘 （曾） 04204
			 齊侯鎛 （齊） 00271  叔夷鎛 （齊） 00285		 秦公簋 （秦） 04315  秦景公石磬 （秦） 通鑒 19801
 司馬楙鎛 （滕） 近二 47  司馬楙鎛 （滕） 近二50	 鼄公華鐘 （邾） 00245  郳公鞁父鎛 （小邾） 商圖15818	 侯馬盟書 （晉） 3:21  侯馬盟書 （晉） 165:22	 侯馬盟書 （晉） 18:5  侯馬盟書 （晉） 156:20	 三兒簋 （徐） 04245  者𣶒鐘 （吳） 00194	 者𣶒鐘 （吳） 00195

0036 瓚	0035 玉				
[illegible]	玉				
	 洹子孟姜壺 （齊） 09730				
				 王孫遺者鐘 （楚） 00261	
 邸公䥶父鎛 （小邾） 商圖15818	 郘黛鐘 （晉） 00231	 吳王光鐘 （吳） 00224  欒書缶 （楚） 10008	 沇兒鎛 （徐） 00203  徐王子旃鐘 （徐） 00182	 與兵壺 （鄭） 近二 878	 禾簋 （齊） 03939  鄘侯少子簋 （莒） 04152

0041 靈	0040 珥	0039 璋	0038 璜		0037 璧
靈	珥	璋	璜	辟	璧
				 洹子孟姜壺 （齊） 09729	 洹子孟姜壺 （齊） 09730  洹子孟姜壺 （齊） 09730
 庚壺 （齊） 09733			 楚屈子赤目簠 （楚） 04612		
	 曾侯與鐘 （曾） 江考 2014.4  曾侯與鐘 （曾） 江考 2014.4	 子璋鐘 （許） 00118  子璋鐘 （許） 00116			 侯馬盟書 （晉） 16:13 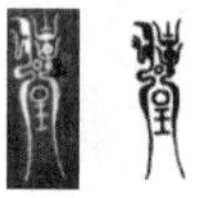 王子玧戈 （吴） 11207

0045	0044	0043	0042		
气	班	瓔*	珊*		
气	班	瓔	珊	靇	靈
 洹子孟姜壺 （齊） 09729  䢵公諴鼎 （䢵） 02753					
			 秦景公石磬 （秦） 通鑒 19797	 秦景公石磬 （秦） 通鑒 19800  秦景公石磬 （秦） 通鑒 19785	 叔夷鎛 （齊） 00285  叔夷鎛 （齊） 00285
 三兒簋 （徐） 04245	 邾公孫班鎛 （邾） 00140	 侯馬盟書 （晉） 1:74  侯馬盟書 （晉） 156:26		 晉公盤 （晉） 復網 2014.6	

0047 中			0046 士		
中			士		
 魯司徒仲齊盨 （魯） 04440  黃仲匜 （黃） 10214	 芮子仲殿鼎 （芮） 商圖 02125  太師盤 （晉） 影彙 1464			 秦公鎛 （秦） 00268  鄭伯氏士叔皇父鼎 （鄭） 02667	 洹子孟姜壺 （齊） 09730
 齊侯鎛 （齊） 00271  楚屈子赤目簠 （楚） 影彙 1230	 仲滋鼎 （秦） 影彙 632  陳戻盤 （陳） 10157		 王孫誥鐘 （楚） 影彙 431	 秦公簋 （秦） 04315  庚壺 （齊） 09733	
 遷邟鐘 （舒） 影彙 1253 「中」皆用作「仲」。	 歸父敦 （魯） 04640  鄩侯少子簋 （莒） 04152	 徐王子旃鐘 （徐） 00182  郤醋尹征城 （徐） 00425	 曾侯與鐘 （曾） 江考 2014.4  沇兒鎛 （徐） 00203	 晉公盆 （晉） 10342  鼄公牼鐘 （邾） 00151	

				 秦子戈 （秦） 11352	
				 叔夷鎛 （齊） 00285  王孫誥鐘 （楚） 影彙423	
 温縣盟書 （晉） T1K1:2857	 侯馬盟書 （晉） 156:19  沁陽盟書 （晉） 古研1沁陽6	 温縣盟書 （晉） T1K1:4499  温縣盟書 （晉） T1K1:3863	 蔡侯紐鐘 （蔡） 00217  沇兒鎛 （徐） 00203	 石鼓・吴人 （秦）  侯馬盟書 （晉） 156:21	 侯馬盟書 （晉） 195:8

0053	0052	0051	0050	0049	0048
蓼	蘇	莆	莊	每	屯
蓼	蘇	莆	牆	每	屯
 嬰士父鬲 (陳) 00716  蓼伯簋 (鄝) 商圖 04713				 杞伯每亡鼎 (杞) 02495  晉姜鼎 (晉) 02826	 秦公鐘 (秦) 00266  秦公鎛 (秦) 00268
			 趞亥鼎 (宋) 02588		 叔夷鎛 (齊) 00285  秦景公石磬 (秦) 通鑒 19787
	 寬兒鼎 (蘇) 02722 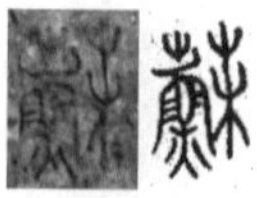 寬兒缶 (蘇) 商圖 14091	 侯馬盟書 (晉) 3:14		 侯馬盟書 (晉) 200:58  郐曧尹譬鼎 (徐) 02766	

0057	0056		0055		0054
英	荊		蒐		辥
英	㓝	蘖	蒐	膀	辟
				 薛侯壺 （薛） 影彙 1131 用作國族名「辥」。另見卷七。	 薛戈 （薛） 10817
	 子犯鐘 （晉） 影彙 1021  子犯鐘 （晉） 影彙 1022				
 曾侯與鐘 （曾） 江考 2014.4  曾侯與鐘 （曾） 江考2014.4		 侯馬盟書 （晉） 85：10	 侯馬盟書 （晉） 67：28		

			0059 蔡	0058 萋	
郗			希	[illegible]	
			 蔡大善夫趣簠 (蔡) 影彙 1236  蔡侯鼎 (蔡) 影彙 1905		
			 鄬中姬丹盤 (蔡) 影彙 471  蔡大司馬燮盤 (蔡) 近二 936		
 蔡侯產戈 (蔡) 11143 國族名「蔡」之專字。卷六重見。	 蔡侯產劍 (蔡) 11602 用作國族名「蔡」。	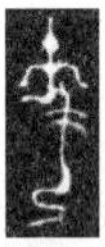 蔡公子加戈 (蔡) 11148 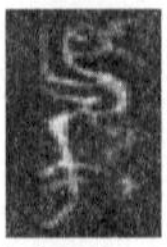 蔡侯產劍 (蔡) 11604	 蔡子匜 (蔡) 10196  蔡侯䌛鼎 (蔡) 02217	 石鼓・霝雨 (秦)	 吴王光鐘 (吴) 00224  吴王光鐘 (吴) 00224

0063		0062			0060
茆		折		若 0061	苐
茆		斱		若	苐
		 洹子孟姜壺 （齊） 09729  洹子孟姜壺 （齊） 09730		 上曾太子鼎 （曾） 02750	
	 王孫誥鐘 （楚） 影彙418  王孫誥鐘 （楚） 影彙421		 叔夷鎛 （齊） 00285	 叔夷鐘 （齊） 00276	
 宋公差戈 （宋） 11281			 復公仲簋蓋 （楚） 04128 「叒」、「若」一字分化。卷六「叒」字重見。	 簷太史申鼎 （莒） 02732  鄬鎛 （楚） 影彙 491	 侯馬盟書 （晉） 1:91

0064 蕃	0065 草	0066 萅			
蕃	萛	萅		旾	萶
 蔡侯䵼尊（蔡）06010	 石鼓·作原（秦）	 與兵壺（鄭）近二 878  吴王光鐘（吴）00224	 越王者旨於睗鐘（越）00144	 吴王光鐘（吴）00224	 欒書缶（楚）10008

0072	0071	0070	0069	0068	0067
藿*	蒷*	蒦*	菚*	蓿*	芄*
藿	萛	蔽	菚	蒪	莽
		 鄭叔蒦父鬲（鄭）00579  鄭井叔蒦父鬲（鄭）00581			
			 季子康鎛（鍾離）商圖15789  季子康鎛（鍾離）商圖15790		
 郙王劍（呂）11611	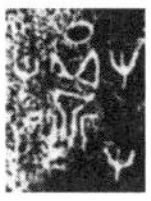  鄝子蒷臺鼎 02498			 石鼓・馬薦（秦）	 石鼓・馬薦（秦）

		0074 葬			0073 莫
		葬			莫
		 曾公子棄疾甗 （曾） 江考 2012.3	 曾公子棄疾匜 （曾） 江考 2012.3  曾公子棄疾匜 （曾） 江考 2012.3	 越王者旨於睗鐘 （越） 00144  姑發睯反劍 （吴） 11718	 晉公盆 （晉） 10342  晉公盤 （晉） 復網2014.6

春秋文字字形表　卷二

	0075 小		0076 少	
	小		少	
早期	 秦公鐘 （秦） 00262  尹小叔鼎 （虢） 02214	 魯内小臣床生鼎 （魯） 02354  江小仲母生鼎 （江） 02391		
中期	 秦公簋 （秦） 04315  敶姬小公子盨 （陳） 04379		 魯少司寇封孫宅盤 （魯） 10154  叔夷鎛 （齊） 00285	 豫少鉤庫戈 11068
晚期	 石鼓・而師 （秦） 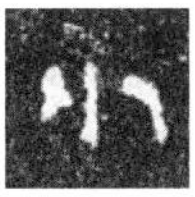 復公仲簋蓋 （楚） 04128	 能原鎛 （越） 00155	 侯馬盟書 （晋） 98:21  𪓰鎛 （楚） 影彙 491	 郘王盧 （徐） 10390  我自鑄鈹 文物 2011.9

小部

八

八					
 𢦏叔朕鼎 （戴） 02690 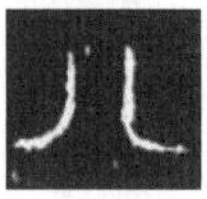 鄀公平侯鼎 （鄀） 02771	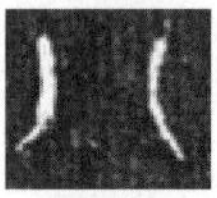 晉姞匜 （晉） 商圖14954  伯氏始氏鼎 （鄧） 02643				
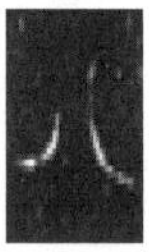 楚子暖簠 （楚） 04576  蒍子叡盞 （楚） 影彙 1235	 齊太宰歸父盤 （齊） 10151 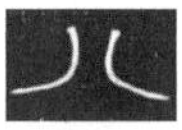 秦景公石磬 （秦） 通鑒 19788				
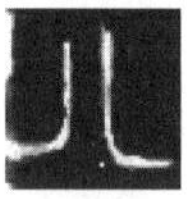 寬兒鼎 （蘇） 02722	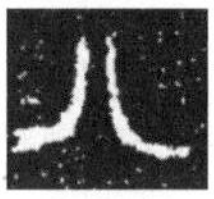 郘黛鐘 （晉） 00226	 𪓌鎛 （楚） 影彙 489  𪓌鎛 （楚） 影彙490	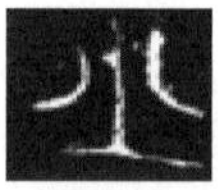 蔡侯紐鐘 （蔡） 00217  曾少宰黃仲酉簠 （曾） 近二 467	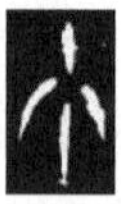 哀成叔鼎 （鄭） 02782 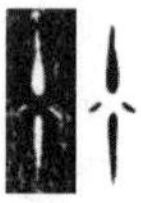 少虡劍 （晉） 11697	 鄘侯少子簋 （莒） 04152  𪓌鎛 （楚） 影彙494

⿱臤曾			曾		分
 ⿱臤曾子奠伯鬲 00742 或釋「曾」，姑附此。	 曾侯仲子斿父鼎 （曾） 02423  曾大師賓樂與鼎 （曾） 商圖 01840	 曾亘嫚鼎 （曾） 影彙 1202  曾子仲謱鼎 （曾） 02620		 曾侯宏壺 （曾） 商圖 12390  曾伯霥簠 （曾） 04631	
		 曾子仲宣鼎 （曾） 02737		 曾孟嬭諫盆 （曾） 10332  曾子㞕簠 （曾） 04528	
	 曾子季关臣簠 （曾） 近二 464	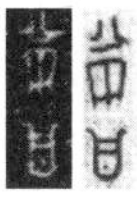 曾侯甬鐘 （曾） 江考 2015.1	 曾子遡簠 （曾） 04489  曾公子棄疾鼎 （曾） 江考 2012.3	 曾侯與鐘 （曾） 江考 2014.4  余購逐兒鐘 （徐） 00185	 鼄公牼鐘 （邾） 00149  鼄公牼鐘 （邾） 00150

0081 介					0080 尚
介	惝	㤩	尚		
				 陳公子甗 （陳） 00947	
		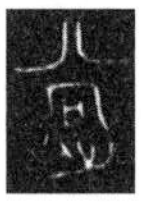 季子康鎛 （鍾離） 商圖15789  季子康鎛 （鍾離） 商圖 15790		 登句鑃 文物 2013.7	 伯遊父卮 （黄） 商圖 19239
 石鼓·田車 （秦）	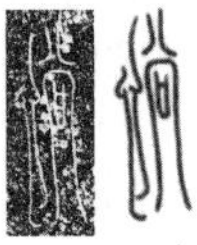 曾侯與鐘 （曾） 江考 2014.4		 者瀘鐘 （吴） 00195  者瀘鐘 （吴） 00197	 侯馬盟書 （晉） 67:1	 宋右師 延敦 （宋） 春 CE33001  侯馬盟書 （晉） 67:22

0082

公

					公
	 魯伯悆盨 （魯） 04458			 内公鼎 （芮） 02475  鄬公彭宇簠 （楚） 04610	 秦公鼎 （秦） 影彙 1340  陳公子甗 （陳） 00947
	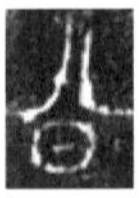 季子康鎛 （鍾離） 商圖15791	 㳚公宜鼎 文物 2014.1  叔夷鎛 （齊） 00285		 子犯鐘 （晉） 影彙 1021  公典盤 （齊） 影彙 1043	 秦公簋 （秦） 04315  陳公孫㝬父瓶 （陳） 09979
 曾侯與鐘 （曾） 江考 2014.4	 淳于公戈 （淳于） 11124 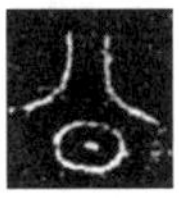 曹公盤 （曹） 10144	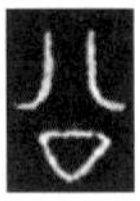 宋公䜌簠 （宋） 04590  温縣盟書 （晉） T1K1:3216	 曾公子棄疾斗 （曾） 江考 2012.3	 侯馬盟書 （晉） 16:3  許公寍戈 （許） 近二 1145	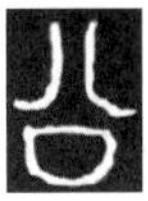 石鼓・吾水 （秦）  鼄公華鐘 （邾） 00245

0083

余

余					
		 曩甫人匜 （曩） 10261			
 齊侯鎛 （齊） 00271  王孫誥鐘 （楚） 影彙423	 季子康鎛 （鍾離） 商圖15789  淺公宜鼎 文物2014.1	 秦公簋 （秦） 04315  王孫誥鐘 （楚） 影彙425			
 攻敔王光劍 （吴） 11666  遷邟鐘 （舒） 商圖15520	 哀成叔鼎 （鄭） 02782  曾侯與鐘 （曾） 江考 2014.4	 郘黛鐘 （晉） 00226  黝鎛 （楚） 影彙491	 蔡公子加戈 （蔡） 11148  蔡公子果戈 （蔡） 11147	 許公戈 （許） 影彙 531  蔡劍 （蔡） 商圖17862	 宋公緣戈 （宋） 11133  宋公得戈 （宋） 11132

仐					
 秦公鐘 （秦） 00262  晉姜鼎 （晉） 02826					
					 王子午鼎 （楚） 影彙444  王子午鼎 （楚） 影彙445
	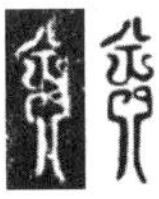 能原鎛 （越） 00156  越王者旨於睗鐘 （越） 00144	 之乘辰鐘 （徐） 影彙 1409	 鄭莊公之孫盧鼎 （鄭） 商圖 02409  郐䣄尹譬鼎 （徐） 02766	 蔡侯紐鐘 （蔡） 00210  蔡侯紐鐘 （蔡） 00211	 少虡劍 （晉） 11696

0084

番

番		舍			
 番叔壺 （番） 影彙297  番君酛伯鬲 （番） 00733	 䣄大子鼎 （徐） 02652			 鄧公孫無忌鼎 （鄧） 影彙 1231  楚太師登鐘 （楚） 商圖15512	 曾伯霥簠 （曾） 04631  鄭義伯鐳 （鄭） 09973
 番君召簠 （番） 04585  上鄀公簠 （楚） 影彙 401					
	 樂書缶 （楚） 10008	 吴王光鐘 （吴） 0223	 郳公韍父鎛 （小邾） 商圖15818  曾侯與鐘 （曾） 江考 2014.4		

0088 犢	0087 牡	0086 牛	0085 審		
[illegible]	牡	牛	審		
				 番口伯者君匜 （番） 10268  番君匜 （番） 10271	 番口伯者君盤 （番） 10139  番昶伯者君鼎 （番） 02617
	 子犯鐘 （晉） 影彙 1023  庚壺 （齊） 09733	 牛鐮 11824	 楚王酓審盂 （楚） 影彙 1809		 番子鼎 （番） 文物 2012.4
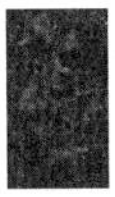  侯馬盟書 （晉） 198:3		 侯馬盟書 （晉） 1:46			

0093	0092	0091		0090	0089
告	𤙭*	羍*		犀	牼
告	𤙭	羍		犀	牼
 衛公孫呂戈 (衛) 11200  司馬朢戈 11131				 鄀公簠蓋 (鄀) 04569	
 許公戈 (許) 近二 1144   工吴王𪊨 𢎩劍 (吴) 商圖17948	 唐子仲瀕兒匜 (唐) 影彙 1209  𤙭子斨戈 (唐) 商圖 16766	 者減鐘 (吴) 00196  者減鐘 (吴) 00198	 侯馬盟書 (晉) 179:8  侯馬盟書 (晉) 17:1		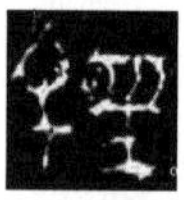 鼄公牼鐘 (邾) 00150

	0097 君	0096 吾		0095 名	0094 嗌
	君	吾		名	嗌
	 晉姜鼎 （晉） 02826				
				 盄和鐘 （秦） 00270	
 陳樂君甗 （陳） 影彙 1073	 石鼓・需雨 （秦）  侯馬盟書 （晉） 156:10	 攻吴王光 韓劍 （吴） 影彙 1807 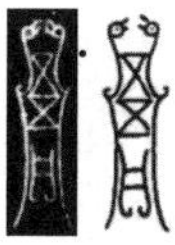 攻吴王光劍 （吴） 影彙1478	 鼄公華鐘 （邾） 00245  王孫名戟 （楚） 商圖16848	 少虡劍 （晉） 11696	 侯馬盟書 （晉） 85:7  侯馬盟書 （晉） 194:2

		 番口伯者君盤 (番) 10139	 衛夫人鬲 (衛) 影彙 1700  圓君鼎 (小邾) 02502		 邾君慶壺 (小邾) 商圖 12333
 次口缶 (徐) 影彙 1249  仲義君鼎 02279	 敬事天王鐘 (楚) 00074  童麗君柏匿 (鍾離) 鍾離：圖 25	 伯遊父壺 (黃) 商圖 12412  樊君匜 (樊) 10256	 邾公釛鐘 (邾) 00102  黃君孟壺 (黃) 09636	 樊君盆 (樊) 10329	 䢦子鼎 (齊) 商圖 02404  黃君孟戈 (黃) 11199
 郐令尹者旨𦕓爐 (徐) 10391 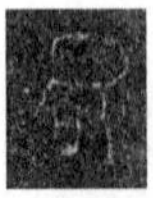  吳王壽夢之子劍 (吳) 近二 1301	 曾侯與鐘 (曾) 江考 2014.4  黝鐘 (楚) 影彙 483	 侯馬盟書 (晉) 3:2	 郘黛鐘 (晉) 00230  君子弄鼎 (晉) 02086	 喬君鉦 (喬) 00423	 侯馬盟書 (晉) 194:1  宋君夫人鼎 (宋) 近二 304

0098

命

		命			
	 洹子孟姜壺 （齊） 09730	 秦公鐘 （秦） 00264  秦公鎛 （秦） 00269	 樊君鬲 （樊） 00626  番君匜 （番） 10271		
 敬事天王鐘 （楚） 00073  倗戟 （楚） 影彙469	 齊侯鎛 （齊） 00271  齊太宰歸父盤 （齊） 10151	 秦公簋 （秦） 04315  秦景公石磬 （秦） 通鑒 19789			
 競之定豆 （楚） 商圖06150  吴王光鐘 （吴） 00223	 司馬楙鎛 （滕） 近二 47  鄦公買簠 （許） 近二 475	 侯馬盟書 （晉） 1:40	 南君旟鄒戈 （楚） 影彙1180  □君戈 11157	 侯馬盟書 （晉） 1:40	 侯馬盟書 （晉） 16:3

0100 唯　　0099 召

	唯	召	諭		
	 伯氏始氏鼎 (鄧) 02643  曾伯宮父穆鬲 (曾) 00699	 召叔山父簠 (鄭) 04601  召叔山父簠 (鄭) 04602			
	 叔左鼎 商圖02334				 王子午鼎 (楚) 影彙447  王子午鼎 (楚) 影彙444
 奇字鐘 (越) 商圖15176	 蔡侯紐鐘 (蔡) 00218  遷邟鐘 (舒) 商圖15520		 曾侯甬鐘 (曾) 江考 2015.1	 蔡侯䜌尊 (蔡) 06010  侯馬盟書 (晉) 85:10	 曾侯與鐘 (曾) 江考 2014.4  曾侯與鐘 (曾) 江考 2014.4

0104 台	0103 嘑		0102 哉	0101 和	
台	嘑		哉	和	隹
					 戈叔朕鼎 (戴) 02692
 齊太宰歸父盤 (齊) 10151  庚壺 (齊) 09733					 鄭大内史叔上匜 (鄭) 10281
 侯馬盟書 (晉) 195:1  温縣盟書 (晉) T1K1:4585	 侯馬盟書 (晉) 98:4  余贎逐兒鐘 (徐) 00185	 競孫旟也鬲 (楚) 商圖03036  余贎逐兒鐘 (徐) 00185	 鄭莊公之孫盧鼎 (鄭) 商圖 02409  鼄公華鐘 (邾) 00245	 邸公䣄父鎛 (小邾) 商圖15818  郘夫人嬭鼎 (楚) 商圖02425	 子璋鐘 (許) 00115 「隹」用作「唯」。卷四「隹」字重見。

0105

咸

咸					
	 秦公鎛 （秦） 00268				
 叔夷鐘 （齊） 00276  叔夷鎛 （齊） 00285	 秦公簋 （秦） 04315  秦景公石磬 （秦） 通鑒 19781				 王孫遺者鐘 （楚） 00261 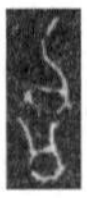 季子康鎛 （鍾離） 商圖 15790
	 晉公盆 （晉） 10342 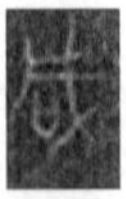 晉公盤 （晉） 復網 2014.6	 越王者旨於 睗鐘 （越） 00144	 侯馬盟書 （晉） 1:29  溫縣盟書 （晉） T1K1:3216	 余購逐兒鐘 （徐） 00184  工吳王叡 夠劍 （吳） 商圖17948	 哀成叔鼎 （鄭） 02782  曾侯與鐘 （曾） 江考 2014.4

0107 吉					0106 呈
吉					呈
	 衛伯須鼎 (衛) 影彙 1198	 楚太師登鐘 (楚) 商圖15516  曾伯霥簠 (曾) 04632	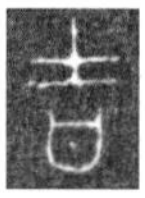 曾侯宏鼎 (曾) 商圖 02219  蔡大善夫 趣簠 (蔡) 影彙 1236	 虢季鐘 (虢) 影彙 3  陳公子甗 (陳) 00947	
 王子午鼎 (楚) 影彙444	 季子康鎛 (鍾離) 商圖15789	 上鄀公簠 (楚) 影彙 401	 鄭大内史叔 上匜 (鄭) 10281  王孫誥鐘 (楚) 影彙424	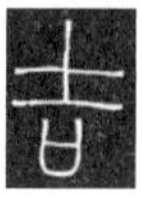 秦景公石磬 (秦) 通鑑 19788  子犯鐘 (晉) 影彙 1020	
 競孫不服壺 (楚) 商圖 12381  之乘辰鐘 (徐) 影彙 1409	 郐醓尹征城 (徐) 00425  吴王夫差盉 (吴) 影彙1475	 倗夫人嫘鼎 (楚) 商圖02425  曾侯與鐘 (曾) 江考 2014. 4	 沇兒鎛 (徐) 00203 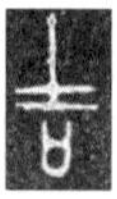 姑馮昏同之 子句鑃 (越) 00424	 邵黛鐘 (晉) 00232  黝鐘 (楚) 影彙486	 侯馬盟書 (晉) 1:97  侯馬盟書 (晉) 3:19

0108

周

周					
 齊伯里父匜 （齊） 商圖 14966		 伯氏始氏鼎 （鄧） 02643	 楚嬴匜 （楚） 10273  中子化盤 （楚） 10137		
 周王孫季 紂戈 （曾） 11309	 㳄公宜鼎 文物2014.1  伯遊父鑷 （黄） 商圖 14009		 何次簠 （楚） 影彙404  庚兒鼎 （徐） 02715		
 鄱子成周鐘 （番） 影彙 283		 㑹夫人嬬鼎 （楚） 商圖02425	 黄韋俞父盤 （黄） 10146	 玄翏夫呂戟 （吴） 影彙1381  虡公劍 近二1298	 越王者旨於 睗鐘 （越） 00144

0112 各	0111 吁	0110 㕣	0109 唐		
各	吁	㕣	唐		
 秦公簋 (秦) 04315			 叔夷鐘 (齊) 00275  叔夷鎛 (齊) 00285	 宋公圝鼎 (宋) 文物2014.1  宋公圝鼎蓋 (宋) 文物2014.1	
 石鼓·田車 (秦)  温縣盟書 (晉) WT1K17:129	 吴王光鑑 (吴) 10299  吴王光鐘 (吴) 00224	 之乘辰鐘 (徐) 影彙 1409		 宋公緣簠 (宋) 04590	 曾侯與鐘 (曾) 江考 2014.4

0116 吻*	0115 唬	0114 昏			0113 哀
吻	唬	昏	諒	衰	哀
				 哀鼎 （曩） 商圖02311  哀鼎 （曩） 商圖02311	 上曾太子鼎 （曾） 02750
	 盄和鐘 （秦） 00270				
 曾侯與鐘 （曾） 江考 2014.4	 郐醻尹征城 （徐） 00425	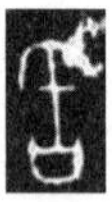 姑馮昏同之子句鑃 （越） 00424	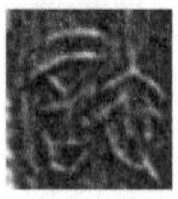 晉公盤 （晉） 復網 2014.6		 哀成叔豆 （鄭） 04663  司馬楙鎛 （滕） 近二 47

	0121	0120	0119	0118	0117
	⿰⿱吅豆殳	𠹥*	哴*	咭*	𠮦*
⿰⿱㗊豆殳	⿰⿱吅豆殳	𠹥	哴	咭	𠮦
	 薛侯盤 （薛） 10133  薛侯匜 （薛） 10263				
 叔夷鎛 （齊） 00285  叔夷鐘 （齊） 00276			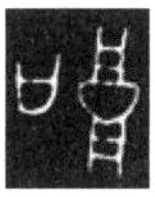 篖叔之仲子平鐘 （莒） 00172  篖叔之仲子平鐘 （莒） 00177		 㳄公宜鼎 文物2014.1
		 侯馬盟書 （晉） 156:25  侯馬盟書 （晉） 156:25		 曾孟嬭朱姬簠 （曾） 影彙 530 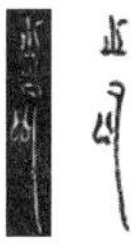 曾侯郕簠 （曾） 近二 460	

0124	0123		0122		
⿱吅㐭*	單		嚴		
⿱吅㐭	單	⿰忄嚴	嚴		㗇
	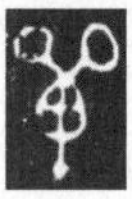 叔單鼎 （黃） 02657  曾子單鬲 （曾） 00625				
			 王孫誥鐘 （楚） 影彙421  王孫誥鐘 （楚） 影彙427	 秦公簋 （秦） 04315  盄和鐘 （秦） 00270	
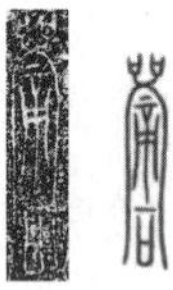 曾侯與鐘 （曾） 江考 2014.4		 曾侯與鐘 （曾） 江考 2014.4	 與兵壺 （鄭） 近二 878  司馬楙鎛 （滕） 近二 47		 樂子簠 （宋） 04618

	0127 赴		0126 走		0125 喪
辻	𧺆	徒	走		喪
		 魯司徒仲齊盨 （魯） 04441  走馬薛仲赤簠 （薛） 04556		 洹子孟姜壺 （齊） 09730	 秦政伯喪戈 （秦） 近二 1248  有司伯喪矛 （秦） 近二 1272
		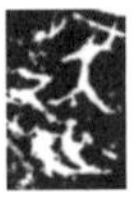 吴買鼎 02452		 子犯鐘 （晉） 影彙 1010  陳大喪史仲高鐘 （陳） 00355	
 𨚗夫人嫿鼎 （楚） 商圖02425	 𨛜子彁缶 （楚） 09995		 石鼓·馬薦 （秦）	 曾季关臣盤 （曾） 近二933	

0132 趍	0131 趩		0130 趚	0129 趫	0128 趣
趍	趩		趚	趫	趣
		 戎生鐘 （晉） 影彙 1613		 齊趫父鬲 （齊） 00685  齊趫父鬲 （齊） 00686	
	 王子午鼎 （楚） 影彙444  王子午鼎 （楚） 影彙445	 王孫誥鐘 （楚） 影彙427  王孫誥鐘 （楚） 影彙429			
 石鼓・鑾車 （秦）		 石鼓・遊車 （秦）	 石鼓・遊車 （秦）		 鄘侯少子簋 （莒） 04152

0137	0136	0135	0134	0133	
趄	𨆪	趌	趠	趙	
趄	𨆪	趌	趠	趙	
 戎生鐘（晉）影彙1613  仲姜鼎（芮）商圖01835					
 秦公簋（秦）04315  秦景公石磬（秦）通鑒 19781					 趙眚月戈（晉）影彙 972
	 石鼓·田車（秦）	 侯馬盟書（晉）92:1	 侯馬盟書（晉）156:1	 侯馬盟書（晉）152:2  侯馬盟書（晉）200:10	 趙孟庎壺（晉）09679 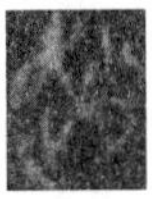 侯馬盟書（晉）1:9

0138

⿺走甬

⿱用止	⿱甬止	⿺走用		⿺走甬	⿺辶亘
					 仲姜簋 （芮） 近二403
 侯馬盟書 （晉） 96:9	 侯馬盟書 （晉） 16:35	 侯馬盟書 （晉） 156:19	 侯馬盟書 （晉） 92:28	 侯馬盟書 （晉） 3:6  諸樊之子 通劍 （吴） 影彙1111	 攻敔王光劍 （吴） 11666  吴王光戈 （吴） 11257

0143		0142	0141	0140	0139
⿺走專*		⿺走匜*	⿺走馬*	趪*	⿺走冋*
⿺走專	⿺走叵	⿺走匜	⿺走馬	趪	⿺走冋
					 齊不⿺走冋鬲 (齊) 三代 5.35.2
	 王孫誥鐘 (楚) 影彙437  王孫遺者鐘 (楚) 00261		 ⿺走馬亥鼎 (宋) 02588	 王孫誥鐘 (楚) 影彙438  王孫誥鐘 (楚) 影彙442	
 石鼓·汧沔 (秦)	 與兵壺 (鄭) 近二 878	 沇兒鎛 (徐) 00203			

0149	0148	0147	0146	0145	0144
⿺走龜*	⿺走虜*	⿺走敫*	⿺走戚*	⿺走莆*	⿺走袁*
⿺走龜	⿺走虜	⿺走敫	⿺走戚	⿺走莆	⿺走袁
 蔡大善夫 ⿺走龜簠 （蔡） 影彙 1236  蔡大善夫 ⿺走龜簠 （蔡） 影彙 1236			 戎生鐘 （晉） 影彙 1613		 戎生鐘 （晉） 影彙 1614
	 石鼓・田車 （秦）	 石鼓・汧沔 （秦）		 侯馬盟書 （晉） 92:3	

0154 瀝*	0153 壹*		0152 歸	0151 歷	0150 止
瀝	壹	遛	歸	歷	止
		 郿季伯歸鼎 02644  郿季伯歸鼎 02645		  曾伯陭鉞 (曾) 影彙 1203	 彭伯壺 影彙 315  矩甗 (申) 影彙970 用作「之」。
		 齊太宰歸父盤 (齊) 10151	 庚壺 (齊) 09733		
 侯馬盟書 (晉) 195:7	 侯馬盟書 (晉) 探 8②:2	 歸父敦 (魯) 04640	 侯馬盟書 (晉) 1:51		 石鼓・吾水 (秦)  石鼓・田車 (秦)

0156 登　　0155 ⿰氵⿱門土 *

⿰口𤼷	𢍏	𤼷		登	陞
	 鄧公簋 (鄧) 03776  伯氏始氏鼎 (鄧) 02643	 楚太師登鐘 (楚) 商圖15517 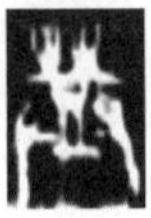 楚太師登鐘 (楚) 商圖15511	 鄧伯吉射盤 (鄧) 10121	 寶登鼎 (鄭) 商圖 02122	
 盅鼎 (邙) 02356			 叔夷鎛 (齊) 00285  登句鑃 文物2013.7		
		 者𣵀鐘 (吴) 00194  者𣵀鐘 (吴) 00196	 侯馬盟書 (晉) 3:20		 侯馬盟書 (晉) 156:25

				0158 歲	0157 癹
肞	葳	㲺	𢧆	歲	癹
			 爲甫人盨 04406	 晉公戈 (晉) 影彙 1866	
	 敬事天王鐘 (楚) 00079  敬事天王鐘 (楚) 00081	 國差罎 (齊) 10361			
 倗夫人嫘鼎 (楚) 商圖02425  臧孫鐘 (吴) 00099	 侯古堆鎛 影彙276  蔡侯龖盤 (蔡) 10171	 司馬楙鎛 (滕) 近二 47  公子土斧壺 (齊) 09709	 杕氏壺 (燕) 09715  吴王光鐘 (吴) 00224	 與兵壺 (鄭) 近二 878  黝鐘 (楚) 影彙483	 侯馬盟書 (晉) 156:20  諸樊之子通劍 (吴) 影彙1111

0160 正					0159 此
		正			此
		 有兒簋 (陳) 商圖 05166  魯正叔盤 (魯) 10124			 郳□白鼎 (郳) 02640
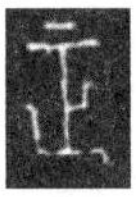 宜桐盂 (徐) 10320	 浅公宜鼎 文物 2014.1  黃太子白 克盆 (黃) 10338	 敶子匜 (陳) 10279  庚壺 (齊) 09733	 簷叔之仲子 平鐘 (莒) 00177  簷叔之仲子 平鐘 (莒) 00174	 此余王鼎 文物 2014.1  余子白耴 此戈 (徐) 鍾離：圖 92	 簷叔之仲子 平鐘 (莒) 00178  簷叔之仲子 平鐘 (莒) 00179
 競孫旟也鬲 (楚) 商圖 03036  者瀘鐘 (吴) 00199	 子璋鐘 (許) 00118  蔡侯簠 (蔡) 影彙 1896	 與兵壺 (鄭) 近二 878 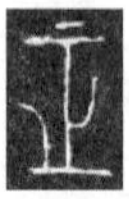 寬兒鼎 (蘇) 02722	 九里墩鼓座 (舒) 00429	 侯馬盟書 (晉) 67:6 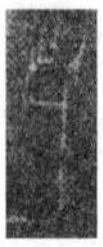 曾侯甬鐘 (曾) 江考 2015.1	 侯馬盟書 (晉) 67:1  攻吴王叡 䬆劍 (吴) 影彙 1188

			 原氏仲簠 （陳） 影彙 395  上鄀公敄人 簋蓋 （楚） 04183	 陳侯鼎 （陳） 02650  魯酉子安 母簠 （魯） 商圖 05903	 考叔指父簠 （楚） 04608
			 夆叔匜 （逄） 10282 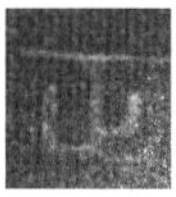 此余王鼎 文物 2014.1	 陳矦盤 （陳） 10157  簷叔之仲子 平鐘 （莒） 00175	 敬事天王鐘 （楚） 00080  童麗君柏固 （鍾離） 鍾離：圖 25
 越王者旨於 睗鐘 （越） 00144	 競孫不服壺 （楚） 商圖 12381  之乘辰鐘 （徐） 影彙 1409	 沇兒鎛 （徐） 00203  余贎逐兒鐘 （徐） 00185	 鼄公牼鐘 （邾） 00152  遷沵鐘 （舒） 商圖 15520	 邵黛鐘 （晉） 00230  鄭莊公之孫 盧鼎 （鄭） 商圖 02409	 其次句鑃 （越） 00421  姑馮昏同之 子句鑃 （越） 00424

0161

是

				是	
				 秦公簋 （秦） 04315  秦景公石磬 （秦） 通鑒 19781	
 哀成叔鼎 （鄭） 02782  侯馬盟書 （晉） 1:22	 侯馬盟書 （晉） 156:15  侯馬盟書 （晉） 200:33	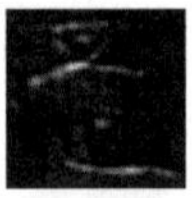 遷邡鎛 （舒） 商圖15794  者濸鐘 （吴） 00198	 鼄公華鐘 （邾） 00245  邗王是埜戈 （吴） 影彙 1638	 侯馬盟書 （晉） 1:1	 曾侯與鐘 （曾） 江考2014.4

	 陳公子甗 （陳） 00947				
 公典盤 （齊） 影彙 1043  齊侯鎛 （齊） 00271					
 蔡侯𩐁盤 （蔡） 10171	 郲公孫班鎛 （郲） 00140	 侯馬盟書 （晉） 49:1  温縣盟書 （晉） T1K1:137	 侯馬盟書 （晉） 152:6  侯馬盟書 （晉） 194:12	 余贎逐兒鐘 （徐） 00184	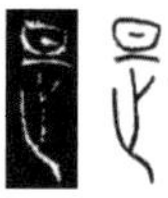 杕氏壺 （燕） 09715  余贎逐兒鐘 （徐） 00183

0162

逹

逹					
		 曾子斿鼎 （曾） 02757			
 子犯鐘 （晉） 影彙 1021		 伯亞臣鐳 （黃） 09974		 王子午鼎 （楚） 影彙444  王子午鼎 （楚） 影彙445	 季子康鎛 （鍾離） 商圖15789  登句鑃 文物2013.7
 侯馬盟書 （晉） 67:2  侯馬盟書 （晉） 67:54	 郗醑尹征城 （徐） 00425  篖太史申鼎 （莒） 02732	 欒書缶 （楚） 10008  温縣盟書 （晉） T1K1:3211	 曾侯與鐘 （曾） 江考 2014.4  曾侯與鐘 （曾） 江考 2014.4	 競孫旟也鬲 （楚） 商圖03036	 温縣盟書 （晉） WT1K1:3865

0163

邁

衟		邁			
 上鄀公敄人簋蓋 （楚） 04183	 芮太子白鬲 （芮） 商圖02980	 伯戔盤 （邛） 10160	 内太子白鼎 （芮） 02496		
 曾伯霥簠 （曾） 04632	 鄭饔原父鼎 （鄭） 02493	 爲甫人鼎 商圖02064	 國子碩父鬲 （虢） 影彙 49		
 公父宅匜 10278	 王孫誥鐘 （楚） 影彙422	 鄦中姬丹盤 （蔡） 影彙 471  王孫誥鐘 （楚） 影彙437	 秦公簋 （秦） 04315	 庚壺 （齊） 09733	
	 與兵壺 （鄭） 近二 878	 蔡大師鼎 （蔡） 02738  復公仲簋蓋 （楚） 04128	 與兵壺 （鄭） 近二 878		 侯馬盟書 （晉） 67:34  侯馬盟書 （晉） 67:21

0164

徒

仕	徒				⿱萬止
 魯司徒仲 齊盨 （魯） 04441  魯司徒仲 齊盨 （魯） 04440	 國子山壺 （齊） 通鑒 12270	 虢大子元 徒戈 （虢） 11117  魯大司徒子 仲白匜 （魯） 10277	 曾仲大父 蝨毁 （曾） 04204	 隹仲之孫簋 04120  内大子白 簠蓋 （芮） 04537	 曩侯簋 （曩） 影彙 1462  哀鼎 （曩） 商圖 02311
	 左徒戈 10971	 魯大司徒厚 氏元簠 （魯） 04690  魯大司徒 元盂 （魯） 10316	 □偖生鼎 02633		 齊侯盂 （齊） 10318  夆叔匜 （逢） 10282
	 温縣盟書 （晉） T1K1:3211  陳子戈 （齊） 11084	 石鼓・鑾車 （秦）  侯馬盟書 （晉） 156:22	「邁」及各異形皆用作「萬」。		

0165
征

	徰		征		
 曾伯文鐳 （曾） 09961	 㠱伯子宊 父盨 （㠱） 04443	 衛夫人鬲 （衛） 影彙 1700	 曾伯霥簠 （曾） 04631	 虢宮父匜 （虢） 商圖 14895	
 虢宮父盤 （虢） 影彙 51	 㠱伯子宊 父盨 （㠱） 04443		 爲甫人盨 04406	 陳公子甗 （陳） 00947	
 伯亞臣鐳 （黃） 09974		 登句鑼 文物 2013.7		 庚兒鼎 （徐） 02716	
		 簷太史申鼎 （莒） 02732	 曾季关臣盤 （曾） 近二933	 鄘平壺 （莒） 影彙1088	 許公戈 （許） 近二 1144
			 郤酷尹征城 （徐） 00425		

0169	0168			0167	0166
遺	過			適	述
遺	過	⿱帝止		適	述
 石鼓·遴車（秦）	 侯馬盟書（晉）67:54	 温縣盟書（晉）WT1K1:3556	 温縣盟書（晉）T1K1:3216  温縣盟書（晉）T1K1:3211	 温縣盟書（晉）T1K1:3797	 侯古堆鎛影彙 276  侯古堆鎛影彙 279

⿰貝告		鋯	艁		造
		 曹公子沱戈 （曹） 11120			
		 豫少鉤庫戈 11068	 左之造戈 10968		
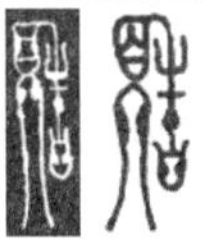 宋公得戈 （宋） 11132  宋公䜌戈 （宋） 11133	 宋公差戈 （宋） 11281  宋公差戈 （宋） 11204	 滕侯耆戈 （滕） 11078  陳卯造戈 （齊） 11034	 郳大司馬戈 （郳） 11206  滕侯昃戈 （滕） 11079	 淳于公戈 （淳于） 11124  羊子戈 （魯） 11089	 簷太史申鼎 （莒） 02732

⿱穴⿰舟告	⿱穴⿰舟貝	⿰告攴	⿱穴⿰彳告	⿺辶⿱穴告	⿰告戈
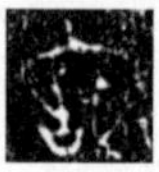  郢侯戈 （楚） 11202			 秦子戈 （秦） 11352	 秦子戈 （秦） 影彙 1350	
	  趙焦犳戈 （晉） 中原 2014.2	 曹右庌戈 （曹） 11070			 高密戈 （齊） 11023
				 懷后石磬 （秦） 通鑒 19817	 龏王之卯戈 （楚） 商圖17058  □造戈 10962

0173 速　0172 遄　0171 迮

速	遄	迮	⿺辶晧	⿺辶昔	鐶
 叔家父簠 04615	 洹子孟姜壺 （齊） 09729  洹子孟姜壺 （齊） 09730		 郜造譴鼎 （郜） 02422		
 石鼓·遊車 （秦）		 簷太史申鼎 （莒） 02732		 滕侯吳戈 （滕） 11123	 韓鍾劍 （晉） 11588

0174 适	0175 逆	0176 这	0177 遇	0178 逢	
逜	逆	这	偶	逢	侔
		 曾子叔交戈 （曾） 江考 2015.1			
 楚子逜鼎 （楚） 02231	 侯馬盟書 （晉） 156:2  壽夢之子劍 （吴） 吴越題 14		 侯馬盟書 （晉） 185:1	 石鼓・吴人 （秦）	 侯馬盟書 （晉） 3:26 「侔」爲「逢」異形。本卷「侔」下重見。

0182 還	0181 返	0180 徙			0179 通
還	返	遷	重	徧	通
	 復封壺 （齊） 通鑒12447		 㥯公戈 11280	 晉姜鼎 （晉） 02826	
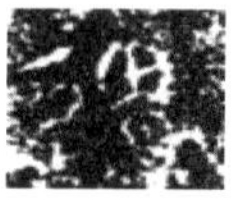 右泉州還矛 （燕） 11503					
		 鄭莊公之孫 盧鼎 （鄭） 商圖 02409			 侯馬盟書 （晉） 179:20

0186 遅	0185 逮		0184 遣	0183 選	
遅	逮	邀	遣	⿺辶巳巳	⿰彳睘
		 郜造譴鼎 （郜） 02422  郜譴簋 （郜） 04040	 戎生鐘 （晉） 影彙 1616  晉姜鼎 （晉） 02826	 夆子選簠 （逢） 通鑒05890	
 王孫誥鐘 （楚） 影彙427  王孫誥鐘 （楚） 影彙430					
	 石鼓・霝雨 （秦）				 司馬楙鎛 （滕） 近二49

0192	0191	0190	0189	0188	0187
追	遂	遺	連	迷	達
追	逃	遺	連	迷	達
 虢季鐘（虢）影彙 2  戎生鐘（晉）影彙 1617					
	 齊侯鎛（齊）00271	 王孫遺者鐘（楚）00261	 連迂鼎（郕）02083  連迂鼎（郕）02084		 齊侯鎛（齊）00271  叔夷鎛（齊）00285
			 能原鎛（越）00155  能原鎛（越）00156	 侯馬盟書（晉）1:53	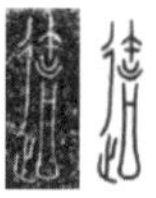 曾侯與鐘（曾）江考 2014.4  温縣盟書（晉）WT1K17:131

0194	0193
迁	邋

迁	邋		㣥	𨑓	
		 郜譴簋 （郜） 04040  曾仲大父 蝨毁 （曾） 04204	 魯伯悆盨 （魯） 04458		 蛒公諴簠 （鄀） 04600  鄧公孫無 忌鼎 （鄧） 影彙 1231
 連迁鼎 （邾） 02084					
	 石鼓・遊車 （秦）			 余購逐兒鐘 （徐） 00184	

0198 邍			0197 逮	0196 遠	0195 逞
邍			逮	遠	逞
 鄭饔原父鼎 （鄭） 02493  魯大宰邍父簋 （魯） 03987	 原氏仲簠 （陳） 影彙 395	 陳公子甗 （陳） 00947  單伯邍父鬲 00737		 晉姜鼎 （晉） 02826	
		 曾子原彝簠 （曾） 04573			
		 石鼓・鑾車 （秦）  石鼓・作原 （秦）	 競孫旟也鬲 （楚） 商圖03036	 文公之母弟鐘 影彙1479	 侯馬盟書 （晉） 92:6  吳季子之子逞劍 （吳） 11640

0201 迄　　0200 遽　　0199 道

迄	遽	衛	遛	道	
		 曾伯霥簠 （曾） 04631  曾伯霥簠 （曾） 04632			
 石鼓・霝雨 （秦）	 夫跌申鼎 （舒） 影彙 1250	 石鼓・吾水 （秦）	 侯馬盟書 （晉） 18:1	 侯馬盟書 （晉） 156:20  侯馬盟書 （晉） 91:5	 侯馬盟書 （晉） 156:19  侯馬盟書 （晉） 3:26

0202 迊*	0203 迏*	0204 迗*	0205 迚*	0206 迠*	0207 途*
迊	迏	迗	迚	迠	途
 郐大子鼎 （徐） 02652					
	 余購逐兒鐘 （徐） 00185	 石鼓·鑾車 （秦）	 石鼓·鑾車 （秦）  石鼓·吾水 （秦）	 石鼓·作原 （秦）	 楚叔之孫途盉 （楚） 09426

0211	0210	0209			0208
⿺辶彖*	⿺辶匡*	⿺辶爭*			⿺辶亟*
⿺辶彖	⿺辶匡	⿺辶爭	⿰彳亟	⿱亟止	⿺辶亟
 季子康鎛（鍾離）商圖15786		 邾始鬲（小邾）00596			
 蔡侯紐鐘（蔡）00217  蔡侯紐鐘（蔡）00210			 侯馬盟書（晉）92:11  侯馬盟書（晉）67:20	 侯馬盟書（晉）156:20  侯馬盟書（晉）200:14	 侯馬盟書（晉）200:39  温縣盟書（晉）T1K1:3802

	0216		0215	0214	0213	0212
	⿺辶曾*		⿺辶匋*	遊*	遨*	⿺辶乘*
	⿺辶曾		⿺辶匋	遊	遨	⿺辶⿱艹冘
			 叔夷鐘 （齊） 00273  叔夷鎛 （齊） 00285			
	 𪓐鎛 （楚） 影彙490  𪓐鎛 （楚） 影彙 494	 唐子仲瀕兒匜 （唐） 影彙 1209  沇兒鎛 （徐） 00203		 石鼓・遊車 （秦）  石鼓・田車 （秦）	 石鼓・遊車 （秦）	 余贎⿺辶乘兒鐘 （徐） 00184

0221 適*	0220 遬*		0219 遻*	0218 讖*	0217 遷*
適	遬	[illegible]	遻	讖	遷
 洹子孟姜壺 （齊） 09729  洹子孟姜壺 （齊） 09730					
 齊侯鎛 （齊） 00271				 秦公簋 （秦） 04315	
 三兒簋 （徐） 04245	 倗夫人嫘鼎 （楚） 商圖02425	 與兵壺 （鄭） 近二 878	 曾子遻簠 （曾） 04488		 遷沇鐘 （舒） 商圖15520  遷沇鎛 （舒） 商圖15794

譓	遶		德		⿺辶㒼
			 曾伯陭壺（曾）09712  叔家父簠 04615	 秦公鎛（秦）00268  曾伯陭壺（曾）09712	
	 王子午鼎（楚）影彙444  王子午鼎（楚）影彙445	 王孫誥鐘（楚）影彙421  王孫遺者鐘（楚）00261		 秦公簋（秦）04315	 王子午鼎（楚）影彙446  王子午鼎（楚）影彙444
 蔡侯紐鐘（蔡）00211  曾侯與鐘（曾）江考 2014.4				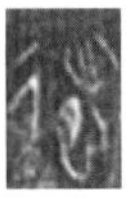 晉公盤（晉）復網 2014.6	

0224

復

⿺辶复	⿰彳⿱复夂	⿰彳⿱复复	⿰彳⿱复口	復	
				 黃子壺 （黃） 09663  黃子壺 （黃） 09664	 子犯鐘 （晉） 影彙 1020
 侯馬盟書 （晉） 1:20  侯馬盟書 （晉） 200:39	 侯馬盟書 （晉） 77:1  侯馬盟書 （晉） 200:59	 侯馬盟書 （晉） 3:9  侯馬盟書 （晉） 35:3	 侯馬盟書 （晉） 1:29  侯馬盟書 （晉） 35:2	 石鼓・而師 （秦）  侯馬盟書 （晉） 200:27	 侯馬盟書 （晉） 200:51  復公仲壺 （楚） 09681

复	⿱复土	⿺辶复	⿺辶復	⿺辶⿱复土	
 黃子盤（黃）10122  黃子匜（黃）10254					
 侯馬盟書（晉）1:5 卷五「复」重見。	 侯馬盟書（晉）200:41  侯馬盟書（晉）200:46	 侯馬盟書（晉）156:9	 侯馬盟書（晉）179:11	 侯馬盟書（晉）77:12  侯馬盟書（晉）92:15	 曾侯與鐘（曾）江考 2014.4  曾侯與鐘（曾）江考 2014.4

0225

往

迬	𡳿	往	㢾	𡕥	𠂤
	 𦛉子鼎 （齊） 商圖 02404				
 侯馬盟書 （晉） 67:21  温縣盟書 （晉） T1K1:137	 温縣盟書 （晉） T1K1:3863	 吴王光鐘 （吴） 00224  吴王光鑑 （吴） 10299	 侯馬盟書 （晉） 1:43	 侯馬盟書 （晉） 85:25	 侯馬盟書 （晉） 156:10  侯馬盟書 （晉） 156:8

0229	0228	0227	0226		
後	待	⿰彳夆	微		
後	待	⿰彳夆	⿺辶㞢	微	⿱㞢土
 叔家父簠 04615					
 黄子鬲 （黄） 00687			 微乘簠 04486		
 侯馬盟書 （晉） 18:5  姑發諸樊之 弟劍 （吴） 影彙 988	 侯馬盟書 （晉） 16:9	 侯馬盟書 （晉） 3:26 本卷「逢」字重見。		 石鼓・作原 （秦）	 侯馬盟書 （晉） 67:3

⿺辶各	⿰彳各			⿺辶⿱幺夂	
侯馬盟書 （晉） 156:20	侯馬盟書 （晉） 79:5	余購逐兒鐘 （徐） 00184 之乘辰鐘 （徐） 影彙 1409	杕氏壺 （燕） 09715 倗夫人孎鼎 （楚） 商圖02425	侯馬盟書 （晉） 3:26 與兵壺 （鄭） 近二 878	中央勇矛 11566

0231 御　　　　0230 得

御	𢔶	㝵	𨓈		夋
 魯正叔盤（魯）10124  郳伯御戎鼎（郳）02525				 □鏞用戈 11334	
		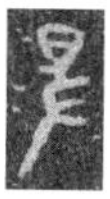 子犯鐘（晉）影彙 1022  子犯鐘（晉）影彙 1010			 黄子盉（黄）09445
 滕太宰得匜（滕）影彙 1733  簷太史申鼎（莒）02732	 余購逐兒鐘（徐）00184	 宋公得戈（宋）11132	 𪒠鎛（楚）影彙490 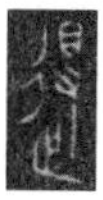 𪒠鎛（楚）影彙495	 滕太宰得匜（滕）影彙 1733  𪒠鎛（楚）影彙491	

敓		婜			
			 吴王御士簠 (虞) 04527		 洹子孟姜壺 (齊) 09730
	 連迂鼎 (郙) 02083	 趙眚月戈 (晉) 影彙 972			
 姑發䏍反劍 (吴) 11718	 唐子仲瀕 兒盤 (唐) 影彙1211	 卲方豆 04660		 曾侯與鐘 (曾) 江考 2014.4  倗夫人嫚鼎 (楚) 商圖02425	 唐子仲瀕鈚 (唐) 影彙1210  吴王夫差鑑 (吴) 10296

0232		0233	0234	0235	0236
⿰彳孚*		⿰彳坴*	⿰彳或*	⿰彳尃*	⿰彳養*
⿰彳孚	⿺辶孚	⿰彳坴	⿰彳或	⿰彳尃	⿰彳養
 侯馬盟書（晉）79:3  侯馬盟書（晉）156:23	 侯馬盟書（晉）156:25	 侯馬盟書（晉）202:9	  石鼓·作原（秦）	 侯馬盟書（晉）92:23	 侯馬盟書（晉）1:63

0240 行	0239 延		0238 建		0237 廷
行	㢟	⿰彳止		建	廷
 虢宫父鬲 （虢） 商圖 02823  鄭義伯𦉢 （鄭） 09973				 戎生鐘 （晉） 影彙 1614	 戎生鐘 （晉） 影彙 1614
 黄子盤 （黄） 10122 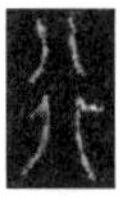 樊夫人龍 嬴匜 （樊） 10209		 王孫遺者鐘 （楚） 00261			 秦公簋 （秦） 04315  秦景公石磬 （秦） 通鑒 19793
 侯馬盟書 （晉） 156:19  曾公子棄 疾鼎 （曾） 江考 2012.3	 蔡侯紐鐘 （蔡） 00217	 䳄公劍 11651  宋右師⿰彳止敦 （宋） 春 CE33001	 武城戈 （齊） 11025  奇字鐘 （越） 商圖 15176	 蔡侯紐鐘 （蔡） 00211  蔡侯鎛 （蔡） 00222	 晉公盆 （晉） 10342  晉公盤 （晉） 復網 2014.6

0243 衞*	0242 衛	0241 衛			
衞	衛	衛	衍		
 戈伯匜 (戴) 10246	 衛夫人鬲衛 (衛) 00595  衛子叔囗父 簠衛 (衛) 04499	 旨仲之孫簋 04120		 曾亘嫚鼎 (曾) 影彙 1201	 陳公子甗 (陳) 00947 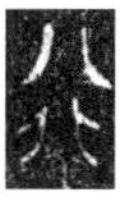 齊侯子行匜 (齊) 10233
	 仲改衛簠 (楚) 影彙 399		 仲滋鼎 (秦) 影彙 632	 童麗君柏鐘 (鍾離) 鍾離：圖 48  季子康鎛 (鍾離) 商圖 15788	 連迂鼎 (𨚕) 02084  敬事天王鐘 (楚) 00079
			 石鼓·霝雨 (秦)	 邵之瘠夫戈 (楚) 影彙 17057  姑發習反劍 (吳) 11718	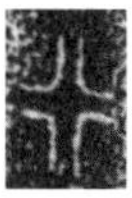 曾公子棄 疾缶 (曾) 江考 2012.3 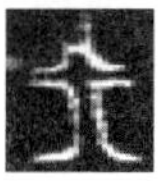 蔡侯龖戈 (蔡) 11140

卷二 行部 九五

	0248	0247	0246	0245	0244
	龢	龠	喿	疋	牙
	龢	龠	喿	疋	牙
 上曾太子鼎 （曾） 02750  秦公鎛 （秦） 00268	 秦公鎛 （秦） 00268  戎生鐘 （晉） 影彙 1617	 番叔壺 （番） 影彙297			 魯大宰邍 父簋 （魯） 03987  叔牙父鬲 00674
 王孫遺者鐘 （楚） 00261 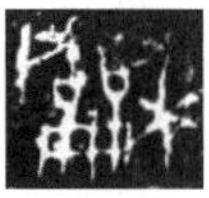 鼄君鐘 （邾） 00050	 子犯鐘 （晉） 影彙 1012  秦景公石磬 （秦） 通鑒 19785				
 曾侯與鐘 （曾） 江考 2014.4  黝鎛 （楚） 影彙491	 子璋鐘 （許） 00114	 中央勇矛 11566	 侯馬盟書 （晉） 1:85  侯馬盟書 （晉） 185:7	 之乘辰鐘 （徐） 影彙 1409  疋䣄戈 10899	

0251 ⿰焚龠*　0250 ⿰龠惠*　0249 ⿰龠于*

⿰焚龠	⿰龠惠	⿰龠于	龢		
				 楚太師登鐘 （楚） 商圖15519	
				 叔夷鐘 （齊） 00277  王孫誥鐘 （楚） 影彙 419	
 吴王光鐘 （吴） 00224	 者𣶃鐘 （吴） 00197	 𪒠鐘 （楚） 影彙 482  𪒠鎛 （楚） 影彙 492	 余購逨兒鐘 （徐） 00184	 鼄公華鐘 （邾） 00245  臧孫鐘 （吴） 00095	 徐王子旃鐘 （徐） 00182  者𣶃鐘 （吴） 00196

0252

嗣

					 秦景公石磬 （秦） 通鑒 19781
					  石鼓・而師 （秦）

	0253 囂		0254 器	
	囂	[illegible]	器	
早期	 囂仲之子伯剌戈 11400	 囂白匜 影彙 589	 樊君鬲 （樊） 00626  曾亘嫚鼎 （曾） 影彙1202	 子叔嬴内君盆 （楚） 10331
中期	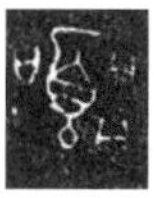  仲滋鼎 （秦） 影彙632		 黃子壺 （黃） 09663  曾子𡱼簠 （曾） 04528	
晚期			 趙孟庎壺 （晉） 09679  哀成叔鼎 （鄭） 02782	 鼄公華鐘 （邾） 00245  鄬侯少子簋 （莒） 04152

	0258	0257	0256	0255	
	商	㐁	⿰干哀*	干	
	商	㐁	⿰干哀	干	
 秦公鐘 (秦) 00262  秦公鎛 (秦) 00268	 商丘叔簠 (宋) 04557	 奚子宿車鼎 (黃) 02603  奚子宿車鼎 (黃) 02604	 戎生鐘 (晉) 影彙 1617	 干氏叔子盤 10131	
 秦景公石磬 (秦) 通鑒 19781	 取膚上子 商匜 (魯) 10253				
	 姑馮昏同之 子句鑃 (越) 00424				 黃韋俞父盤 (黃) 10146  吴王夫差盉 (吴) 影彙1475

0262	0261	0260	0259		
古	丩	鉤	句		
古	丩	鉤	句	[illegible]	
		 洹子孟姜壺 (齊) 09729	 內公鐘鉤 (芮) 00033  鄭戚句父鼎 (鄭) 02520		
		 豫少鉤庫戈 11068			 庚壺 (齊) 09733
 石鼓・而師 (秦)  司馬楙鎛 (滕) 近二 47	 郐䁯尹𧖧鼎 (徐) 02766  郐䁯尹𧖧鼎 (徐) 02766		 宋公䜌簠 (宋) 04590  其次句鑃 (越) 00422	 蔡侯龖盤 (蔡) 10171	 蔡侯龖尊 (蔡) 06010  蔡侯龖盤 (蔡) 10171

		0264 十		0263 由	
		十		由	
	 鬳公彭宇簠 04610	 曾伯從寵鼎 （曾） 02550  鬳公彭宇簠 （楚） 04611	 虢季鐘 （虢） 影彙 3  有兒簋 （陳） 商圖05166		
 叔夷鐘 （齊） 00275  盄和鐘 （秦） 00270	 秦公簋 （秦） 04315	 齊侯鎛 （齊） 00271  鄬子受鎛 （楚） 影彙 515	 鄭大内史叔 上匜 （鄭） 10281		
 司馬楙鎛 （滕） 近二 47 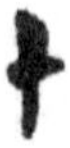 温縣盟書 （晉） T1K1:1961	 子璋鐘 （許） 00118  曾侯與鐘 （曾） 江考 2014.4	 侯馬盟書 （晉） 16:3  籚太史申鼎 （莒） 02732	 邵大叔斧 （晉） 11788  温縣盟書 （晉） T1K1:3802	 温縣盟書 （晉） WT1K2:159	 越王丌北 古劍 （越） 春GE33032

0267	0266	0265			
卅	博	千			
卅	博	千			
			 晉姜鼎 (晉) 02826		
	 子犯鐘 (晉) 影彙 1021				
 石鼓・作原 (秦)		 黝鎛 (楚) 影彙491  黝鎛 (楚) 影彙 492	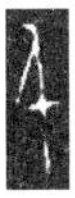 黝鐘 (楚) 影彙482  黝鐘 (楚) 影彙483	 之乘辰鐘 (徐) 影彙 1409	 子璋鐘 (許) 00116  丁兒鼎蓋 (應) 影彙 1712

0269 言　　　　　　　　0268 世

言		丗	褋	殜	世
	 楚王領鐘 （楚） 00053				
 侯馬盟書 （晉） 67:21  侯馬盟書 （晉） 67:56	 侯馬盟書 （晉） 67:39  侯馬盟書 （晉） 67:53	 鄭莊公之孫 盧鼎 （鄭） 商圖 02409	 欒書缶 （楚） 10008	 曾侯與鐘 （曾） 江考 2014. 4	 邵黛鐘 （晉） 00235  邵黛鐘 （晉） 00228

	0274 諭	0273 誨	0272 讎	0271 謂	0270 語
	諭	誨	讎	謂	語
			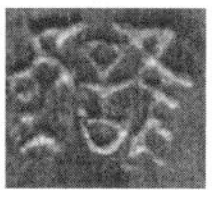 讎仲盤 通鑒14441		
		 王孫誥鐘 （楚） 影彙430  王孫遺者鐘 （楚） 00261			
 侯馬盟書 （晉） 156:19  侯馬盟書 （晉） 3:21	 侯馬盟書 （晉） 156:26  侯馬盟書 （晉） 179:13			  石鼓·吾水 （秦）	 余購逨兒鐘 （徐） 00184

0278 諱		0277 誋	0276 謹		0275 諦
諱	⿱言己	誋	謹		⿱帝心
 叔夷鎛 （齊） 00285		  齊侯鎛 （齊） 00271 用作「忌」。			
 侯馬盟書 （晉） 67:40  蔡侯龖盤 （蔡） 10171	 曾侯殘鐘 （曾） 江考 2014.4 用作「忌」。		 司馬楙鎛 （滕） 近二 48	 温縣盟書 （晉） WT1K17:131  温縣盟書 （晉） WT1K1:3690	 温縣盟書 （晉） T1K1:2182  温縣盟書 （晉） T1K1:2279

0284 諧	0283 訢	0282 諴	0281 諫	0280 詔	0279 誥
譃	訢	諴	諫	詔	弇
		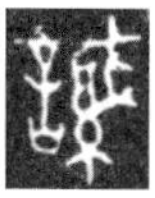 蛣公諴簠 （鄀） 04600  鄀公諴鼎 （鄀） 02753			
			 曾孟嬶諫盆 （曾） 10332  叔夷鎛 （齊） 00285		 王孫誥鐘 （楚） 影彙430 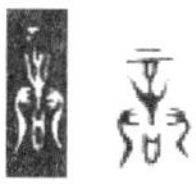 王孫誥戟 （楚） 影彙466
 蔡侯𪒠尊 （蔡） 06010  蔡侯𪒠盤 （蔡） 10171	 蔡侯𪒠尊 （蔡） 06010  蔡侯𪒠盤 （蔡） 10171			 侯馬盟書 （晉） 179:13  侯馬盟書 （晉） 探8②:2	

0290	0289	0288	0287	0286	0285
碁	誤	繺	詛	諺	記
諅	誤	繺	詛	諺	記
		 秦公鐘 （秦） 00262  戎生鐘 （晉） 影彙 1614			 楚太師登鐘 （楚） 商圖15512  楚太師登鐘 （楚） 商圖15514
 子諆盆 （楚） 10335 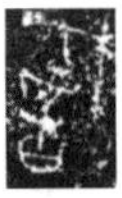 子諆盆 （楚） 10335		 秦公簋 （秦） 04315  秦景公石磬 （秦） 通鑒 19789			 上鄀府簠 （楚） 04613  上鄀府簠 （楚） 04613
	 曾侯與鐘 （曾） 江考 2014.4	 宋公繺戈 （宋） 11133  欒書缶 （楚） 10008	 侯馬盟書 （晉） 105:1	 申伯壺 （申） 影彙379	 曾侯甬鐘 （曾） 江考 2015.1

0294 訏	0293 詐		0292 諆		0291 講
訏	詐			諆	講
				 王孫壽甗 00946	
		 東姬匜 （楚） 影彙398  諆余鼎 （楚） 文物2013.7	 王子午鼎 （楚） 影彙 447	 簷叔之仲子平鐘 （莒） 00175  上鄀公簠 （楚） 影彙 401	
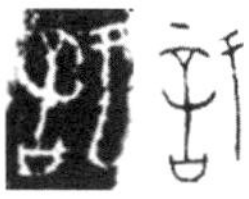 杕氏壺 （燕） 09715	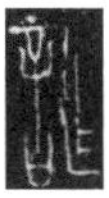 蔡侯𩕢尊 （蔡） 06010  蔡侯𩕢盤 （蔡） 10171	 徐王子旃鐘 （徐） 00182	 侯古堆鎛 影彙280	 與兵壺 （鄭） 近二 878  叔姜簠 （楚） 影彙 1212	 樂書缶 （楚） 10008

0300	0299	0298	0297	0296	0295
訯*	𧥣*	訧	讉	譖	謎
訯	𧥣	訧	讉	譖	謎
	 考叔𧥣父簠 （楚） 04608  考叔𧥣父簠 （楚） 04609	 鼄訧鼎 （邾） 02426		 戎生鐘 （晉） 影彙 1616	 鄧公簋蓋 （鄧） 04055
	 陳公孫𧥣 父瓶 （陳） 09979				
 𪒠鎛 （楚） 影彙 489  𪒠鎛 （楚） 影彙 490			 曾侯與鐘 （曾） 江考 2014.4		

0301	0302	0303	0304	0305	0306
詝*	詉*	詨*	誁*	詤*	諣*
詝	詉	詨	誁	詤	諣
				或以爲「諻」字異構。	
 配兒鉤鑃（吴）00427	 侯馬盟書（晉）194:12	 侯馬盟書（晉）3:27  侯馬盟書（晉）156:26	 侯馬盟書（晉）1:89	 鄦鐘（楚）影彙 484  鄦鎛（楚）影彙 491	 配兒鉤鑃（吴）00427

0310 ⿰言忩*	0309 ⿰言叚*		0308 諻*		0307 ⿰言妻*
⿰言忩	⿰言叚	諻	諻		⿰言妻
					 曾子仲⿰言妻鼎 （曾） 02620
			 王孫誥鐘 （楚） 影彙 422  王孫誥鐘 （楚） 影彙 429	 王孫誥鐘 （楚） 影彙 421  王孫誥鐘 （楚） 影彙443	
 鼄大宰簠 （邾） 04623	 蔡侯䌛尊 （蔡） 06010 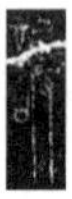 蔡侯䌛盤 （蔡） 10171	 徐王子旃鐘 （徐） 00182	 卲王之諻簋 （楚） 03634	 卲王之諻鼎 （楚） 02288  卲王之諻簋 （楚） 03635	

0316	0315	0314	0313	0132	0311
譱	誩	⿱⿰犭或言*	⿰言就*	⿰言辱*	⿰言⿵几火*
譱	誩	⿱⿰犭或言	譠	⿰言辱	⿰言⿵几火
 哀鼎 (㠱) 商圖02311  蔡大善夫趣簠 (蔡) 影彙1236	 曾子伯誩鼎 (曾) 02450				
 魯大司徒厚氏元簠 (魯) 04690  簷叔之仲子平鐘 (莒) 00179					 王孫遺者鐘 (楚) 00261
 歸父敦 (魯) 04640  荊公孫敦 商圖06070	 曾侯與鐘 (曾) 江考2014.4	 侯馬盟書 (晉) 1:59	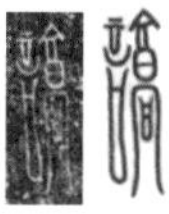 曾侯與鐘 (曾) 江考2014.4	 郤䣄尹譬鼎 (徐) 02766	 沇兒鎛 (徐) 00203

0317	0318		0319	0320	0321
競	音		章	剖*	訑*
競	音		章	剖	訑
	 秦公鐘 （秦） 00263  戎生鐘 （晉） 影彙 1616	 虢季鐘 （虢） 影彙 2  虢季鐘 （虢） 影彙 3			
	 秦景公石磬 （秦） 通鑒 19785  簷叔之仲子平鐘 （莒） 00178	 盄和鐘 （秦） 00270  簷叔之仲子平鐘 （莒） 00175	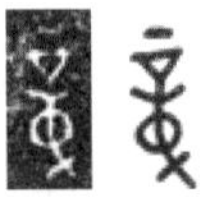 章子鄭戈 （楚） 11295		
 留篙鐘 （楚） 00038  競之定豆 （楚） 商圖06150	 鄦鎛 （楚） 影彙491  徐王子旃鐘 （徐） 00182		 石鼓・鑾車 （秦）  侯馬盟書 （晉） 156:2	 者㴚鐘 （吴） 00197  者㴚鐘 （吴） 00198	 蔡侯𨐋尊 （蔡） 06010  蔡侯𨐋盤 （蔡） 10171

0322	0323	0324	0325	0326	
訮*	謍*	諹*	謬*	童	
訮	謍	諹	謬	童	
			 季子康鎛 （鍾離） 商圖15790  季子康鎛 （鍾離） 商圖 15788	 童麗君柏匿 （鍾離） 鍾離：圖25 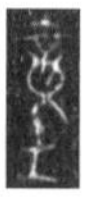 季子康鎛 （鍾離） 商圖15791	 童麗君柏鐘 （鍾離） 鍾離：圖39  季子康鎛 （鍾離） 商圖15789
 温縣盟書 （晉） T1K1:137	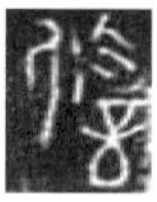 徐王子旃鐘 （徐） 00182	 徐王子旃鐘 （徐） 00182			

0330 對	0329 叢			0328 業	0327 妾
對	樷	⿰⿱丵言⿱丵言	⿱⿰丵丵去	⿰業業	妾
 戎生鐘 (晉) 影彙 1615				 䢅伯業鼎 (番) 02622	
 叔夷鐘 (齊) 00273			 秦公簋 (秦) 04315  盄和鐘 (秦) 00270		
	 黿大宰簠 (邾) 04623  黿大宰簠 (邾) 04624	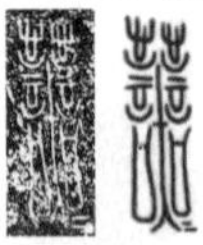 曾侯與鐘 (曾) 江考 2014.4			 侯馬盟書 (晉) 198:10

	0334 奐	0333 丞	0332 奉		0331 僕
𠕀	奐	丞	奉	儯	僕
					 叔夷鎛 (齊) 00285
 侯馬盟書 (晉) 194:9  侯馬盟書 (晉) 200:12	 侯馬盟書 (晉) 200:15  侯馬盟書 (晉) 203:8	 石鼓・汧沔 (秦)	 侯馬盟書 (晉) 105:1  侯馬盟書 (晉) 105:2	 𪐨鎛 (楚) 影彙495  余贎逐兒鐘 (徐) 00185	

0336 弄　　　　0335 睪

弄		睪			
 天尹鐘 00005  天尹鐘 00006	 中子化盤 (楚) 10137	 曾子斿鼎 (曾) 02757	 王孫壽甗 00946  曾伯霥簠 (曾) 04631	 上曾太子鼎 (曾) 02750	 叔朕簠 (戴) 04621  彭子仲盆蓋 (彭) 10340
				 上鄀公簠 (楚) 影彙401  登句鑃 文物2103.7	 庚壺 (齊) 09733  王孫遺者鐘 (楚) 00261
 智君子鑑 (晉) 10289  杕氏壺 (燕) 09715	「睪」皆用作「擇」。卷十二「擇」字重見。	 虡公劍 近二1297	 曾侯與鐘 (曾) 江考2014.4  越王者旨於睗鐘 (越) 00144	 復公仲簋蓋 (楚) 04128  吳王夫差鑑 (吳) 10296	 侯馬盟書 (晉) 3:23  與兵壺 (鄭) 近二878

			0339	0338	0337
			龏	兵	戒
		龔	龏	兵	戒
	 魯伯悆盨 （魯） 04458	 楚太師登鐘 （楚） 商圖15514	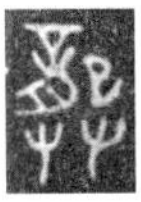 戎生鐘 （晉） 影彙 1615		
 王子午鼎 （楚） 影彙444  王子午鼎 （楚） 影彙447	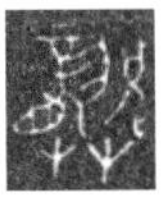 簷叔之仲子平鐘 （莒） 00173  王孫誥鐘 （楚） 影彙433	 秦公簋 （秦） 04315  秦景公石磬 （秦） 通鑒 19792		 庚壺 （齊） 09733  叔夷鎛 （齊） 00285	 叔夷鐘 （齊） 00275
	 鼄大宰簠 （邾） 04623  禾簋 （齊） 03939	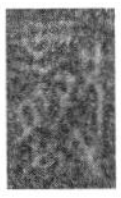 晉公盤 （晉） 復網 2014.6  鼄公華鐘 （邾） 00245	 競孫旟也鬲 （楚） 商圖03036  龏王之卯戈 （楚） 商圖17058	 與兵壺 （鄭） 近二 878  郤酷尹征城 （徐） 00425	

0341 樊

0340 具

樊	樊	⿱鼎廾	具	⿰龍見	⿱具心
 樊君簠 (樊) 04487	 樊君鬲 (樊) 00626	 曾子斿鼎 (曾) 02757	 秦公鎛 (秦) 00269  曾伯霥簠 (曾) 04631	 魯伯悆盨 (魯) 04458	
 樊君匜 (樊) 10256  樊君匜 (樊) 10256	 樊夫人龍嬴盤 (樊) 10082  樊夫人龍嬴匜 (樊) 10209		 叔師父壺 (邛) 09706		
 樊季氏孫仲⿱日鬲鼎 (樊) 02624  樊季氏孫仲⿱日鬲鼎 (樊) 02624			 石鼓·而師 (秦)	 司馬楙鎛 (滕) 近二47	 曾侯與鐘 (曾) 江考2014.4

	0345	0344	0343	0342	
	與	䙴	異	共	
與		䙴	異	共	棥
	 虢季鐘 （虢） 影彙 2 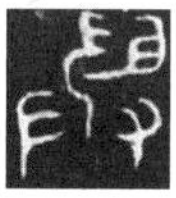 曾大師賓樂與鼎 （曾） 商圖 01840		 仲太師鼎 通鑒 02196		
	 庚壺 （齊） 09733			 叔夷鎛 （齊） 00285  叔夷鎛 （齊） 00285	 樊君盆 （樊） 10329
 侯馬盟書 （晉） 198:10  温縣盟書 （晉） T1k1:3863	 喬君鉦鋮 （喬） 00423  霸服晉邦劍 （吴） 吴越題 54	 侯馬盟書 （晉） 85:35	 石鼓・鑾車 （秦）  懷后石磬 （秦） 通鑒 19817	 郳公韍父鎛 （小郳） 商圖15818  曾侯與鐘 （曾） 江考 2014.4	

0348 晨	0347 弅	0346 興			
晨	弅		興	⿱與口	
 郜公平侯鼎（郜）02771  郜公平侯鼎（郜）02772				 皇與匜 近二 954	
				 齊侯鎛（齊）00271  叔夷鎛（齊）00285	
	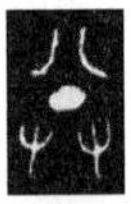 曾关臣匜（曾）近二 948  曾季关臣盤（曾）近二933	 侯馬盟書（晉）156:22  侯馬盟書（晉）3:25	 侯馬盟書（晉）156:24  温縣盟書（晉）T1K1:3797		 温縣盟書（晉）T1K1:3211  温縣盟書（晉）T1K1:3216

0352		0351		0350	0349
鬲		勒		⿱陶革	⿱𦥑說
	鬲	勒	⿱陶革	⿱陶革	⿱𦥑說
 陳夨鬲 (陳) 00706  鼄友父鬲 (小邾) 00717	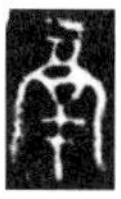 内公鼎 (芮) 00743  虢季鬲 (虢) 影彙 25				
			 齊⿱陶革氏鐘 (齊) 00142	 齊侯鎛 (齊) 00271  ⿱陶革子鼎 (齊) 商圖 02404	
	 □□行鬲 江考 2014.4	 石鼓・田車 (秦)			 晉公盤 (晉) 復網 2014.6

鬲					
 芮公鬲 （芮） 近二77  芮太子鬲 （芮） 近二78	 魯伯愈父鬲 （魯） 00692  鑄子叔黑臣鬲 （鑄） 00735	 鄭井叔蒦父鬲 （鄭） 00580  醫子奠伯鬲 00742	 衛夫人鬲 （衛） 影彙1700  齊趫父鬲 （齊） 00686	 虢季子組鬲 （虢） 00661  曾子單鬲 （曾） 00625	 江小仲母生鼎 （江） 02391  鄭師□父鬲 （鄭） 00731
			 江叔螽鬲 （江） 00677	 叔夷鎛 （齊） 00285	

[illegible]	[illegible]	[illegible]	[illegible]	[illegible]	
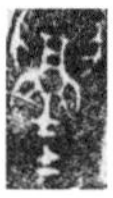 芮太子白鬲（芮）商圖02980  芮太子白鬲（芮）商圖02981		 兒慶鬲（小邾）商圖02868  兒慶鬲（小邾）商圖02867	 虢季氏子組鬲（虢）商圖 02888	 虢宮父鬲（虢）商圖 02823	 國子碩父鬲（虢）影彙 48  國子碩父鬲（虢）影彙 49
	 子犯鬲（晉）商圖 02727		 郳始鬲（小邾）00596		

0354 融　　0353 鬳

[illegible]	[illegible]	鬳		鬻	[illegible]
		 仲姜甗 （芮） 商圖03300  王孫壽甗 00946	 鼄伯鬲 （邾） 00669  虢宮父鬲 （虢） 影彙50	 樊君鬲 （樊） 00626 或釋「鬻」。	
 邾公釛鐘 （邾） 00102			 樊夫人龍嬴鬲 （樊） 00675  樊夫人龍嬴鬲 （樊） 00676		
	 郳公鞁父鎛 （小邾） 商圖15815  郳公鞁父鎛 （小邾） 商圖15818	 曾公子棄疾甗 （曾） 江考2012.3 「鬳」爲「甗」的古字。			 薦鬲 影彙458

0355		0356	0357	0358	0359
⿱⿲弓者弓鬲		⿸厂⿱者鬲*	⿱⿲弓朱弓鬲*	⿱⿲弓缶弓鬲*	⿱⿲弓米弓鬲*
⿱⿲弓者弓鬲	⿱⿲弓都弓鬲	⿸厂⿱者鬲	⿱⿲弓朱弓灬	⿱⿲弓缶弓皿	⿱⿲弓米弓灬
		 曾者子鼎 （芮） 02563  有兒簋 （陳） 商圖 05166	 郐王鼎 （徐） 02675		 陳公子甗 （陳） 00947
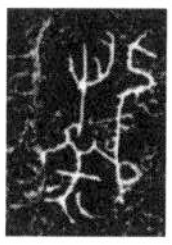 庚兒鼎 （徐） 02715  庚兒鼎 （徐） 02716		 上都府簠 （楚） 04613  鄬子受鼎 （楚） 影彙 528		 王孫叔諲甗 通鑒03362	
	 湯鼎 影彙1310 「煮」字異構。	 蔡侯𩰫簋 （蔡） 03595  競孫旟也鬲 （楚） 商圖 03036			

		0363	0362	0361	0360
		爲	孚	⿱⿰弓⿰者弓鬲*	⿱⿰弓⿰然弓鬲*
		爲	孚	⿱⿰弓⿰者弓皿	⿱⿰弓⿰然弓皿
 鄧公簋蓋 (鄧) 04055  仲姜簋 (芮) 近二403	 太師盤 (晉) 影彙1464  曾亘嫚鼎 (曾) 影彙1201	 虢季鐘 (虢) 影彙3  宗婦鄁嬰𣪘 04086			 叔夜鼎 02646 或以爲「煮」字異構。
	 曾子原彝簠 (曾) 04573  鄀伯受簠 (楚) 04599	 齊太宰歸父盤 (齊) 10151  公典盤 (齊) 影彙1043	 庚壺 (齊) 09733		
 楚叔之孫途盉 (楚) 09426  邗王是埜戈 (吴) 影彙1638	 温縣盟書 (晉) T1K1:3211  宋君夫人鼎 (宋) 近二304	 石鼓·作原 (秦)  趙孟庎壺 (晉) 09679		 者瀘鐘 (吴) 00195  者瀘鐘 (吴) 00198	

0365 ⿱爫衣	0364 妥				
⿱爫衣	妥				
	 晉姜鼎 (晉) 02826			 郜召簠 (郜) 影彙1042  𨚕仲之孫簋 04120	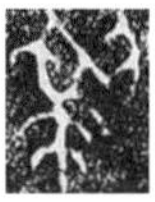 芮太子白鬲 (芮) t03005  鼄訧鼎 (邾) 02426
				 敶姬小公 子盨 (陳) 04379	
  侯馬盟書 (晉) 98:15	 曾侯甬鐘 (曾) 江考 2015.1	 温縣盟書 (晉) T1K1:3863  温縣盟書 (晉) T1K1:3797	 温縣盟書 (晉) T1K1:378  温縣盟書 (晉) T1K1:2182	 者兒戈 古研23  虡公劍 近二1297	 少虡劍 (晉) 11696

0369 ⿰⿱大貝丮	0368 孰			0367 埶	0366 丮
⿰⿱大貝丮	⿰亯丮	⿱埶心		埶	丮
 秦景公石磬 （秦） 通鑒 19781				 叔夷鎛 （齊） 00285  曾鎮墓獸方座 （曾） 影彙521	
 石鼓・吳人 （秦）	 配兒鉤鑃 （吳） 00426 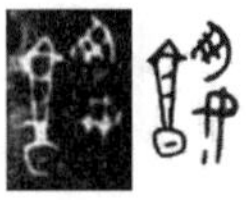 配兒鉤鑃 （吳） 00427	 𪅀鎛 （楚） 影彙489  𪅀鎛 （楚） 影彙490	 𪅀鎛 （楚） 影彙493  吴王光鐘 （吳） 00224	 石鼓・吳人 （秦）  𪅀鎛 （楚） 影彙495	 郘黛鐘 （晉） 00228  郘黛鐘 （晉） 00230

		0373	0372	0371	0370
		⿰其丮	⿰己丮	⿰谷丮	⿰王丮
⿱⿰其丮女		⿰其丮	⿱⿰己丮女	⿰谷丮	⿱⿰王丮女
  鄧公孫無忌鼎 (鄧) 影彙 1231	 秦公鎛 (秦) 00268  秦公鎛 (秦) 00269				
 王孫遺者鐘 (楚) 00261  上鄀府簠 (楚) 04613	 秦公簋 (秦) 04315  上鄀府簠 (楚) 04613	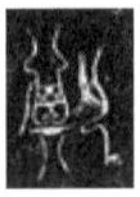 王子午鼎 (楚) 02811  王子午鼎 (楚) 影彙445	 王孫誥鐘 (楚) 影彙422  王孫誥鐘 (楚) 影彙427		 叔夷鐘 (齊) 00273  叔夷鎛 (齊) 00285
	 配兒鉤鑃 (吳) 00427  乙鼎 02607		用作「忌」。	 ⿰谷丮子劍 11578	

0375 右　　　　0374 又

右			又		
 ⿰火个右盤 （曾） 10150	 秦公鐘 （秦） 00262  右走馬嘉壺 09588			 ⿰鬲肅公彭宇簠 （楚） 04610	 秦公鐘 （秦） 00262  邿召簠 （邿） 影彙1042
 庚壺 （齊） 09733  楚屈叔佗戈 （楚） 11393	 叔左鼎 商圖02334  子犯鐘 （晉） 影彙 1020	 鄬子受鐘 （楚） 影彙 504  鄬子受鐘 （楚） 影彙 509		 齊侯鎛 （齊） 00271  王孫誥鐘 （楚） 影彙433	 秦公簋 （秦） 04315  鄭大内史叔上匜 （鄭） 10281
 宋右師延敦 （宋） 春 CE33001  蔡侯紐鐘 （蔡） 00211	 晉公盆 （晉） 10342  溫縣盟書 （晉） WT4K5：11		 侯馬盟書 （晉） 1:14  侯馬盟書 （晉） 1:31	 郐王朱又觶 （徐） 06506  吴王光鐘 （吴） 00224	 侯馬盟書 （晉） 200:36

父

		父			[illegible]
 僉父瓶 （小邾） 商圖14036		 鼄友父鬲 （小邾） 00717  考叔寣父簠 （楚） 04608	 陳公子甗 （陳） 00947  魯伯愈父鬲 （魯） 00692	 國子碩父鬲 （虢） 影彙 49  鄭師口父鬲 （鄭） 00731	
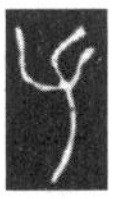 齊太宰歸 父盤 （齊） 10151			 敬事天王鐘 （楚） 00074  王孫誥鐘 （楚） 影彙436	 陳公孫寣 父瓶 （陳） 09979  伯遊父鐳 （黃） 商圖 14009	
 叔狀父簠蓋 04544	 侯馬盟書 （晉） 3:20  侯馬盟書 （晉） 156:21	 𩁹鎛 （楚） 影彙491  沇兒鎛 （徐） 00203	 哀成叔鼎 （鄭） 02782  子璋鐘 （許） 00116	 侯馬盟書 （晉） 96:8  侯馬盟書 （晉） 3:26	 曾侯與鐘 （曾） 江考 2014.4

0379 叡			0378 尹	0377 燮	
叡		尹		燮	
	 尹小叔鼎 （虢） 02214  吴王𣓀士尹氏簠 （虞） 04527		 番昶伯者君鼎 （番） 02617  天尹鐘 00005		
 簷叔之仲子平鐘 （莒） 00174  王孫誥鐘 （楚） 影彙443		 王子午鼎 （楚） 02811  王子午鼎 （楚） 影彙449	 曾大工尹戈 （曾） 11365	 盄和鐘 （秦） 00270	 王孫誥鐘 （楚） 影彙426
 徐王子旃鐘 （徐） 00182  攻敔王者彶叡虘劍 （吴） 商圖17946	 工尹坡盞 商圖06060	 郤醓尹征城 （徐） 00425  郤令尹者旨晢爐 （徐） 10391	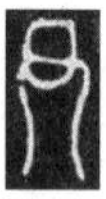 曾都尹定簠 （曾） 影彙1214  倗夫人嫘鼎 （楚） 商圖02425		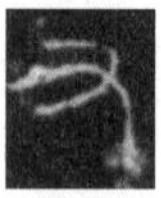 子璋鐘 （許） 00117  宋君夫人鼎 （宋） 近二304

0380

及

返	及				
		 楚太師登鐘 （楚） 商圖15512	 秦公鎛 （秦） 00268		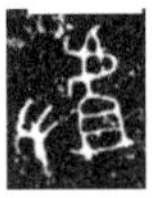 曩甫人匜 （曩） 10261  戎生鐘 （晉） 影彙 1617
 公典盤 （齊） 影彙 1043  䡇子鼎 （齊） 商圖 02404		 王孫誥鐘 （楚） 影彙 431	 子犯鐘 （晉） 影彙 1021  邾公釓鐘 （邾） 00102	 登句鑃 文物2013.7	 子犯鐘 （晉） 影彙 1013
	 侯馬盟書 （晉） 1:9  侯馬盟書 （晉） 1:14	 曾侯與鐘 （曾） 江考 2014.4  郐王義楚觶 （徐） 06513	 石鼓·汧沔 （秦）  黝鎛 （楚） 影彙 489	 鄦子盟自鎛 （許） 00153  侯馬盟書 （晉） 1:79	 鄦子盟自鎛 （許） 00154  攻吴王叡 䱷劍 （吴） 影彙 1188

0385 友	0384 叚	0383 取	0382 反	0381 秉	
友	叚	取	反	秉	彶
	 曾伯桼簠 (曾) 04632  戎生鐘 (晉) 影彙 1615	 戎生鐘 (晉) 影彙 1616  晉姜鼎 (晉) 02826		 秦子簋蓋 (秦) 近二 423  曾侯戈 (曾) 11121	
 王孫遺者鐘 (楚) 00261		 取膚上子 商匜 (魯) 10253  取它人鼎 (魯) 02227		 秦公簋 (秦) 04315  國差罎 (齊) 10361	《説文》單字立頭。
 文公之母 弟鐘 影彙1479  嘉賓鐘 00051			 𪒠鎛 (楚) 影彙 491  姑發䍐反劍 (吴) 11718	 晉公盆 (晉) 10342  晉公盤 (晉) 復網 2014.6	 攻敔王者彶 𣪘虘劍 (吴) 商圖 17946

	0389	0388	0387	0386	
	卑	叙*	𠬶*	𠭇*	
	卑	叙	𠬶	𠭇	𣅀
	 戎生鐘 （晉） 影彙1616  曾伯霥簠 （曾） 04631		 曾仲大父 螽段 （曾） 04203  曾仲大父 螽段 （曾） 04204	 蛣公諴簠 （鄀） 04600 用作「祖」。	 鼄友父鬲 （小邾） 00717  鼄□匜 （小邾） 10236
	 國差罎 （齊） 10361				
 侯馬盟書 （晉） 198:16  侯馬盟書 （晉） 35:7	 與兵壺 （鄭） 近二878  侯馬盟書 （晉） 1:37	 侯馬盟書 （晉） 67:36			 侯馬盟書 （晉） 85:9

0390

史

		史			
		 蔡太史鉌 (蔡) 10356  史孔卮 10352			
		 鄭大内史叔上匜 (鄭) 10281  敶大喪史仲高鐘 (陳) 00355		 齊鞷氏鐘 (齊) 00142	
 侯馬盟書 (晉) 156:5  侯馬盟書 (晉) 3:10	 簷太史申鼎 (莒) 02732  侯馬盟書 (晉) 156:20	 曾孫史夷簠 (曾) 04591	 曾侯與鐘 (曾) 江考 2014.4	 秦王鐘 (楚) 00037  侯馬盟書 (晉) 200:5	 司馬楙鎛 (滕) 近二49  者尚余卑盤 10165

0391

事

		事			
			 洹子孟姜壺 （齊） 09729  洹子孟姜壺 （齊） 09729	 邿召簠 （邿） 影彙1042	 秦公鎛 （秦） 00268
		 王孫誥鐘 （楚） 影彙435  王孫誥鐘 （楚） 影彙433	 敬事天王鐘 （楚） 00078  敬事天王鐘 （楚） 00077	 齊侯鎛 （齊） 00271	 秦公簋 （秦） 04315  秦景公石磬 （秦） 通鑒 19790
 侯馬盟書 （晉） 16:15  温縣盟書 （晉） T1K1:4499	 侯馬盟書 （晉） 35:11  侯馬盟書 （晉） 98:13	 哀成叔鼎 （鄭） 02782  競孫旟也鬲 （楚） 商圖03036		 侯馬盟書 （晉） 85:9  侯馬盟書 （晉） 179:8	 邵黛鐘 （晉） 00226

0394 隶	0393 聿			0392 肅	
隶	聿	譗	歗	肅	
	 楚王領鐘 (楚) 00053				
				 王孫誥鐘 (楚) 影彙 425  王孫遺者鐘 (楚) 00261	
 侯馬盟書 (晉) 194:1  侯馬盟書 (晉) 159:1		 蔡侯𬍽盤 (蔡) 10171	 侯古堆鎛 影彙276		 温縣盟書 (晉) T1K1：3216

0398	0397	0396		0395	
豎	臤	隶		書	
豎	臤	隶		書	
	 姬寏母豆（齊）04693				
 侯馬盟書（晉）1:92	 徐王子旃鐘（徐）00182 用作「賢」。	 邵鐘（晉）00226	 欒書缶（楚）10008 或釋「盈」。	 侯馬盟書（晉）16:3	 侯馬盟書（晉）1:105

	0400 臧			0399 臣	
	臧			臣	⿱臣豆
 曩伯子庭父盨 （曩） 04443	 曾子斿鼎 （曾） 02757	 曩伯子庭父盨 （曩） 04444		 魯内小臣床生鼎 （魯） 02354  己侯壺 （紀） 09632	
	 周王孫季紀戈 （曾） 11309  王孫誥鐘 （楚） 影彙429			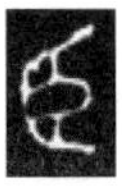 長子沫臣簠 （楚） 04625  伯亞臣鐳 （黄） 09974	
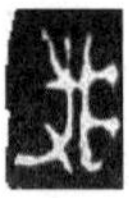 臧孫鐘 （吴） 00096	 臧孫鐘 （吴） 00100	 鄭莊公之孫缶 （鄭） 影彙1239  臧之無咎戈 （楚） 楚金658頁	 侯馬盟書 （晉） 77:11  侯馬盟書 （晉） 156:23	 曾季关臣盤 （曾） 近二933  𪒠鐘 （楚） 影彙498	 侯馬盟書 （晉） 156:27  侯馬盟書 （晉） 200:39

0405 軗*	0404 毀*	0403 [米殳]*	0402 [钅殳]*	0401 殹	
軗	毀	[米殳]	[钅殳]	殹	慼
 伯軗鬲 （曾） 00592	 武生毀鼎 02523	 杞伯每亡鼎 （杞） 02494		 曾伯陭鉞 （曾） 影彙 1203	
			 秦景公石磬 （秦） 通鑒 19781	 王子午鼎 （楚） 影彙444  王子午鼎 （楚） 影彙 445	
				 石鼓・汧沔 （秦）  石鼓・霝雨 （秦）	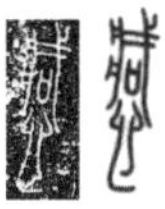 曾侯與鐘 （曾） 江考 2014.4  曾侯殘鐘 （曾） 江考 2014.4

0406	0407	0408	0409		
殽*	穀*	毀*	殺		
殽	穀	毀	殺		殺
		 庚壺（齊）09733 或釋「鬭」。	 庚壺（齊）09733		
 晉公盤（晉）復網 2014.6	 與兵壺（鄭）近二 878			 侯馬盟書（晉）3:23  侯馬盟書（晉）185:2	 侯馬盟書（晉）3:26  侯馬盟書（晉）156:21

0411 尋					0410 寺
[illegible]				寺	
 訔仲之孫簋 04120			 上曾太子鼎 (晉) 02750  𪓝侯簠 04562		
 秦公簋 (秦) 04315			 公典盤 (齊) 影彙1043  台寺缶 影彙1693		
 遷邟鐘 (舒) 影彙 1253	 吴王光鑑 (吴) 10298  𪒠料盆蓋 10327	 競孫旟也鬲 (楚) 商圖03036  楚王酓忎盤 (楚) 商圖14402	 侯馬盟書 (晉) 203:5  鼄公牼鐘 (邾) 00151	 侯馬盟書 (晉) 92:11  侯馬盟書 (晉) 3:8	 石鼓·田車 (秦)  漆筒墨書 (秦) 考文 1997.5

0413 皮　　0412 専

	皮	専		御	叟
 鄭義伯鑩 (鄭) 09973  鄭義伯鑩 (鄭) 09973	 鄭義伯鑩 (鄭) 09973  鑄叔皮父簋 (鑄) 04127		 秦政伯喪戈 (秦) 近二 1248		 尋仲匜 (鄩) 10266
		 叔夷鎛 (齊) 00285  叔夷鎛 (齊) 00285	 秦景公石磬 (秦) 通鑒 19789  王孫遺者鐘 (楚) 00261		
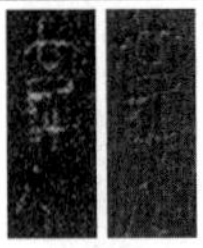 曾侯甬鐘 （曾） 江考 2015. 1	 石鼓・馬薦 (秦)  者瀊鐘 (吴) 00197	 子辛戈 (楚) 影彙526	 吴王光鐘 (吴) 00224	 攻吴王姑發 邸之子劍 (吴) 影彙1241	

0419	0418	0417	0416	0415	0414
敂	敏	肇	啟	攴	皸*
敂	敏	肇	啟	攴	皸
		 番君匜 （番） 10271	 戎生鐘 （晉） 影彙 1613		
	 叔夷鎛 （齊） 00285			 齊鞷氏鐘 （齊） 00142	
 三兒簋 （徐） 04245	 曾侯與鐘 （曾） 江考 2014. 4		 王子啟疆鼎 （楚） 商圖 11690 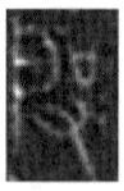 晉公盤 （晉） 復網 2014. 6	  吴王壽夢之 子劍 （吴） 近二 1301	 郳公皸父鎛 （小邾） 商圖15815 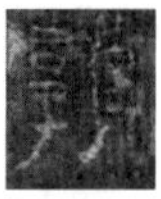 郳公皸父鎛 （小邾） 商圖15816

		0423	0422	0421	0420
		政	故	整	敎
		政	故	整	敎
		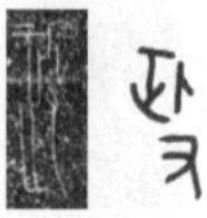 秦政伯喪戈 （秦） 近二 1248  曾伯陭鉞 （曾） 影彙1203	 鄧公簋蓋 （鄧） 04055		 上鄀公敎人 簋蓋 （楚） 04183
 王子午鼎 （楚） 影彙444  王孫誥鐘 （楚） 影彙421	 齊侯鎛 （齊） 00271  王孫遺者鐘 （楚） 00261	 秦景公石磬 （秦） 通鑒 19786  王孫誥鐘 （楚） 影彙 434			
 曾侯與鐘 （曾） 江考 2014.4  侯馬盟書 （晉） 3:23	 侯馬盟書 （晉） 156:23  蔡侯紐鐘 （蔡） 00211	 侯馬盟書 （晉） 156:19  侯馬盟書 （晉） 92:21	 郐醓尹征城 （徐） 00425	 蔡侯𦅫盤 （蔡） 10171	

0427 敶	0426 敵		0425 敕	0424 孜	
敶	敵	⿱敕言	敕	孜	政
 敶侯作嘉姬段 （陳） 03903  敶医壺 （陳） 09634					 虞侯政壺 （虞） 09696
 陳公子中慶簠 （陳） 04597  敶医作王仲嬀援簠 （陳） 04603			 秦公簋 （秦） 04315  盄和鐘 （秦） 00270		
 陳樂君甗 （陳） 影彙1073	 侯馬盟書 （晉） 3:1	 晉公盤 （晉） 復網2014.6  晉公盆 （晉） 10342		 吴王光鐘 （吴） 00224 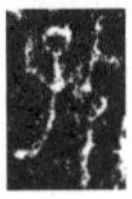 吴王光鐘 （吴） 00224	

0429 救　　0428 敵

救		敵	敕	塦	
					 有兒簋 （陳） 商圖05166  敶侯鼎 （陳） 02650
		 叔夷鐘 （齊） 00274  叔夷鎛 （齊） 00285	 敶医作孟姜媛簠 （陳） 04607		 敶医作王仲嬀媛簠 （陳） 04604
 競之定鬲 （楚） 商圖03015  競之定豆 （楚） 商圖06150	 秦王鐘 （楚） 00037  留篙鐘 （楚） 00038			 猒侯之孫敶鼎 02287	

0433 寇	0432 敗			0431 敦	0430 攸
寇	敗	鐓	亯	𢧐	攸
 鑄司寇鼎 （鑄） 影彙 1917					 曾仲大父 蝨段 （曾） 04204
 魯少司寇封 孫宅盤 （魯） 10154		 隮公克敦 04641 器名「敦」之專字。			
 侯馬盟書 （晉） 195:2  侯馬盟書 （晉） 3:20	 吴王壽夢之 子劍 （吴） 近二1301  吴王餘眛劍 文物2015.9		 荊公孫敦 商圖06070 器名「敦」之專字。	 曾侯與鐘 （曾） 江考 2014.4	

	0436 攻	0435 攷		0434 鼓	
	攻	攷	敼	鼓	
	 爲用戈 商圖17096			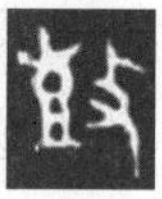 洹子孟姜壺 (齊) 09730	 祝司寇獸鼎 (鑄) 02474
	 國差鑰 (齊) 10361  王孫誥鐘 (楚) 影彙 430			 王孫誥鐘 (楚) 影彙 437	
 攻敔王光戈 (吴) 11151 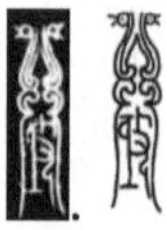 攻吴王光劍 (吴) 影彙 1478	 攻敔王光劍 (吴) 商圖17916  曾侯與鐘 (曾) 江考 2014.4	 郘王義楚觶 (徐) 06513	 鄦鎛 (楚) 影彙495  沇兒鎛 (徐) 00203	 蔡侯紐鐘 (蔡) 00217	 侯馬盟書 (晉) 202:10  侯馬盟書 (晉) 203:3

敔

		敔	𢾅		敔	攻
		 曾仲子敔鼎 （曾） 02564	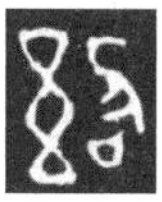 曾子斿鼎 （曾） 02757			
				 王孫誥鐘 （楚） 影彙 419		 齊侯鎛 （齊） 00271
	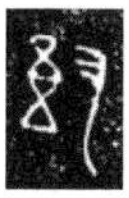 吴王夫差盉 （吴） 影彙1475	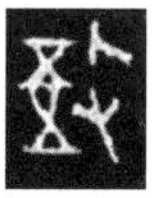 宋公䜌簠 （宋） 04589  攻敔王光劍 （吴） 11620	 石鼓・霝雨 （秦）  攻敔王者彶 虘虙劍 （吴） 商圖17946	  攻吴王夫 差劍 （吴） 影彙1868	 夫欧申鼎 （舒） 影彙 1250	 臧孫鐘 （吴） 00095  攻吴王光 韓劍 （吴） 影彙 1807

卷三

支部

0441 ⿰并支*		0440 吱*	0439 牧		0438 改
⿰并支		吱	牧		改
 僉父瓶（小邾）商圖 14036 用作「瓶」。			 鄧公牧簋（鄧）03590		 楚太師登鐘（楚）商圖15512
					 齊侯鎛（齊）00271
	 𪔈鎛（楚）影彙 491	 𪔈鐘（楚）影彙 482 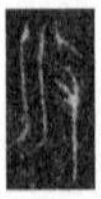 𪔈鐘（楚）影彙 486		 曾侯與鐘（曾）江考 2014.4	 侯馬盟書（晉）194:4  侯馬盟書（晉）198:23

0446 敺*	0445 ⿰鬳攴*		0444 ⿰馬攴*	0443 ⿰貫攴*	0442 敳*
敺	⿰鬳攴		⿰馬攴	⿰貫攴	敳
 内子仲□鼎 （芮） 02517  芮子仲敺鼎 （芮） 商圖 02125					 楚太師登鐘 （楚） 商圖15507  楚太師登鐘 （楚） 商圖15514
				 叔夷鐘 （齊） 00276  叔夷鎛 （齊） 00285	
	 侯馬盟書 （晉） 156:20	 侯馬盟書 （晉） 3:22  侯馬盟書 （晉） 156:24	 ⿰馬攴之行鼎 （曾） 01990  䐼于盞 （曾） 04636		 𨟻子盟自鎛 （許） 00154  𨟻子盟自鎛 （許） 00153

0447	0448	0449	0450	0451	0452
敹*	敷*	歜*	攍*	斀*	教
敹	敷	歜	攍	斀	教
 叔夷鎛 （齊） 00285 用作「選」。					 秦景公石磬 （秦） 通鑒 19799
	 曾侯與鐘 （曾） 江考 2014.4  曾侯與鐘 （曾） 江考 2014.4	 蔡侯𧖴尊 （蔡） 06010  蔡侯𧖴盤 （蔡） 10171	 曾侯與鐘 （曾） 江考 2014.4  姑發𦣞反劍 （吴） 11718	 侯馬盟書 （晉） 16:17	 與兵壺 （鄭） 近二 878

0455	0454	0453
貞	卜	學

鼑		貞	卜	學	斈
 杞伯每亡鼎 （杞） 02495			 卜淦口高戈 （秦） 影彙 816		
 公賜玉鼎 商圖 19701  魯大左嗣徒 元鼎 （魯） 02592					
 宋君夫人鼎 （宋） 近二 304  簷太史申鼎 （莒） 02732	 敲之行鼎 （曾） 01990 用作「鼎」。	 曾公子棄 疾鼎 （曾） 江考 2012.3  曾少宰黃仲 酉鼎 （曾） 近二279	 侯馬盟書 （晉） 303:1	 羅兒匜 （羅） 影彙1266	 與兵壺 （鄭） 近二 878

0458 用	0457 義卜*	0456 心卜*			
用	義卜	心卜			
 秦公鼎 (秦) 影彙1339  魯侯鼎 (魯) 影彙1067			 奚子宿車鼎 (黄) 02604  番昶伯者君鼎 (番) 02618		 郜伯祀鼎 (郜) 02602  伯氏始氏鼎 (鄧) 02643
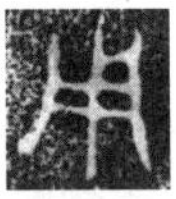 鄭大内史叔上匜 (鄭) 10281  陳公孫𦉢父瓶 (陳) 09979			 洘叔鼎 (邨) 02355	 卑梁君光鼎 (吴) 02283	 以鄧鼎 (楚) 影彙406  發孫虜鼎 (楚) 影彙1205
 哀成叔鼎 (鄭) 02782	 侯馬盟書 (晉) 200:21	 侯馬盟書 (晉) 98:25	 鄬子孟升嬭鼎 (楚) 影彙523 皆用作「鼎」。	 郐𨞾尹譬鼎 (徐) 02766  吴王孫無土鼎 (吴) 02359	 蔡侯殘鼎蓋 (蔡) 02224  蔡侯𩰫鼎蓋 (蔡) 商圖01588

					 曾伯霥簠 （曾） 04631  楚嬴盤 （楚） 10148
				 王子午鼎 （楚） 影彙 444  王子午鼎 （楚） 影彙 449	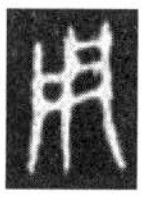 鄴伯受簠 （楚） 04599  王孫誥鐘 （楚） 影彙 421
 蔡侯產劍 （蔡） 11604 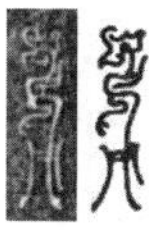 蔡侯產戈 （蔡） 影彙1677	 攻吴王光劍 （吴） 影彙 1478  越王諸稽矛 （越） 影彙 1735	 蔡公子從戈 （蔡） 影彙 1676  邚王欲淺劍 （越） 11621	 王孫家戈 （楚） 商圖16849  王子孜戈 （吴） 11208	 蔡公子加戈 （蔡） 11148  玄鏐夫鋁戈 （越） 11137	 鼄公華鐘 （邾） 00245

0460 爾	0459 甫				
爾	甫				
 洹子孟姜壺 （齊） 09729  曾亘嫚鼎 （曾） 影彙1201	 虢季鋪 （虢） 影彙 37  曾仲斿父簠 （曾） 04673				
	 黃子盉 （黃） 09445  季子康鎛 （鍾離） 商圖 15790				
 晉公盆 （晉） 10342  晉公盤 （晉） 復網 2014.6	 夫跌申鼎 （舒） 影彙 1250  曾甫人匜 （曾） 通鑒 14964	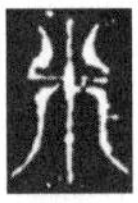 競孫不服壺 （楚） 商圖12381	 玄鏐鏞鋁戈 （越） 商圖16916	 虡公劍 11663  用戈 （吳） 10819	 玄鏐鏞鋁戈 （越） 影彙1901  自作用戈 （越） 11028

春秋文字字形表　卷四

	0461 目	0462 盱	0463 罘	0464 睽
	目	盱	罘	睽
早期				 睽士父鬲 （陳） 00716
中期	 楚屈子赤目簠 （楚） 04612		 叔夷鐘 （齊） 00274  叔夷鎛 （齊） 00285	
晚期		 杕氏壺 （燕） 09715		

	0468 眚		0467 睗	0466 相	0465 瞻
	眚		睗	相	⿸厂⿰言見
 姬寏母豆 （齊） 04693	 眚仲之孫簋 04120		 曾伯霥簠 （曾） 04632 用作「睗」。		
				 庚壺 （齊） 09733	
 温縣盟書 （晉） WT4K6:160  侯馬盟書 （晉） 92:39	 石鼓・鑾車 （秦）	 越王諸稽於睗劍 （越） 影彙1899  越王諸稽於睗劍 （越） 影彙1738	 越王者旨於睗鐘 （越） 00144  越王諸稽於睗戈 （越） 影彙1803	 越王者旨於睗鐘 （越） 00144	 侯馬盟書 （晉） 185:2

0470 自

0469 昳*

				自	昳
			 郝公子害簠 （小郝） 商圖05908  郰季伯歸鼎 02644	 鄭戕句父鼎 （鄭） 02520  曾伯文簠 （曾） 04052	 伯氏始氏鼎 （鄧） 02643
			 簷叔之仲子平鐘 （莒） 00174  樊君匜 （樊） 10256	 秦景公石磬 （秦） 通鑒19799  趞亥鼎 （宋） 02588	
 郕王欲淺劍 （越） 11621  王用劍 （越） 商圖17820	 之乘辰鐘 （徐） 影彙1409  攻敔王光戈 （吳） 11151	 吳王夫差鑑 （吳） 10296  姑馮昏同之子句鑃 （越） 00424	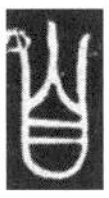 宋君夫人鼎 （宋） 近二304  沇兒鎛 （徐） 00203	 侯馬盟書 （晉） 67:28  寬兒鼎 （蘇） 02722	

0472 0471

魯 皆

魯		⿸厂魯			
 魯内小臣床生鼎 （魯） 02354  魯大宰邍父簋 （魯） 03987	 秦公鎛 （秦） 00269  魯伯俞父簠 （魯） 04566		 番伯畬匜 （番） 10259	 番□伯者君匜 （番） 10269  曾子單鬲 （曾） 00625	
 魯大司徒厚氏元簠 （魯） 04690	 秦公簋 （秦） 04315  秦景公石磬 （秦） 通鑒19787			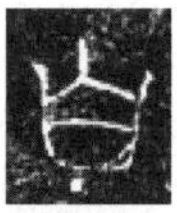 仲改衛簠 （楚） 影彙399	 敬事天王鐘 （楚） 00073  王子午鼎 （楚） 影彙444
	 歸父敦 （魯） 04640  晉公盤 （晉） 復網2014.6	 温縣盟書 （晉） WT14K6:211  温縣盟書 （晉） WT14K6:315		 侯馬盟書 （晉） 96:7	

0473

者

			者		
 番口伯者君匜（番）10268  番口伯者君匜（番）10269	 郘召簠（郘）影彙1042	 曾者子鼎（曾）02563  叔家父簠 04615		 郘召簠（郘）影彙1042	
	 庚壺（齊）09733	 子犯鐘（晉）影彙1020  子犯鐘（晉）影彙1022	 王孫誥鐘（楚）影彙436	 庚壺（齊）09733  曾子仲宣鼎（曾）02737	 叔夷鐘（齊）00277  叔夷鎛（齊）00285
 侯馬盟書（晉）200:40  侯馬盟書（晉）88:3	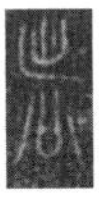 黝鎛（楚）影彙492  𨛜令尹者旨瞀爐（徐）10391	 子璋鐘（許）00116  者濫鐘（吳）00197	 鼄公牼鐘（邾）00151  黝鎛（楚）影彙490	 侯馬盟書（晉）16:35  侯馬盟書（晉）195:7	

0475 百

0474 智

百	智				
 秦公鎛 （秦） 00269  曾子斿鼎 （曾） 02757					
 秦景公石磬 （秦） 通鑒19781  齊侯鎛 （齊） 00271	 簷叔之仲子平鐘 （莒） 00175  簷叔之仲子平鐘 （莒） 00177			 王孫遺者鐘 （楚） 00261	
 懷后石磬 （秦） 通鑒19817  侯古堆鎛 影彙276	 智君子鑑 （晉） 10289  工吴王叡𣁋劍 （吴） 商圖17948	 越王諸稽於睗劍 （越） 影彙1880  越王諸稽於睗劍 （越） 影彙1738	 能原鎛 （越） 00155  越王諸稽於睗戈 （越） 影彙1803		 温縣盟書 （晉） T1K1:3216  温縣盟書 （晉） T1K1:2279

翰

	⿰𠦝隺	⿰𠦝飛			
					 宮氏白子戈 （虢） 11119
	 登句鑃 文物2013.7		  趙焦㺉戈 （晉） 中原 2014.2	 敬事天王鐘 （楚） 00074  敬事天王鐘 （楚） 00079	 庚壺 （齊） 09733
 晉公盤 （晉） 復網 2014.6	 晉公盆 （晉） 10342  鄦子𥂴自鎛 （許） 00153	  石鼓・吾水 （秦）	 侯馬盟書 （晉） 303:1	 𨛜公鯢曹戈 11209	 晉公盆 （晉） 10342  沇兒鎛 （徐） 00203

0479 佳	0478 ⿱羽豕*				0477 翏
佳	⿱羽豕				翏
 虞侯政壺 (虞) 09696  戎生鐘 (晉) 影彙 1613					 魯侯鼎 (魯) 影彙 1067
 子犯鐘 (晉) 影彙 1020  鄭大内史叔上匜 (鄭) 10281					 益余敦 影彙1627
 石鼓・汧沔 (秦)  與兵壺 (鄭) 近二 878	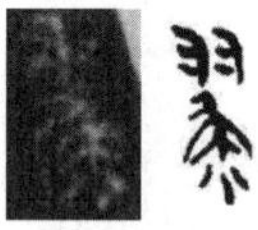 侯馬盟書 (晉) 1:86	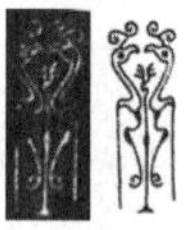 玄翏戈 (吴) 影彙741	 玄鏐夫鋁戈 (越) 11137  玄翏夫呂戟 影彙1381	 玄鏐戈 (吴) 10910  玄翏戈 (吴) 影彙 1878	 翏金戈 (晉) 11262

			 虢季鐘 （虢） 影彙2  楚太師登鐘 （楚） 商圖15518	 上鄀公敄人 簋蓋 （楚） 04183  曾侯寚鼎 （曾） 商圖02219	 戈叔朕鼎 （戴） 02692  曾子仲謱鼎 （曾） 02620
	 鄬子受鎛 （楚） 影彙513  鄬子受鎛 （楚） 影彙515	 王子午鼎 （楚） 02811  王子午鼎 （楚） 影彙444	 仲改衛簠 （楚） 影彙400	 王孫誥鐘 （楚） 影彙421  以鄧鼎 （楚） 影彙406	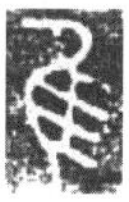 敶厌作孟姜 媵簠 （陳） 04606  庚壺 （齊） 09733
 侯古堆鎛 影彙279  之乘辰鐘 （徐） 影彙1409	 畱篙鐘 （楚） 00038 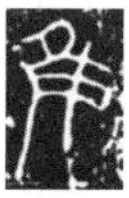 競之定豆 （楚） 商圖06150	 曾侯與鐘 （曾） 江考2014.4  𨙸夫人孎鼎 （楚） 商圖02425	 邵黛鐘 （晉） 00234  者㳄鐘 （吳） 00202	 蔡大師鼎 （蔡） 02738  姑馮昏同之 子句鑃 （越） 00424	 子璋鐘 （許） 00115  沇兒鎛 （徐） 00203

0482 䧹	0481 雉		0480 隻		
雁	雉	蒦	隻		
 秦公鎛 （秦） 00269				 番君伯歠盤 （番） 10136 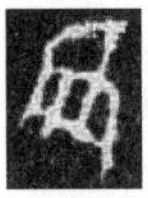 奚子宿車鼎 （黃） 02604	
 叔夷鎛 （齊） 00285  仲滋鼎 （秦） 影彙632		 余子白耴此戈 （徐） 鍾離圖92	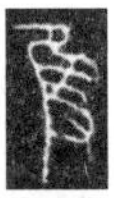 鼄子鼎 （齊） 商圖 02404	 蔡大司馬燮盤 （蔡） 近二 936	
 丁兒鼎蓋 （應） 影彙 1712  晉公盤 （晉） 復網 2014.6	 石鼓・田車 （秦）  石鼓・馬薦 （秦）	 哀成叔鼎 （鄭） 02782	 姑發䜌反劍 （吳） 11718	「隹」用作「唯」。卷二「唯」字重見。	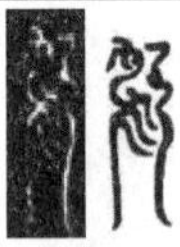 能原鎛 （越） 00155  越王者旨於睗鐘 （越） 00144

0485 [illegible]*	0484 𩀫				0483 雝
[illegible]	𩀫	雎	䨞	雝	
 幻伯隹壺 影彙 1200			 晉姜鼎 （晉） 02826	 雍鼎 02521  虢季鐘 （虢） 影彙 2	 戎生鐘 （晉） 影彙 1616  秦公鎛 （秦） 00268
	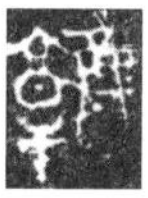 吴買鼎 02452		 秦景公石磬 （秦） 通鑒 19792	 東姬匜 （楚） 影彙398	 篖叔之仲子平鐘 （莒） 00178  雍之田戈 11019
		 侯馬盟書 （晉） 3:25			

0491 群	0490 羊	0489 舊	0488 䶡*	0487 雕*	0486 锥*
羣	羊	舊	䶡	雕	锥
			 曾仲大父蝨㲃 （曾） 04203  曾仲大父蝨㲃 （曾） 04204	 魯宰駟父鬲 （魯） 00707	
		 叔夷鎛 （齊） 00285			
 侯馬盟書 （晉） 200:3  侯馬盟書 （晉） 1:19	 羊子戈 （魯） 11089	 鼄公華鐘 （邾） 00245			 晉公盆 （晉） 10342  晉公盤 （晉） 復網 2014.6

⿱君羔		羣			
 侯馬盟書 （晉） 198:9	 侯馬盟書 （晉） 1:60  侯馬盟書 （晉） 1:103	 侯馬盟書 （晉） 3:20  侯馬盟書 （晉） 1:5	 侯馬盟書 （晉） 16:2  侯馬盟書 （晉） 92:1	 子璋鐘 （許） 00118  子璋鐘 （許） 00117	 侯馬盟書 （晉） 1:39  侯馬盟書 （晉） 200:40

0495			0494	0493	0492
鳴			鷂	難	烏
鳴			⿰系鳥	難	烏
	 楚太師登鐘 （楚） 商圖15519	 衛夫人鬲 （衛） 影彙 1701	 衛夫人鬲 （衛） 影彙 1700		
	 子犯鐘 （晉） 影彙 1017  王孫誥鐘 （楚） 影彙 422			 公典盤 （齊） 影彙 1043	
 曾侯與鐘 （曾） 江考 2014.4  吴王光鐘 （吴） 00224	 石鼓・作原 （秦）  蔡侯紐鐘 （蔡） 00211			 曾侯與鐘 （曾） 江考 2014.4  𪒠鎛 （楚） 影彙491	 子之弄鳥尊 （晉） 05761

於	烏		⿰目鳥	⿰月鳥	⿰鳴卩
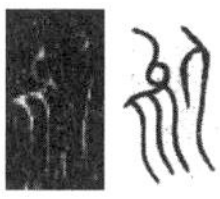 齊侯鎛 （齊） 00271  庚壺 （齊） 09733					
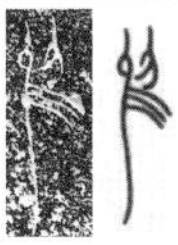 曾侯與鐘 （曾） 江考 2014.4  𨟻篙鐘 （楚） 00038	 𪊨鼎 （鄭） 影彙 1237  余購逐兒鐘 （徐） 00185	 侯馬盟書 （晉） 85:22	 闤丘爲⿰目鳥造戈 11073	 ⿰月鳥公劍 11651  ⿰月鳥戈 10818	 遷⿰六阝鐘 （舒） 影彙 1253  遷⿰六阝鎛 （舒） 商圖15794

0498 烏　0497 ⿰目鳥*　0496 ⿰月鳥*

0500 畢　　0499 焉

<table>
<tr><th>⿱畢廾</th><th>畢</th><th>⿰目焉</th><th>焉</th><th colspan="2"></th></tr>
<tr><td>
畢仲弁簠
（小邾）
商圖05912</td><td>
陳㑀鬲
（陳）
00706</td><td></td><td></td><td></td><td></td></tr>
<tr><td>
何次簠
（楚）
影彙404</td><td>
吴買鼎
02452</td><td></td><td></td><td></td><td></td></tr>
<tr><td>
郘黛鐘
（晉）
00226

鼄公華鐘
（邾）
00245</td><td></td><td>
温縣盟書
（晉）
T1K1:2279

温縣盟書
（晉）
T1K1:2182</td><td>
温縣盟書
（晉）
T1K1:3216

温縣盟書
（晉）
T1K1:4499</td><td>
戉王者旨於
睗劍
（越）
11597

越王諸稽於
睗劍
（越）
影彙1880</td><td>
能原鎛
（越）
00155

越王者旨於
睗鐘
（越）
00144</td></tr>
</table>

	0503 爯	0502 再			0501 棄
曼	爯	再			棄
	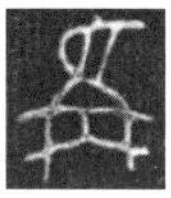 戎生鐘 （晉） 影彙 1613				
		 叔夷鐘 （齊） 00275  叔夷鎛 （齊） 00285			 楚子棄疾簠 （楚） 影彙314
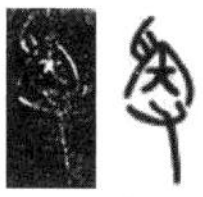 郳公鞁父鎛 （小邾） 商圖15818	 郳公鞁父鎛 （小邾） 商圖15815		 曾公子棄疾壺 （曾） 江考 2012. 3 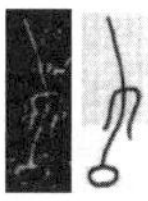 曾公子棄疾斗 （曾） 江考 2012. 3	 曾公子棄疾鼎 （曾） 江考 2012. 3  曾公子棄疾缶 （曾） 江考 2012. 3	

	0507	0506		0505	0504
	玄	疐		惠	叀
玄	幺	疐		惠	叀
		 晉姜鼎 （晉） 02826		 曾子斿鼎 （曾） 02757	
 叔夷鐘 （齊） 00277	 篖叔之仲子平鐘 （莒） 00172	 秦公簋 （秦） 04315  秦景公石磬 （秦） 通鑒 19783	 王子午鼎 （楚） 影彙 444  王子午鼎 （楚） 影彙449	 齊侯鎛 （齊） 00271  王孫誥鐘 （楚） 影彙418	
 少虡劍 （晉） 11697  少虡劍 （晉） 影彙 985	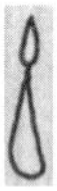 曾侯與鐘 （曾） 江考 2014.4  吴王光鑑 （吴） 10298	讀作「對」。		 鼄大宰簠 （邾） 04623  沇兒鎛 （徐） 00203	 哀成叔鼎 （鄭） 02782

0508

茲

茲					
 曩甫人匜 （曩） 10261  虆姬鬲 （鑄） 影彙1070					
 匹君壺 09680					
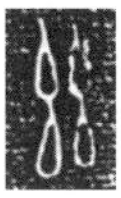 與兵壺 （鄭） 近二 878  余購逐兒鐘 （徐） 00183	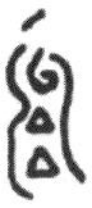 蔡劍 （蔡） 商圖17862	 玄翏戈 （吴） 影彙741  玄鏐戈 （吴） 10911	 玄鏐之用戈 （吴） 商圖16713  玄膚之用戈 （吴） 影彙584	 玄翏戈 （吴） 影彙 1878  玄翏夫呂戟 （吴） 影彙1381	 鼄公牼鐘 （邾） 00152  玄鏐戟 （楚） 影彙536

0513	0512	0511	0510	0509	
受	𤔔	爰	幻	予	
受	[illegible]	爰	幻	㠯	
 秦公鎛 (秦) 00267  曾伯陭壺 (曾) 09712			 幻伯隹壺 影彙1200 或釋「弦」。	 鮇公子段 (蘇) 04015	
 秦公簋 (秦) 04315  鄬子受鐘 (楚) 影彙511					
 蔡侯䵼盤 (蔡) 10171	 曾侯與鐘 (曾) 江考2014.4	 侯馬盟書 (晉) 179:15  曾侯與鐘 (曾) 江考2014.4			 石鼓・避車 (秦)

予部 𠬪部

	0515 敢	0514 孚			
	叡	孚			
	 魯伯匜 （魯） 10222			 洹子孟姜壺 （齊） 09729	 郝召簠 （郝） 影彙1042  洹子孟姜壺 （齊） 09730
	 叔夷鎛 （齊） 00285		 王子午鼎 （楚） 影彙 444  王子午鼎 （楚） 影彙 447	 王孫誥鐘 （楚） 影彙 421  王孫誥鐘 （楚） 影彙 427	 國差𦉜 （齊） 10361  王孫誥鐘 （楚） 影彙 441
 配兒鉤鑃 （吴） 00427  姑發䏣反劍 （吴） 11718	 邵黛鐘 （晉） 00226  司馬楙鎛 （滕） 近二49	 侯馬盟書 （晉） 3:19  侯馬盟書 （晉） 156:21			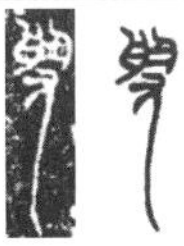 □君戈 11157

 温縣盟書 （晉） T1K1:137  侯馬盟書 （晉） 92:6	 温縣盟書 （晉） WT1K1:3690  侯馬盟書 （晉） 92:25	 温縣盟書 （晉） T1K1:2182  温縣盟書 （晉） WT1K14:1367	 侯馬盟書 （晉） 1:63  侯馬盟書 （晉） 77:11	 温縣盟書 （晉） WT1K14:615  侯馬盟書 （晉） 1:74	 侯馬盟書 （晉） 3:18  侯馬盟書 （晉） 156:15

0520 臚	0519 死	0518 殣*	0517 殜*	0516 叡	
膚	死	殣	殜	叡	
	 邿公諴鼎 （邿） 02753 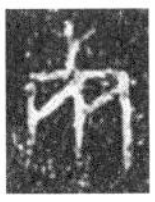 黿乎簋 （曾） 04158				
	 齊侯鎛 （齊） 00271  𩏩子鼎 （齊） 商圖02404			 盄和鐘 （秦） 00270	
 玄膚之用戈 （吴） 影彙584  嘉子昜伯 臚簠 04605	 哀成叔鼎 （鄭） 02782	 侯馬盟書 （晉） 200:23  侯馬盟書 （晉） 200:11	 曾侯與鐘 （曾） 江考2014.4 用作「世」。卷三「世」下重見。		 温縣盟書 （晉） T1K1:1845  侯馬盟書 （晉） 92:12

奴部　歺部　肉部

0521 肫	0522 脰	0523 胃	0524 腹		
肫	脰	胃	腹	腸	䨱
 曾侯與鐘 （曾） 江考 2014.4 用作「純」。	 曾孫定鼎 （曾） 影彙1213 用作「廚」。卷九「廚」重見。	 少虡劍 （晉） 11696  少虡劍 （晉） 11697	 侯馬盟書 （晉） 35:7  侯馬盟書 （晉） 200:16	 侯馬盟書 （晉） 1:21  侯馬盟書 （晉） 16:30	 侯馬盟書 （晉） 3:13  侯馬盟書 （晉） 156:15

⿸广⿱复心	⿱复心	⿰𠂉复	⿰月復	腹	⿱复月
 侯馬盟書 (晉) 194:3	 侯馬盟書 (晉) 1:4	 侯馬盟書 (晉) 16:31	 侯馬盟書 (晉) 1:30  侯馬盟書 (晉) 3:1	 侯馬盟書 (晉) 194:11  侯馬盟書 (晉) 1:64	 侯馬盟書 (晉) 1:31  侯馬盟書 (晉) 1:12

0527 臠　　0526 胤　　0525 肖

臠	胤	省	肖		腹
	 秦公鎛 （秦） 00268				
	 秦公簋 （秦） 04315				
 石鼓・汧沔 （秦）	 晉公盆 （晉） 10342  晉公盤 （晉） 復網 2014.6	 侯馬盟書 （晉） 195:8  侯馬盟書 （晉） 16:36	 侯馬盟書 （晉） 92:10  侯馬盟書 （晉） 1:53	 侯馬盟書 （晉） 1:24  侯馬盟書 （晉） 156:19	 侯馬盟書 （晉） 16:18

0532 肝*		0531 𣎆	0530 散	0529 膳	0528 隋
肝		𣎆	散	膳	隋
		 樊君鬲（樊）00626			
				 益余敦 影彙1627 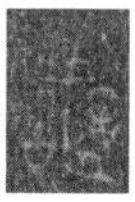 齊侯作孟姜敦（齊）04645	
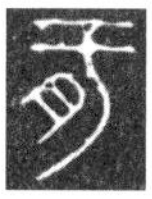 石鼓・而師（秦）	 𨜒鎛（楚）影彙 489  𨜒鎛（楚）影彙491	 侯馬盟書（晉）67：39  𨜒鎛（楚）影彙496	 侯散戈 影彙 1168  陳散戈（齊）10963		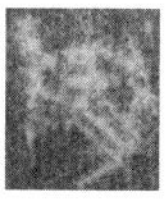  侯馬盟書（晉）98:19

0537		0536	0535	0534	0533
臇*		膜*	膝*	膷*	臚*
臇	膷	膜	膝	膷	臚
			 叔夷鐘 （齊） 00273  叔夷鐘 （齊） 00281		 曾鎮墓獸 方座 （曾） 影彙521
 倗夫人嫘鼎 （楚） 商圖02425	 曾侯與鐘 （曾） 江考 2014.4 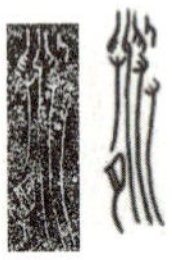 曾侯與鐘 （曾） 江考 2014.4	 蔡大師鼎 （蔡） 02738		  鬮尹膷鼎 （楚） 商圖01660	

	0540			0539	0538
	初			利	剴
	初		物	利	剴
 郐大子鼎 (徐) 02652	 敶侯鼎 (陳) 02650	 太師盤 (晉) 影彙 1464	 晉姜鼎 (晉) 02826	 上曾太子鼎 (曾) 02750	
 伯氏始氏鼎 (鄧) 02643	 楚太師登鐘 (楚) 商圖 15511	 鄭師口父鬲 (鄭) 00731			
 敶医作孟姜㛊簋 (陳) 04606	 鄭大内史叔上匜 (鄭) 10281	 秦景公石磬 (秦) 通鑒 19788	 次口缶 (徐) 影彙 1249		 叔夷鐘 (齊) 00277
 庚壺 (齊) 09733	 敬事天王鐘 (楚) 00073	 子犯鐘 (晉) 影彙 1020	 倗戟 (楚) 影彙469		 叔夷鎛 (齊) 00285
 簷太史申鼎 (莒) 02732	 蔡侯紐鐘 (蔡) 00211	 邵黛鐘 (晉) 00226	 侯馬盟書 (晉) 105:1	 利戈 10812	
	 沇兒鎛 (徐) 00203	 鼄大宰簠 (邾) 04624	 侯馬盟書 (晉) 105:2	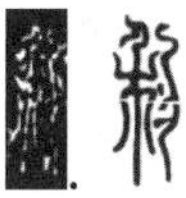 能原鎛 (越) 00155	

		剁			
 華母壺 09638	 鑄叔皮父簋 (鑄) 04127  彭子仲盆蓋 (彭) 10340				 楚嬴盤 (楚) 10148
 夆叔匜 (逢) 10282  簷叔之仲子平鐘 (莒) 00173	 宜桐盂 (徐) 10320	 童麗君柏鐘 (鍾離) 鍾離圖48  童麗君柏鐘 (鍾離) 鍾離:圖 54		 王子午鼎 (楚) 影彙 444  王子午鼎 (楚) 影彙 445	
 者𣻌鐘 (吳) 00197	 曾季关臣盤 (曾) 近二933  嘉子昜伯臚簠 04605		 鼄公牼鐘 (邾) 00150  配兒鉤鑃 (吳) 00427	 倗夫人嬭鼎 (楚) 商圖02425	 樂子簠 (宋) 04618

0541

則

⿰貝刃	⿰鬲刃	⿰鼎刃	⿰鼎刂		
				 洹子孟姜壺 （齊） 09730  曾孟嬴剈簠 （曾） 影彙1199	
				 黄子盤 （黄） 10122  曾子㞒簠 （曾） 04528	 仲改衛簠 （楚） 影彙399 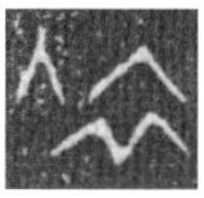 浅公宜鼎 文物2014.1
 侯馬盟書 （晉） 185:4  能原鎛 （越） 00156	 温縣盟書 （晉） T1K1:1845  温縣盟書 （晉） T1K1:4585	 侯馬盟書 （晉） 156:20  温縣盟書 （晉） T1K1:3780	 侯馬盟書 （晉） 3:28  𨰻鎛 （楚） 影彙494	 石鼓·吾水 （秦）	

0547 剈*	0546 劓	0545 罰	0544 制	0543 㓝	0542 割
剈	劓	罰	制	㓝	割
 曾孟嬴剈簠 （曾） 影彙1199					 曩伯子宼父盨 （曩） 04443  曩伯子宼父盨 （曩） 04444
	 叔夷鐘 （齊） 00277  叔夷鎛 （齊） 00285	 叔夷鐘 （齊） 00272  叔夷鎛 （齊） 00285	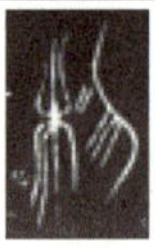 王子午鼎 （楚） 02811  王子午鼎 （楚） 影彙 446		
	 之乘辰鐘 （徐） 影彙 1409			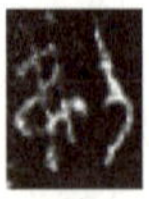 晉公盆 （晉） 10342  晉公盤 （晉） 復網2014.6	

0553	0552	0551	0550	0549	0548
劒	刅	剹*	㓹*	剬*	朐*
劒	創	剹	㓹	剬	朐
					 鼄友父鬲 （小邾） 00717  郳友父鬲 （小邾） 影彙1094
	 庚壺 （齊） 09733	 叔夷鐘 （齊） 00273  叔夷鎛 （齊） 00285		 叔夷鎛 （齊） 00285  叔夷鐘 （齊） 00276	
 攻吾王光劍 （吴） 吴越題30		用作「膠」。	 温縣盟書 （晉） WT4K5:12		

0555	0554				
角	耕				
角	畮	錛	鐵	鐱	𨮒
	 𩡧侯簋 04561  𩡧侯簋 04562				
		 耳鑄公劍 影彙1981			
 石鼓·避車 （秦）  侯馬盟書 （晉） 200:20			 鵙公劍 11651	 吴季子之子逞劍 （吴） 11640  韓鍾劍 （晉） 11588	 攻敔王者彶𫊣虘劍 （吴） 商圖17946  蔡侯產劍 （蔡） 11587

0557 [illegible]　　0556 觴

	[illegible]	[illegible]		[illegible]	
 侯馬盟書 （晉） 195:1	 侯馬盟書 （晉） 91:5  侯馬盟書 （晉） 3:25	 侯馬盟書 （晉） 195:7  侯馬盟書 （晉） 156:20	 侯馬盟書 （晉） 194:4  侯馬盟書 （晉） 98:28	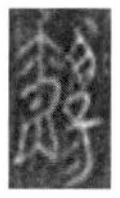 晉公盤 （晉） 復網 2014.6	 馬盟書 （晉） 79:4

0561 簋	0560 筮	0559 簡	0558 箸		春秋文字字形表 卷五
𣪘	筭	簡	箸		
 晉侯簋（晉）商圖04713  魯司徒仲齊盨（魯）04440				早期	
				中期	
	 侯馬盟書（晉）194:3  侯馬盟書（晉）303:1	 石鼓・田車（秦）	 石鼓・作原（秦）	晚期	

⿷匚⿰食殳	⿸厂⿰食殳	盤	⿰食殳		
			 秦公簋 （秦） 商圖04388  虢季氏子組簋 （虢） 03973	 秦公簋 （秦） 影彙 1343  魯大宰遷父簋 （魯） 03987	 鄧公牧簋 （鄧） 03590  上鄀公敄人簋蓋 （楚） 04183
				 公豆 （莒） 04654	
 曾仲㚸簋 （曾） 通鑒05029	 卲王之諻簋 （楚） 03635  卲王之諻簋 （楚） 03634	 蔡侯𪔨簋 （蔡） 03592  蔡侯𪔨簋 （蔡） 03599		 鄬侯少子簋 （莒） 04152  三兒簋 （徐） 04245	 復公仲簋蓋 （楚） 04128

0562

簠

⿱竹甫	⿷匚甫				
		 内公簠蓋 （芮） 03707  内公簠蓋 （芮） 03709	 虢季𣪘 （虢） 影彙 20  虢季𣪘 （虢） 影彙 21	 㠱侯簠 （㠱） 影彙1462  杞伯每亡𣪘 （杞） 03900	 曾伯文簠 （曾） 04051  仲姜簠 （芮） 近二403
 宋公䜌鋪 （宋） 文物 2014.1	 魯大司徒厚氏元⿱竹甫 （魯） 04690  魯大司徒厚氏元⿱竹甫 （魯） 04691				

卷五 竹部

0568	0567	0566	0565	0564	0563
簫*	箮*	笱*	笭*	簧	箴
簫	箮	笱	箹	簧	箴
		 笱侯匜 （莒） 10232	 箹戈 10820		
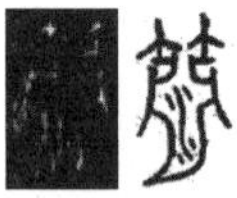 齊侯鎛 （齊） 00271  叔夷鐘 （齊） 00280	 叔夷鐘 （齊） 00276				 邵子栽盤 影彙1372
				 漆筒墨書 （秦） 考文 1997.5	

竹部

0569	0570	0571	0572	0573	0574
篱*	篣*	⿱竹膚*	⿱竹⿰禾頁*	⿱竹盜*	⿱竹⿱鹵皿*
篱	篣	⿱竹膚	⿱竹⿰禾頁	⿱竹盜	⿱竹⿱鹵皿
		 ⿱竹膚叔之仲子平鐘（莒）00174  ⿱竹膚叔之仲子平鐘（莒）00180			
 留篱鐘（楚）00038	 篣府宅戈（魯）商圖17300	 ⿱竹膚太史申鼎（莒）02732  ⿱竹膚戟（莒）商圖 16604	 蔡侯⿰𤔔𤔔盤（蔡）10171  蔡侯⿰𤔔𤔔尊（蔡）06010	 石鼓・汧沔（秦）	 侯馬盟書（晉）1:57

0577 箕	0576 ⿱⺮⿰缶舌*	0575 ⿱⺮⿰月⿱目关*
其	⿱⺮⿰缶舌	⿱⺮⿰月⿱目关

0577 箕（其）

秦公鎛（秦）00268

鄭⿰月戉句父鼎（鄭）02520

魯大宰邍父簋（魯）03987

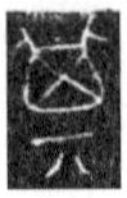
晉侯簋（晉）商圖 04713

齊侯匜（齊）10272

考叔㾅父簠（楚）04609

子犯鐘（晉）影彙 1020

覃子鼎（齊）商圖 02404

王孫誥鐘（楚）影彙 421

王子午鼎（楚）02811

公典盤（齊）影彙 1043

伯遊父鐳（黃）商圖 14009

童麗君柏鐘（鍾離）鍾離:圖 42

王子午鼎（楚）影彙 447

石鼓・汧沔（秦）

哀成叔鼎（鄭）02782

褱鼎（楚）02551

之乘辰鐘（徐）影彙 1409

侯馬盟書（晉）1:33

寬兒鼎（蘇）02722

攻吳王夫差劍（吳）影彙 1523

0576 ⿱⺮⿰缶舌*

曾侯與鐘（曾）江考 2014.4

0575 ⿱⺮⿰月⿱目关*

⿱⺮⿰月⿱目关子戈（滕）10898

用作國族名「滕」。

 虢碩父簋 (虢) 影彙 52	 郳□白鼎 (郳) 02640	 魯伯俞父簋 (魯) 04566	 虢季鼎 (虢) 影彙 15	 番叔壺 (番) 影彙 297	 邷子良人甗 00945
 笱侯匜 (笱) 10232	 郳友父鬲 (小郳) 商圖 02942	 楚嬴盤 (楚) 10148	 晉姞匜 (晉) 商圖 14954		 曾侯宏鼎 (曾) 商圖 02219
 王孫遺者鐘 (楚) 00261	 樊夫人龍 嬴壺 (樊) 09637	 伯遊父盤 (黃) 商圖 14510	 鄭大內史叔 上匜 (鄭) 10281	 上鄀府簠 (楚) 04613	 王孫誥鐘 (楚) 影彙 439
 次□缶 (徐) 影彙 1249		 魯大左𤔲徒 元鼎 (魯) 02593	 宋公圞鼎 (宋) 文物 2014. 1		 蔡子緻盞 (楚) 影彙 1235
 侯馬盟書 (晉) 200:23	 樊季氏孫仲 𩰫鼎 (樊) 02624	 鄦子妝簠 (許) 04616	 郘黛鐘 (晉) 00225	 攻敔王夫 差劍 (吳) 11639	 欒書缶 (楚) 10008
 攻敔王夫 差戈 (吳) 11288		 陳樂君甗 (陳) 影彙 1073	 侯馬盟書 (晉) 1:31	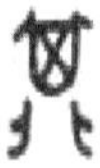 姑發諸樊之 弟劍 (吳) 影彙 988	

0579 典		0578 丌			
萛	箅	亓		丌	
 公典盤 (齊) 影彙 1043	 叔夷鐘 (齊) 00275  叔夷鎛 (齊) 00285				
		 郳夫人嫘鼎 (楚) 商圖02425  能原鎛 (越) 00156	 温縣盟書 (晉) T1K1:3211 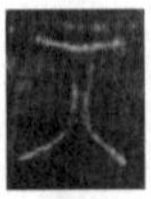 宋右師延敦 (宋) 春 CE33001	 侯馬盟書 (晉) 3:20  侯馬盟書 (晉) 1:43	 宋君夫人鼎 (宋) 近二 304  温縣盟書 (晉) T1K1:2857

0582 左　　0581 异*　　0580 奠

右	左	左	异	奠	奠
 郘左戹戈 （小邾） 10969		 秦公鎛 （秦） 00268  䜌左庫戈 10959		 鄭戕句父鼎 （鄭） 02520  鄭井叔蒦 父鬲 （鄭） 00581	 秦公鎛 （秦） 00267  秦公鎛 （秦） 00269
	 魯大左嗣徒 元鼎 （魯） 02593  左戈 影彙 1536	 子犯鐘 （晉） 影彙 1022  魯大左嗣徒 元鼎 （魯） 02592	 叔夷鎛 （齊） 00285 用作「祖」。	 鄭子石鼎 （鄭） 02421  鄭大内史叔 上匜 （鄭） 10281	 子犯鐘 （晉） 影彙 1023
 宋左太師 睪鼎 （宋） 商圖 01923	 温縣盟書 （晉） WT4K5:11	 淳于戈 （淳于） 影彙 1110		 鄭莊公之孫 盧鼎 （鄭） 商圖 02409 用作國族名「鄭」。	 曾大師奠鼎 （曾） 影彙 501

0584 工		0583 差			
工				⿱𠂹石	差
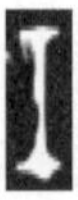 楚太師登鐘 （楚） 商圖 15512  楚太師登鐘 （楚） 商圖 15518	 召叔山父簠 （鄭） 04601 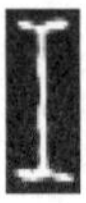 楚太師登鐘 （楚） 商圖 15517				
	 子犯鐘 （晉） 影彙 1022			 王子午鼎 （楚） 影彙 444  王子午鼎 （楚） 影彙 447	 國差𦉜 （齊） 10361  叔夷鎛 （齊） 00285
 工尹坡盞 商圖 06060	 石鼓・避車 （秦）  蔡公子義 工簠 （蔡） 04500	 攻吴王夫 差劍 （吴） 影彙 1895  吴王夫差盉 （吴） 影彙 1475	 曾侯與鐘 （曾） 江考 2014.4  吴王夫差鑑 （吴） 10296	 宋公差戈 （宋） 11204  攻吴王夫 差鑑 （吴） 影彙 1477	 宋公差戈 （宋） 11289 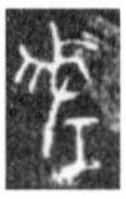 吴王夫差矛 （吴） 11534

0588 覡		0587 巫	0586 ⿱宀⿱㠭廾		0585 巨
覡	⿱巫口	巫	⿱宀⿱㠭廾	⿰巨夫	巨
			 塞公孫⿰爿旨父匜 (楚) 10276	 矩甗 (申) 影彙 970	
			 塞公屈顛戈 (楚) 商圖 16696		
 侯馬盟書 (晉) 91:5  侯馬盟書 (晉) 3:24	 侯馬盟書 (晉) 3:20  侯馬盟書 (晉) 91:5	 侯馬盟書 (晉) 3:24  侯馬盟書 (晉) 96:8			 鄬侯少子簋 (莒) 04152

0592		0591	0590	0589	
曰		甚	猒	甘	
曰		甚	猒	甘	覞
	 秦公鐘 （秦） 00262			 鄙甘𦎧鼎 影彙1091	
 齊侯鎛 （齊） 00271 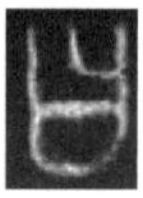 庚壺 （齊） 09733	 秦景公石磬 （秦） 通鑒 19789		 叔夷鐘 （齊） 00272		
 温縣盟書 （晉） WT1K14:572  哀成叔鼎 （鄭） 02782	 邵黛鐘 （晉） 00226  配兒鉤鑃 （吴） 00427	 夫跌申鼎 （舒） 影彙 1250	 温縣盟書 （晉） WT4K6:212	 侯馬盟書 （晉） 185:7  侯馬盟書 （晉） 3:24	 侯馬盟書 （晉） 3:21  侯馬盟書 （晉） 156:19

0595 朁	0594 曹	0593 晉			
朁	𣍘	晉			
	 曹公子沱戈 （曹） 11120	 戎生鐘 （晉） 影彙 1615		 晉姜鼎 （晉） 02826	
	 曹右庭戈 （曹） 11070				
 許公戈 （許） 影彙 531 用作國族名「許」。卷六「鄦」下重見。	 曹公盤 （曹） 10144  眭公鯢曹戈 11209	 郐𨞻尹譬鼎 （徐） 02766  郐𨞻尹譬鼎 （徐） 02766	 之乘辰鐘 （徐） 影彙 1409  能原鎛 （越） 00155	 郘黛鐘 （晉） 00233 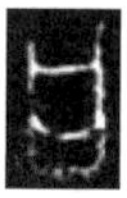 鄭莊公之孫 盧鼎 （鄭） 商圖 02409	 曾侯與鐘 （曾） 江考 2014.4  余購逐兒鐘 （徐） 00185

	0599 丂 丂	0598 卣 卣	0597 卤 卤	0596 乃 乃	
	 上鄀公敄人 簋蓋 (楚) 04183		 烆右盤 (曾) 10150  曾伯陭壺 (曾) 09712		 曾仲大父蟊𣪕 (曾) 04204  上曾太子鼎 (曾) 02750
	 齊侯鎛 (齊) 00271  公典盤 (齊) 影彙 1043			 簷叔之仲子 平鐘 (莒) 00172  簷叔之仲子 平鐘 (莒) 00180	 子犯鐘 (晉) 影彙 1017  叔夷鎛 (齊) 00285
 越王者旨於 睗鐘 (越) 00144		 石鼓・田車 (秦)  石鼓・作原 (秦)		 鄘侯少子簋 (莒) 04152	 曾侯與鐘 (曾) 江考 2014. 4  吴王光鑑 (吴) 10298

0603	0602			0601	0600
于	乎			可	寧
于	乎			可	寧
 秦公鐘 （秦） 00262  邾譴簋 （邾） 04040	 竈乎簋 （曾） 04158  蠚子鼎 （許） 文物 2014.8				 晉姜鼎 （晉） 02826
 子犯鐘 （晉） 影彙 1012 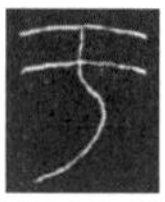 秦景公石磬 （秦） 通鑒 19790			 庚壺 （齊） 09733	 齊侯鎛 （齊） 00271	 子犯鐘 （晉） 影彙 1014
 趙孟庎壺 （晉） 09679  鼄公華鐘 （邾） 00245		 子可期戈 11072  能原鎛 （越） 00156	 蔡大師鼎 （蔡） 02738  可簠 （曾） 近二459	 石鼓·汧沔 （秦）  杕氏壺 （燕） 09715	

0604

平

	平			⿰于卩	
	 鄀公平侯鼎 （鄀） 02771	 戎生鐘 （晉） 影彙 1614  鄀于子斯簠 （鄀） 04542		 楚太師登鐘 （楚） 商圖15514	 戎生鐘 （晉） 影彙 1617  曾伯霥簠 （曾） 04632
	 秦景公石磬 （秦） 通鑒 19784	 篖叔之仲子平鐘 （莒） 00175	 叔夷鎛 （齊） 00285  䣄于盞 （曾） 04636	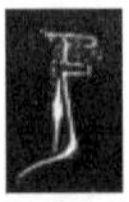 王子午鼎 （楚） 影彙 444  王子午鼎 （楚） 02811	 齊侯鎛 （齊） 00271  王孫誥鐘 （楚） 影彙 422
 侯馬盟書 （晉） 3:6  拍敦 04644	 侯馬盟書 （晉） 200:8  𪐴鎛 （楚） 影彙490	 徐王子旊鐘 （徐） 00182	 淳于公戈 （淳于） 11125		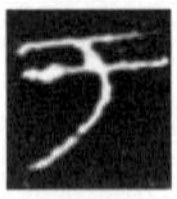 競之定鬲 （楚） 商圖03015  余贎逐兒鐘 （徐） 00185

旨

			旨		
			 上曾太子鼎 (曾) 02750  仲太師鼎 通鑒 02196		
			 仲滋鼎 (秦) 影彙 632  國差𦉥 (齊) 10361		 簷叔之仲子平鐘 (莒) 00180  簷叔之仲子平鐘 (莒) 00178
 越王諸稽於睗劍 (越) 影彙 1899  越王諸稽矛 (越) 影彙 1735	 越王者旨於睗戈 (越) 11310  戉王矛 (越) 11512	 之乘辰鐘 (徐) 影彙 1409  越王者旨於睗鐘 (越) 00144	 郐令尹者旨㽙爐 (徐) 10391  郘王者旨於睗劍 (越) 11600	 平陽高馬里戈 (齊) 11156  平阿左戈 (齊) 影彙 1496	

0608		0607	0606
喜		指*	嘗

	喜		指	嘗	
		 楚太師登鐘 (楚) 商圖 15519  楚太師登鐘 (楚) 商圖 15514			
 王孫誥鐘 (楚) 影彙 441  王孫遺者鐘 (楚) 00261		 秦景公石磬 (秦) 通鑒 19781	 嘉子孟嬴指 缶 影彙 1806		
 楚屈喜戈 (楚) 近二 1126  𪒠鎛 (楚) 影彙 492	 子璋鐘 (許) 00113  𪒠鎛 (楚) 影彙 491	 侯馬盟書 (晉) 1:24  侯馬盟書 (晉) 200:50		 蔡侯龖尊 (蔡) 06010  蔡侯龖盤 (蔡) 10171	 戉王者旨於 睗劍 (越) 11599  戉王者旨於 睗劍 (越) 11597

0612 嘉	0611 彭	0610 尌	0609 壴		
嘉	彭	尌	壴		
	 彭子仲盆蓋 (彭) 10340  𩞁公彭宇簠 (楚) 04610	 尌仲盤 10056			
			 齊鞷氏鐘 (齊) 00142  王孫遺者鐘 (楚) 00261		
 石鼓・吾水 (秦)  侯馬盟書 (晉) 98:4	 彭射缶 (楚) 文物2011.3  彭子射兒鼎 (楚) 文物 2011.3			 𪓐鎛 (楚) 影彙 489  鼄公牼鐘 (邾) 00151	 沇兒鎛 (徐) 00203  徐王子旃鐘 (徐) 00182

⿱壴寸	⿱壴友				
			 右走馬嘉壺 09588	 敶侯作嘉 姬毁 （陳） 03903  上曾太子鼎 （曾） 02750	
			 邾公釛鐘 （邾） 00102  王孫遺者鐘 （楚） 00261	 齊鞷氏鐘 （齊） 00142  王孫誥鐘 （楚） 影彙 437	
 侯馬盟書 （晉） 98:6  侯馬盟書 （晉） 1:73	 侯馬盟書 （晉） 203:9  侯馬盟書 （晉） 156:5	 曾侯與鐘 （曾） 江考2014.4  嘉子昜伯 臚簠 04605	 侯馬盟書 （晉） 156:12  侯馬盟書 （晉） 3:18	 哀成叔鼎 （鄭） 02782  沇兒鎛 （徐） 00203	 侯馬盟書 （晉） 3:21  侯馬盟書 （晉） 156:21

⿰禾力	⿰禾殳	⿰禾忽	⿰禾加	⿱壴力	嘉
			 洹子孟姜壺 （齊） 09729		
 侯馬盟書 （晉） 200:66  侯馬盟書 （晉） 198:13	 侯馬盟書 （晉） 200:57	 侯馬盟書 （晉） 194:3  侯馬盟書 （晉） 1:43	 侯馬盟書 （晉） 16:9  侯馬盟書 （晉） 152:3	 侯馬盟書 （晉） 1:104  侯馬盟書 （晉） 1:57	 侯馬盟書 （晉） 156:16

0617 虞	0616 豐	0615 𧯠*	0614 豆		0613 鼓
虞	豐	𧯠	豆	鼔	鼓
 虞侯政壺 (虞) 09696	 右戲仲夏父鬲 00668	 東仲𧯠父簋 文物 2012.7	 姬寏母豆 (齊) 04693		 楚太師登鐘 (楚) 商圖15513
				 叔夷鐘 (齊) 00277  庚壺 (齊) 09733	
				 九里墩鼓座 (舒) 00429 卷三「鼓」字重見。	 郘黛鐘 (晉) 00226  無子盟自鎛 (許) 00154

	0620	0619			0618
	虖	虘			虔
虖		虘	⿸虍吕	⿸虍幸	虔
	 虖北鼎 02082	 太師盤 （晉） 影彙 1464			 秦公鐘 （秦） 00262  晉姜鼎 （晉） 02826
				 叔夷鎛 （齊） 00285  叔夷鎛 （齊） 00285	 秦公簋 （秦） 04315
 侯馬盟書 （晉） 203:1  侯馬盟書 （晉） 179:1	 侯馬盟書 （晉） 156:19  侯馬盟書 （晉） 77:2	 喬君鉦鋮 （喬） 00423  攻敔王虘伐此邻劍 （吴） 商圖17947	 吴王光鐘 （吴） 00224		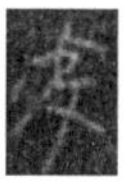 晉公盤 （晉） 復網 2014.6 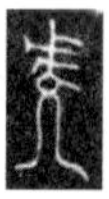 蔡侯鎛 （蔡） 00222

0623 虎	0622 䖪*			0621 虡	
虎			䖪	⿱业八	虡
 旅虎簠 04541  旅虎簠 04541					
 秦景公石磬（秦） 通鑒 19784  叔左鼎 商圖02334			 齊侯鎛（齊） 00271		
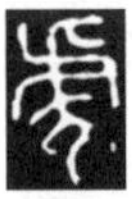 石鼓·鑾車（秦）	 攻吴王䱷䱿劍（吴） 影彙 1188  攻吴大叔盤（吴） 影彙 1264	 杕氏壺（燕） 09715  夫跌申鼎（舒） 影彙 1250	 侯馬盟書（晉） 200:41  侯馬盟書（晉） 200:10	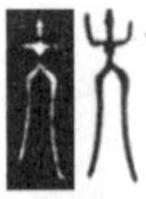 吴王光戈（吴） 11255.1  奇字鐘（越） 商圖15176	 郘黛鐘（晉） 00226  虡公劍 近二 1298

0626 虢			0625 虩	0624 彪	
虢		虡	虩	彪	
 虢季氏子組簋 (虢) 03971  虢季氏子組簋 (虢) 03972	 虢季鼎 (虢) 影彙 14  虢季鋪 (虢) 影彙 37		 秦公鎛 (秦) 00267  秦公鎛 (秦) 00268	 毛叔盤 (毛) 10145	
		 叔夷鎛 (齊) 00285	 秦公簋 (秦) 04315		 叔夷鐘 (齊) 00276  叔夷鐘 (齊) 00283
			 晉公盆 (晉) 10342  晉公盤 (晉) 復網 2014.6	 無伯彪戈 (許) 11134	

0631 盂	0630 皿	0629 贙	0628 虤	0627 虒	
盂	皿	贙	虢	虒	
 子耳鼎 （鄭） 商圖 02253	 曾太保慶盆 （曾） 近二 965	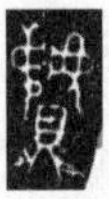 王作贙母鬲 00611	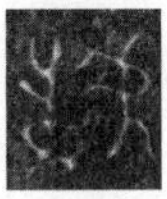 魯酉子安 母簠 （魯） 商圖 05902	 奢虎簠 04539  奢虎簠 04539	 穌冶妊鼎 （蘇） 02526  虢宫父鬲 （虢） 商圖 02823
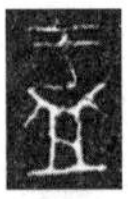 齊侯盂 （齊） 10318  宜桐盂 （徐） 10320					
 彭子射鼎 （楚） 文物2011.3  聽盂 影彙1072	 郐酯尹征城 （徐） 00425				

0633 盧　　0632 盛

盧	盛	⿱玗皿	釪	⿰金盂	
	 曾伯霥簠 （曾） 04632			 鄀公平侯鼎 （鄀） 02771	
 王子嬰次爐 （楚） 10386					 魯大司徒 元盂 （魯） 10316
 郤令尹者旨 㽙爐 （徐） 10391		 齊侯匜 （齊） 10283	 宋君夫人 鼎蓋 （宋） 02358	 史宋鼎 02203	

盬

𠤳				盬	𧆨
 虢碩父簠（虢）影彙 52  虢碩父簠（虢）影彙 52	 考叔㝬父簠（楚）04608  虢季簠（虢）影彙 35		 魯伯俞父簠（魯）04566  鄀公簠蓋（鄀）04569		
	 曹公簠（曹）04593  陳医作王仲嬀𡢁簠（陳）04604	 倗簠（楚）04471  倗簠（楚）影彙 413	 陳公子中慶簠（陳）04597  鄬伯受簠（楚）04599		 取膚上子商盤（魯）10126
	 嘉子昜伯臚簠 04605	 鄢子孟孀青簠（楚）影彙 522  曾公子棄疾𠤳（曾）江考 2012.3	 曾子遡簠（曾）04489	 彭子射兒盬（楚）文物 2011.3	

害	⿷匚害	⿷匚金	⿷匚鈷		⿷匚故
 鑄公簠蓋 （鑄） 04574  㝬虎簠 04539	 魯士浮父簠 （魯） 04519  魯士浮父簠 （魯） 04517	 京叔姬簠 04504	 蛒公誠簠 （鄀） 04600	 商丘叔簠 （宋） 04559  商丘叔簠 （宋） 04559	 商丘叔簠 （宋） 04557  郳仲簠 （郳） 影彙1045
用作「盙」。					

		0637	0636		0635
		盨	盆		盄
頖		盨	盆	寍	盄
 㠱伯子宼父盨 （㠱） 04443  㠱伯子宼父盨 （㠱） 04442	 魯司徒仲齊盨 （魯） 04441  單子白盨 04424	 虢季盨 （虢） 影彙 34  虢季盨 （虢） 影彙 31	 彭子仲盆蓋 （彭） 10340  曾大保盆 （曾） 10336		 戎生鐘 （晉） 影彙1617
		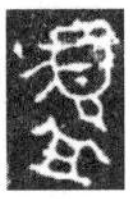 敶姬小公子盨 （陳） 04379	 樊君盆 （樊） 10329  曾孟嬶諫盆 （曾） 10332	 子犯鐘 （晉） 影彙 1017	 秦景公石磬 （秦） 通鑒19785  王子嬰次爐 （楚） 10386

	0641	0640	0639	0638	
	盡	盈	益	盉	
	盡	盈	益	⿰金盉	
					 曩伯子宨父盨（曩）04443  曩伯子宨父盨（曩）04444
 侯馬盟書（晉）156:17  侯馬盟書（晉）1:66	 侯馬盟書（晉）152:1  侯馬盟書（晉）198:6	 石鼓・霝雨（秦）	 懷后石磬（秦）通鑒 19817	 楚叔之孫途盉（楚）09426	

	0644	0643	0642		
	盈	盦	盅		
卣	盈	盦	盅		
	 秦子簋蓋 (秦) 近二 423				
 王孫遺者鐘 (楚) 00261  王孫誥鐘 (楚) 影彙423			 盅鼎 (邨) 02356  盅子或鼎蓋 (邨) 02286		
 郐黜尹譬鼎 (徐) 02766		 侯馬盟書 (晉) 156:20		 懷后石磬 (秦) 通鑒 19817	 侯馬盟書 (晉) 98:12  侯馬盟書 (晉) 162:2

0645

盥

盥		㤙			
 塞公孫㫚父匜 （楚） 10276	 鄧伯吉射盤 （鄧） 10121  楚季咩盤 （楚） 10125		 楚太師登鐘 （楚） 商圖15511  楚太師登鐘 （楚） 商圖 15516		
 倗匜 （楚） 影彙 464  蔡大司馬燮盤 （蔡） 近二 936	 公典盤 （齊） 影彙 1043  夆叔匜 （逢） 10282	 慍兒盞 影彙 1374 或釋「慍」。卷十重見。		 王孫誥鐘 （楚） 影彙 430  王孫誥鐘 （楚） 影彙 434	 王子午鼎 （楚） 影彙446  王子午鼎 （楚） 影彙 444
 羅兒匜 （羅） 影彙1266	 曾季关臣盤 （曾） 近二933  蔡侯𩰫匜 （蔡） 10189	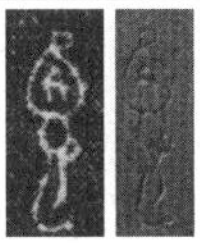 曾侯甬鐘 （曾） 江考 2015. 1			

0647 盄*　　0646 盪

盄	盪	盤	盗	朕	滕
 杞伯每亡盆 （杞） 10334		 中子化盤 （楚） 10137			
	用作「湯」。卷十一「湯」字重見。			 魯少司寇封 孫宅盤 （魯） 10154	 庚壺 （齊） 09733
	 彭公孫無 所鼎 （楚） 近二 299  彭子射汤鼎 （楚） 文物 2011.3		 徐王義楚盤 （徐） 10099  工䱷季生匜 （吴） 10212		

	0652	0651	0650	0649	0648
	盞	盜*	⿱亯皿*	⿱由丁*	⿱卲皿*
	盞	盜	⿱亯皿	⿱由丁	⿱卲皿
	 王子申盞 (楚) 04643  慍兒盞 影彙 1374	 盜叔戈 (邙) 11067  盜叔壺 (邙) 09625		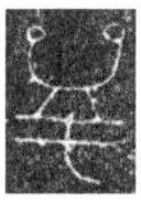 子諆盆 (楚) 10335 用作「⿱莫皿」。	 益余敦 影彙 1627 或釋「益」。
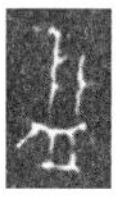 許子敦 (許) 近二478 《說文》「琖」字或體。	 鄦于盞 (曾) 04636  仲姬敦 (曾) 影彙502		 司方豆 04662		

	0657	0656	0655	0654	0653
	⿱莫皿*	⿱⿰舟夫皿*	⿱蚤皿*	⿱⿰氵酉皿*	⿱⿰丬臣皿*
盅	⿱莫皿	⿱⿰舟夫皿	⿱蚤皿	⿱⿰氵酉皿	⿱⿰丬臣皿
 齊良壺 （齊） 09659	 伯戔盆 （邛） 10341				 鄁公簋 04017  鄁公簋 04016
 王子申盞 （楚） 04643  楚王酓審盂 （楚） 影彙 1809					
 曾少宰黃仲酉壺 （曾） 近二 861	 晉公盆 （晉） 10342	 哀成叔豆 （鄭） 04663	 哀成叔鼎 （鄭） 02782	 鄦子盥自鎛 （許） 00154	

0663	0662	0661	0660	0659	0658
𥃯*	盧*	䀿*	盨*	𥂋*	䀁*
𥃯	盧	䀿	盨	𥂋	䀁
				 許成□鼎 （許） 文物 2014.8 用作國族名「許」。卷六「鄦」字下重見。	 秦公鎛 （秦） 00268  秦公鎛 （秦） 00267
 鄬子受鼎 （楚） 影彙527  鄬子受鼎 （楚） 影彙 528	 倗之盧鼎 （楚） 影彙456  倗之盧鼎 （楚） 影彙 456				 秦公簋 （秦） 04315  盄和鐘 （秦） 00270
		 卲王之諻簋 （楚） 03634  卲王之諻簋 （楚） 03635	 者盨鐘 （吴） 00195  者盨鐘 （吴） 00196		

0668	0667		0666	0665	0664
丹	盍		卹	去	[illegible]*
丹	盍		卹	去	[illegible]
 鄦中姬丹盤 (蔡) 影彙 471  鄦中姬丹匜 (蔡) 影彙 472		 叔夷鎛 (齊) 00285  叔夷鎛 (齊) 00285	 邾公釛鐘 (邾) 00102		
 侯馬盟書 (晉) 185:7	 侯馬盟書 (晉) 67:52	 侯馬盟書 (晉) 105:2	 鼄公華鐘 (邾) 00245  郐𩫖尹𧥺鼎 (徐) 02766	 哀成叔鼎 (鄭) 02782	 公子土斧壺 (齊) 09709

	0672 井	0671 靜	0670 青		0669 彤
	井	靜	青		彤
 鄭井叔蒦父鬲 （鄭） 00580  鄭井叔蒦父鬲 （鄭） 00581	 曩侯簋 （曩） 影彙 1462  曾伯陭鉞 （曾） 影彙 1203	 秦公鐘 （秦） 00262  秦公鎛 （秦） 00268			
 盄和鐘 （秦） 00270	 叔夷鐘 （齊） 00274	 盄和鐘 （秦） 00270  國差𦉜 （齊） 10361			
	 侯馬盟書 （晉） 85:4  晉公盤 （晉） 復網 2014.6		 吴王光鐘 （吴） 00224  吴王光鐘 （吴） 00224	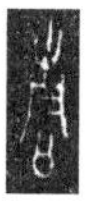 子季嬴青簠 （楚） 04594  鄬子孟孀青簠 （楚） 影彙 522	 石鼓・鑾車 （秦）

		0676 既	0675 即	0674 刱	0673 刑
		既	即	刱	㓝
	 楚太師登鐘 （楚） 商圖15516	 戎生鐘 （晉） 影彙 1617  曾伯霥簠 （曾） 04632	 秦公鎛 （秦） 00267  鄭義伯鑘 （鄭） 09973	 叔家父簠 04615 用作「粱」。	
		 叔夷鎛 （齊） 00285  叔夷鐘 （齊） 00272	 秦景公石磬 （秦） 通鑒 19790		 叔夷鎛 （齊） 00285
 曾侯與鐘 （曾） 江考 2014.4  吴王光鑑 （吴） 10299	 侯馬盟書 （晉） 3:21	 石鼓・吾水 （秦）  邵黛鐘 （晉） 00225	 石鼓・遊車 （秦）		 司馬楙鎛 （滕） 近二48  郳公鞁父鎛 （小邾） 商圖15815

0680 餴		0679 食	0678 爵	0677 皀	
	餴	食	料	皀	
 彭子仲盆蓋 （彭） 10340	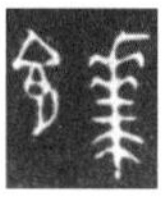 魯司徒仲齊盨 （魯） 04440  鄧公牧簋 （鄧） 03590	 上曾太子鼎 （曾） 02750			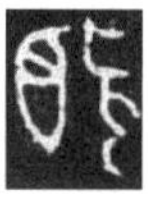 上曾太子鼎 （曾） 02750  曾伯從寵鼎 （曾） 02550
	 宋公圝鋪 （宋） 文物2014.1  番君召簠 （番） 04582	 仲義君鼎 02279			
 要君盂 10319  禾簋 （齊） 03939	 宋君夫人鼎 （宋） 近二 304		 郤醓尹征城 （徐） 00425	 邵黛鐘 （晉） 00225  邵黛鐘 （晉） 00233	 侯馬盟書 （晉） 156:22  侯馬盟書 （晉） 179:13

0684 飤	0683 飯	0682 餥	0681 饔		
飤	飯	棐	饔	饔	
 鄭戱句父鼎 （鄭） 02520  魯士孚父簠 （魯） 04518			 鄭饔原父鼎 （鄭） 02493		 蔡大善夫 趣簠 （蔡） 影彙 1236  爲甫人鼎 商圖 02064
 倗鼎 （楚） 影彙 474  宜桐盂 （徐） 10320					 黄太子白 克盆 （黄） 10338  鄬伯受簠 （楚） 04599
 鄧子午鼎 （鄧） 02235  鄬子孟升 嬭鼎 （楚） 影彙 523	 公子土斧壺 （齊） 09709	 宋右師延敦 （宋） 春 CE33001		 隮公克敦 04641	 慶孫之子 峠簠 04502

0688 ⿰飠咸*	0687 餌*		0686 饗	0685 饋	
⿰飠咸	餌	卿	卿	饋	
		 曾伯陭壺 （曾） 09712  冶仲考父壺 09708			 𪐲生隺鼎 （陳） 02468  郳子良人甗 00945
 叔夷鐘 （齊） 00276  叔夷鎛 （齊） 00285		 叔夷鎛 （齊） 00285	 邛伯之孫盂 （邛） 中網 120828		 發孫虜鼎 （楚） 影彙1205  郿子行盆 （楚） 10330
	 侯馬盟書 （晉） 152:4	「卿」爲「饗」古字。參見卷九「卿」。	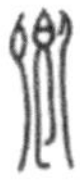 曾侯與鐘 （曾） 江考 2014.4  復公仲壺 （楚） 09681	 卲王之諻鼎 （楚） 02288	 鄦公買簠 （許） 近二475  曾子季𢍰臣簠 （曾） 近二 463

0691		0690		0689	
僉		合		⿰飠呈*	
⿱僉曰	僉	⿱合曰	合	⿰飠是	⿰飠呈
 僉父瓶（小邾）商圖14036  僉父瓶（小邾）商圖 14036			 秦公鐘（秦）00262  秦公鎛（秦）00268		
 蔡侯產劍（蔡）11604  攻吴王光劍（吴）影彙 1478	 攻吾王光劍（吴）吴越題 30	 九里墩鼓座（舒）00429  晉公盤（晉）復網 2014.6		 侯馬盟書（晉）85:32  侯馬盟書（晉）49:1	 侯馬盟書（晉）77:12  侯馬盟書（晉）3:16

0695	0694			0693	0692
倉	會			舍	今
倉	會	舍		舍	今
	 哀鼎 （㠱） 商圖02311				 戎生鐘 （晉） 影彙 1615
	 趣亥鼎 （宋） 02588  以鄧匜 （楚） 影彙405				
 曾侯與鐘 （曾） 江考 2014.4  者瀘鐘 （吴） 00195	 曾𡗜臣匜 （曾） 近二 948  蔡子匜 （蔡） 10196	 遷邟鎛 （舒） 商圖 15796  配兒鉤鑃 （吴） 00427	 侯馬盟書 （晉） 156:19  侯馬盟書 （晉） 3:21	 侯馬盟書 （晉） 156:23  侯馬盟書 （晉） 185:3	 晉公盆 （晉） 10342  温縣盟書 （晉） T1K1:3211

		0697 內		0696 入	
		內		入	
		 內公鼎 （芮） 02387 用作國族名「芮」。			
	 叔夷鐘 （齊） 00274  叔夷鎛 （齊） 00285	 鄭大內史叔上匜 （鄭） 10281	 庚壺 （齊） 09733	 秦景公石磬 （秦） 通鑒19781	
 侯馬盟書 （晉） 67:26  侯馬盟書 （晉） 67:4	 侯馬盟書 （晉） 67:28  侯馬盟書 （晉） 67:52	 侯馬盟書 （晉） 67:7  侯馬盟書 （晉） 67:49	 侯馬盟書 （晉） 67:9  侯馬盟書 （晉） 156:21	 侯馬盟書 （晉） 156:20	 黝鎛 （楚） 影彙490  黝鎛 （楚） 影彙492

0700 鐳	0699 匋				0698 缶
鐳	匋	⿰金⿱缶皿	⿰金缶		缶
 曾伯文鐳 （曾） 09961					
 伯亞臣鐳 （黄） 09974  伯遊父鐳 （黄） 商圖 14009	 鼄子鼎 （齊） 商圖 02404			 倗尊缶 （楚） 09988  倗尊缶 （楚） 影彙 415	 蔡侯朱缶 （蔡） 09991  孟縢姬缶 （楚） 10005
	 鴋公圃劍 11651	 蔡侯龖尊 （蔡） 06010	 欒書缶 （楚） 10008	 蔡侯龖缶 （蔡） 09994	 蔡侯龖缶 （蔡） 09992  鄬子𧻚缶 （楚） 09995

		0704 矦 医	0703 射 射	0702 矢 矢	0701 𦉜 𦉜
 㠱侯簋 （㠱） 影彙1462  楚太師登鐘 （楚） 商圖15512	 曾侯簠 （曾） 04598  鄀公平侯鼎 （鄀） 02771	 齊侯匜 （齊） 10272  滕侯穌盨 （滕） 04428			
	 陳医盤 （陳） 10157  王孫誥鐘 （楚） 影彙 437	 子犯鐘 （晉） 影彙 1010  國差𦉜 （齊） 10361			 國差𦉜 （齊） 10361
 蔡侯𩱦缶 （蔡） 09992	 鄺侯少子簋 （莒） 04152  蔡侯簠 （蔡） 影彙 1896		 射戈（楚） 文物 2011.3  石鼓・田車 （秦）	 石鼓・鑾車 （秦）	

0705

知

知					
	 薛侯壺 （薛） 影彙1131	 侯母壺 （魯） 09657			
 郐瞰尹譬鼎 （徐） 02766		 蔡侯𪒠簋 （蔡） 03598  𦝅侯吳敦 （滕） 04635	 曾侯郕鼎 （曾） 近二257 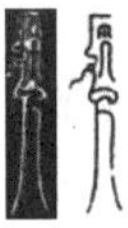 曾侯郕簠 （曾） 近二460	 蔡侯產劍 （蔡） 11604  蔡侯產戈 （蔡） 11143	 丁兒鼎蓋 （應） 影彙 1712  曾侯殘鐘 （曾） 江考 2014. 4

0711	0710	0709	0708	0707	0706
亯	央	亳	高	𫤤*	矣
亯	央	亳	高	𫤤	矣
 䢵伯墉盤 （番） 10130			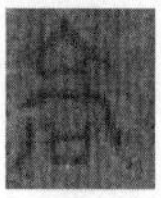 鄧公孫無 忌鼎 （鄧） 影彙 1231  高子戈 （齊） 10961		
 國差罎 （齊） 10361			 秦公簋 （秦） 04315  𨞍大喪史仲 高鐘 （陳） 00355		
 石鼓・吴人 （秦）	 中央勇矛 11566	 亳庭戈 11085	 平陽高馬 里戈 （齊） 11156	 石鼓・鑾車 （秦）	 工吴王𪚢 𫎇劍 （吴） 商圖17948

0714 亯　0713 京　0712 𩫖*

	亯		京	𩫖	亶
 晉侯簋（晉）商圖 04713  齊侯子行匜（齊）10233	 魯司徒仲齊盨（魯）04441  楚季嗌盤（楚）10125	 虢季鬲（虢）影彙 25  召叔山父簠（鄭）04601	 内公鼎（芮）00743  京戈（鄭）10808		
 齊侯鎛（齊）00271	 樊君匜（樊）10256 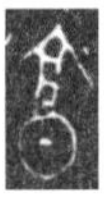 王孫遺者鐘（楚）00261	 子犯鐘（晉）影彙 1014 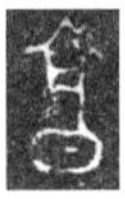 齊鞷氏鐘（齊）00142		 邾公釛鐘（邾）00102 用作「融」。卷三「融」重見。	
 喬君鉦鋮（喬）00423	 郐王義楚觶（徐）06513  其次句鑃（越）00422	 邵黛鐘（晉）00232  鼄大宰鐘（邾）00086	 晉公盆（晉）10342  晉公盤（晉）復網 2014.6		 拍敦 04644

䰞		[illegible]	𦎫		
			 內大子白壺 (芮) 09645	 楚嬴匜 (楚) 10273	
 叔夜鼎 02646 用作「烹」。					 王子午鼎 (楚) 影彙 446  王子午鼎 (楚) 影彙444
	 夫跃申鼎 (舒) 影彙 1250 用作「烹」。	 夫跃申鼎 (舒) 影彙 1250			 曾侯與鐘 (曾) 江考 2014. 4

0719	0718		0717	0716	0715
良	畐		厚	覃	𦎫
良	畐		厚	覃	𦎫
 齊侯匜（齊）10272  郳子良人甗 00945			 魯伯厚父盤（魯）10086  魯伯厚父盤（魯）商圖 14413	 晉姜鼎（晉）02826	 鄑甘𦎫鼎 影彙 1091
 仲滋鼎（秦）影彙 632  季子康鎛（鍾離）商圖 15790		 叔夷鐘（齊）00274  叔夷鎛（齊）00285	 魯大司徒厚氏元簠（魯）04689  魯大司徒厚氏元簠（魯）04690		 齊医敦（齊）04638 用作器名「敦」。
 郐𨟻尹譬鼎（徐）02766  侯馬盟書（晉）92:10	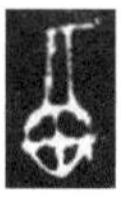 叔牀父簋蓋 04544  永祿鈹 商圖 17926				 淳于公戈（淳于）11124

	0720	0721	0722	0723	0724
	啚	來	复	憂	夏
	啚	來	复	憂	夏
 郐王鼎鼎 （徐） 02675		 鼄來隹鬲 （邾） 00670  洹子孟姜壺 （齊） 09729			
	  齊侯鎛 （齊） 00271	 子犯鐘 （晉） 影彙 1008  子犯鐘 （晉） 影彙 1020	 黃子匜 （黃） 10254		 秦公簋 （秦） 04315  秦景公石磬 （秦） 通鑒 19790
 郘金戈 （晉） 11262		 石鼓・遊車 （秦）	 侯馬盟書 （晉） 1:5 「復」異形。參見卷二「復」字。	 曾侯甬鐘 （曾） 江考 2015.1	

0727 ⿰夓圣* 0726 ⿲木夓木 0725 夓

⿰夓圣	⿲木夓木	夓	⿰疋頁	⿰疋頁	
		 秦子簋蓋 （秦） 近二 423			 右戲仲夏 父鬲 00668
	 樊君匜 （樊） 10256  樊君盆 （樊） 10329			 叔夷鐘 （齊） 00276  叔夷鎛 （齊） 00285	 簷叔之仲子 平鐘 （莒） 00173  簷叔之仲子 平鐘 （莒） 00175
  石鼓·作原 （秦）		 工𠥑大叔戈 （吴） 商圖17138	 遷沇鐘 （舒） 商圖15520  遷沇鎛 （舒） 商圖 15796		

0733	0732	0731	0730	0729	0728
夆	弟	韝*	韋	舞	夒*
夆	弟	韝	韋	𣦤	夒
 夆子選簠 （逢） 通鑒05890  夆子選簠 （逢） 通鑒05891	 弟大叔殘器 影彙 991  曩侯弟叟鼎 （曩） 02638				 晉姜鼎 （晉） 02826
 夆叔匜 （逢） 10282	 齊侯鎛 （齊） 00271  䰜子鼎 （齊） 商圖 02404				 盄和鐘 （秦） 00270
	 侯馬盟書 （晉） 67:2  文公之母 弟鐘 影彙1479	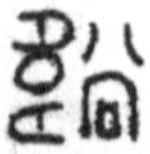 吴王餘昧劍 （吴） 春GD33015	 侯馬盟書 （晉） 16:3  黄韋俞父盤 （黄） 10146	 余贎逐兒鐘 （徐） 00184	

0734

乘

			[illegible]		乘
					 洹子孟姜壺 （齊） 09729
			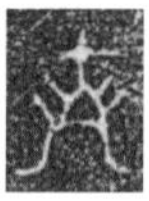 鄧公乘鼎 （楚） 02573	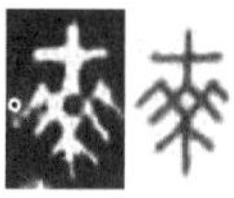 庚壺 （齊） 09733	 微乘簠 04486
			 之乘辰鐘 （徐） 影彙 1409  温縣盟書 （晉） WT1K14:86	 匽公匜 （燕） 10229	

春秋文字字形表 卷六

	0735	0736	0737	0738
	木	楷	椶	棫
	木	楷	櫰	棫
早期				
中期				
晚期	 侯馬盟書（晉）3:22  侯馬盟書（晉）18:1	 石鼓·作原（秦）	 石鼓·作原（秦）	 石鼓·作原（秦）

0744 杞	0743 柳	0742 楊	0741 枸	0740 桴	0739 柞
杞	柳	楊	枸	桴	柞
 杞伯每亡鼎 （杞） 02494  杞伯每亡段 （杞） 03897					
	 石鼓・汧沔 （秦）  侯馬盟書 （晉） 1:41	 石鼓・汧沔 （秦）	 曾侯與鐘 （曾） 江考 2014.4  曾侯與鐘 （曾） 江考 2014.4	 侯馬盟書 （晉） 156:20  侯馬盟書 （晉） 探 8②：2	 石鼓・作原 （秦）

0749 朱		0748 樹	0747 某	0746 柏	0745 桐
朱	梪	尌	某	柏	桐
 蔡侯朱缶 (蔡) 09991				 童麗君柏匿 (鍾離) 鍾離:圖25  童麗君柏鐘 (鍾離) 鍾離；圖39	 宜桐盂 (徐) 10320
 侯馬盟書 (晉) 202:9  侯馬盟書 (晉) 156:24	 曾侯與鐘 (曾) 江考 2014.4  曾侯與鐘 (曾) 江考 2014.4	 石鼓・作原 (秦)  石鼓・吾水 (秦)	  侯馬盟書 (晉) 1:86		

0754	0753	0752	0751	0750	
樸	杕	條	果	末	
樸	杕	條	果	末	
 石鼓·遴車 （秦）	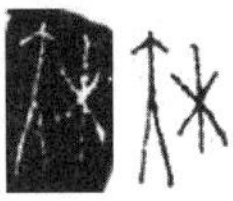 杕氏壺 （燕） 09715	 吴王光鐘 （吴） 00224 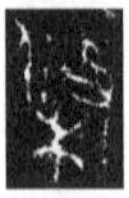 吴王光鐘 （吴） 00224	 蔡公子果戈 （蔡） 11146  蔡公子果戈 （蔡） 11147	 蔡侯紐鐘 （蔡） 00211  蔡侯鎛 （蔡） 00222	 侯馬盟書 （晉） 195:8  曾孟嬭朱 姬簠 （曾） 影彙530

	0758 槃		0757 植	0756 梠	0755 極
	盤	檍	植	梠	極
 楚嬴盤 （楚） 10148  中子化盤 （楚） 10137	 太師盤 （晉） 影彙 1464  曾子伯窞盤 （曾） 10156			 中子化盤 （楚） 10137	
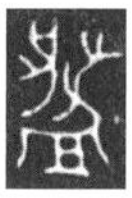 齊太宰歸父盤 （齊） 10151  蔡大司馬燮盤 （蔡） 近二 936	 伯遊父盤 （黄） 商圖 14510  邔子蔟盤 影彙 1372				 秦景公石磬 （秦） 通鑒 19790
 郐令尹者旨智爐 （徐） 10391  攻吴大叔盤 （吴） 影彙 1264	 楚王酓恷盤 （楚） 商圖 14402  曾季关臣盤 （曾） 近二 933	 侯馬盟書 （晉） 156:26	 侯馬盟書 （晉） 79:3		

0760 櫓　　0759 棋

櫓	樭	般	盤	槃	
 陳医壺 (陳) 09633  陳医壺 (陳) 09634		 魯司徒仲齊盤 (魯) 10116		 □□單盤 (黄) 10132	 郛季寬車盤 (黄) 10109
	 長子沫臣簠 (楚) 04625  長子沫臣簠 (楚) 04625	 公典盤 (齊) 影彙 1043			
		 曹公盤 (曹) 10144 「般」爲「盤」古字。卷八「般」字重見。	 蔡侯𩰫盤 (蔡) 10072  蔡侯𩰫盤 (蔡) 10171		 徐王義楚盤 (徐) 10099  唐子仲瀕兒盤 (唐) 影彙 1211

樂

樂

			 眚仲之孫簋 04120	 洹子孟姜壺 (齊) 09729  楚太師登鐘 (楚) 商圖15516	 虢季鐘 (虢) 影彙 2
 王孫遺者鐘 (楚) 00261		 季子康鎛 (鍾離) 商圖15789  王孫誥鐘 (楚) 影彙427	 王孫誥鐘 (楚) 影彙 436	 敬事天王鐘 (楚) 00074	 秦景公石磬 (秦) 通鑒 19781  邾公釛鐘 (邾) 00102
 曾侯與鐘 (曾) 江考 2014.4  子璋鐘 (許) 00116	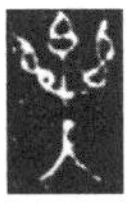 𪔈鐘 (楚) 影彙487 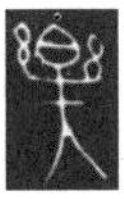 配兒鉤鑃 (吴) 00427	 陳樂君甗 (陳) 影彙 1073  鄦子盟自鎛 (許) 00154	 子璋鐘 (許) 00119  文公之母弟鐘 影彙1479	 遷沵鐘 (舒) 影彙 1253	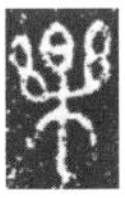 郘黛鐘 (晉) 00232

0764 桒			0763 粱	0762 极	
桒	氵刃	氵刅	粱	极	
	 陳公子甗（陳）00947 用作「粱」。與《說文》卷十一「氵刃」爲同形字。	 粱伯戈 11346  粱姬罐 影彙 45			
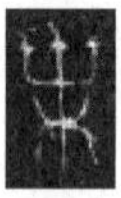 齊侯鎛（齊）00271  叔夷鎛（齊）00285					
 與兵壺（鄭）近二 878  徐王子旃鐘（徐）00182			 侯馬盟書（晉）16:9  侯馬盟書（晉）49:1	 石鼓・霝雨	 越王者旨於賜鐘（越）00144

0767 枊*	0766 桴*	0765 休			
枊	桴	休			
				 戎生鐘 （晉） 影彙 1613	
		 鄬子受鎛 （楚） 影彙 513  鄬子受鎛 （楚） 影彙 520	 叔夷鐘 （齊） 00274  叔夷鎛 （齊） 00285	 子犯鐘 （晉） 影彙 1021	
 侯馬盟書 （晉） 79:3  侯馬盟書 （晉） 156:19	 虡公劍 11663  虡公劍 近二1297		 司馬楙鎛 （滕） 近二50	 蔡侯紐鐘 （蔡） 00210  蔡侯紐鐘 （蔡） 00211	 之乘辰鐘 （徐） 影彙 1409 「枼」皆用作「世」。

	0772 無	0771 林	0770 東	0769 ⿰米朱*	0768 ⿰木甫*
	無	林	東	⿰米朱	⿰木甫
 戎生鐘 (晉) 影彙 1619  曾伯陭壺 (曾) 09712		 卓林父簋蓋 04018			
 鄭大内史叔上匜 (鄭) 10281 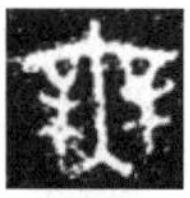 敶医作王仲嬀㛒簠 (陳) 04604	 秦公簋 (秦) 0431  秦景公石磬 (秦) 通鑒 19792		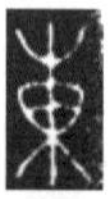 篖叔之仲子平鐘 (莒) 00173  東姬匜 (楚) 影彙398		 叔夷鐘 (齊) 00276  叔夷鎛 (齊) 00285
 鼄大宰簠 (邾) 04623		 侯馬盟書 (晉) 156:21		 ⿰米朱⿰米朱中戈 影彙1772	

 鄀公子害簠 （小鄀） 商圖 05907  㠱伯寍父匜 （㠱） 10211	 陳公子甗 （陳） 00947  侯母壺 （魯） 09657		 𨞛公彭宇簠 （楚） 04611	 齊良壺 （齊） 09659	 毛叔盤 （毛） 10145  叔朕簠 （戴） 04621
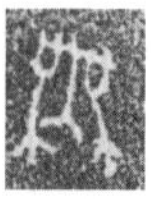 上鄀府簠 （楚） 04613  蔡大司馬燮盤 （蔡） 近二 936	 陳公孫寣父瓶 （陳） 09979  魯大司徒厚氏元簠 （魯） 04690	 次□缶 （徐） 影彙 1249	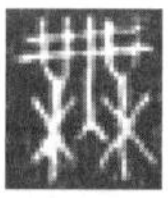 王孫誥鐘 （楚） 影彙 436 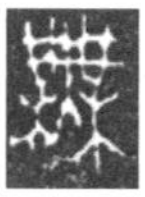 東姬匜 （楚） 影彙 398	 鄬中姬丹盤 （蔡） 影彙 471	 伯亞臣鐳 （黃） 09974
 蔡侯紐鐘 （蔡） 00210  曾侯與鐘 （曾） 江考 2014.4	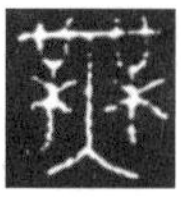 陳樂君甗 （陳） 影彙 1073  曹公盤 （曹） 10144	 吳王光鑑 （吳） 10298	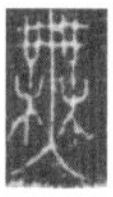 黝鐘 （楚） 影彙 488  沇兒鎛 （徐） 00203	 子璋鐘 （許） 00115  蔡侯紐鐘 （蔡） 00211	 侯馬盟書 （晉） 105:2  寬兒鼎 （蘇） 02722

 尋仲盤 （鄩） 10135  祀仲無龍鬲 （番） 00714	 祀伯墉盤 （番） 10130  番君酟伯鬲 （番） 00733	 奚子宿車鼎 （黃） 02604  郳囗白鼎 （郳） 02641		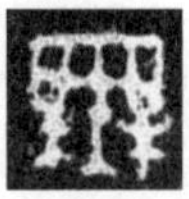 鄁公簋 04016  彭子仲盆蓋 （彭） 10340	 洹子孟姜壺 （齊） 09730
		 庚兒鼎 （徐） 02715	 王子午鼎 （楚） 影彙444  王子午鼎 （楚） 影彙447	 何次簠 （楚） 影彙404  敬事天王鐘 （楚） 00073	 公典盤 （齊） 影彙 1043 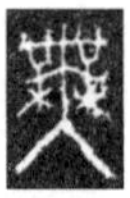 𦤎子鼎 （齊） 商圖 02404
					 荊公孫敦 商圖06070

林部

0773

楚

			楚		
		 楚嬴匜 （楚） 10273	 楚太師登鐘 （楚） 商圖15511  楚季咩盤 （楚） 10125		 原氏仲簠 （陳） 影彙 396
	 王孫誥鐘 （楚） 影彙434  倗之遽鼎 （楚） 影彙 456	 以鄧匜 （楚） 影彙 405  王孫誥鐘 （楚） 影彙 421	 鄬子倗浴缶 （楚） 影彙460  楚屈子赤目簠 （楚） 04612	 子犯鐘 （晉） 影彙 1022 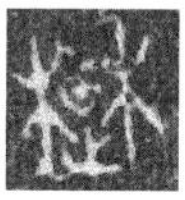 子犯鐘 （晉） 影彙 1010	
 蔡侯紐鐘 （蔡） 00211  曾侯與鐘 （曾） 江考2014.4	 楚王孫漁戈 （楚） 11153  黝鎛 （楚） 影彙495	 楚叔之孫途盉 （楚） 09426  楚王酓忎匜 （楚） 商圖14869	 楚子趞鼎 （楚） 02231  黝鎛 （楚） 影彙493	 晉公盆 （晉） 10342  遷邟鎛 （舒） 近二 46	

0777	0776	0775	0774		
才	⿱林啚*	⿱林云*	楙		
才	⿱林啚	⿱林云	楙	⿰木疋	
 秦子鎛 (秦) 商圖 15770	 鄭義伯鐳 (鄭) 09973  鄭義伯鐳 (鄭) 09973	 齊侯匜 (齊) 10242  齊侯盤 (齊) 10117			
 秦公簋 (秦) 04315  郤䣄尹征城 (徐) 00425					
 晉公盆 (晉) 10342  鼄公牼鐘 (邾) 00150			 司馬楙鎛 (滕) 近二49  司馬楙鎛 (滕) 近二 50	 侯馬盟書 (晉) 67:39	 郤王義楚觶 (徐) 06513  義楚觶 (徐) 06462

0778

扗*

	扗				
				 秦公鎛 （秦） 00267	
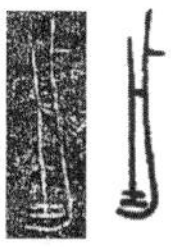 曾侯與鐘 （曾） 江考 2014.4 用作「庇」。	 黬鎛 （楚） 影彙 489 用作「批」。	 温縣盟書 （晉） WT1K1:3105 「才」皆用作「在」。	 倗夫人嫘鼎 （楚） 商圖02425  倗夫人嫘鼎 （楚） 商圖 02425	 黬鎛 （楚） 影彙491  鼄公牼鐘 （邾） 00152	 郐 酷尹征城 （徐） 影彙485 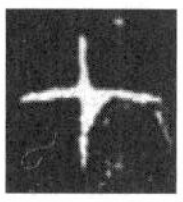 郐 酷尹征城 （徐） 00425

				0780 之 之	0779 叒 若
		 子皇母簠 (小邾) 商圖 05853  畢仲弁簠 (小邾) 商圖 05912	 蔡大善夫趣簠 (蔡) 影彙 1236  寶登鼎 (鄭) 商圖 02122	 國子碩父鬲 (虢) 影彙 48 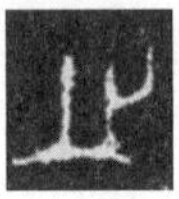 魯酉子安母簠 (魯) 商圖 05903	 上曾太子鼎 (曾) 02750
 王孫誥戟 (楚) 影彙 466	 王子午鼎 (楚) 影彙 448  克黃豆 (楚) 商圖 06132	 敶侯作王仲媯媛簠 (陳) 04604  趣亥鼎 (宋) 02588	 秦公簋 (秦) 04315  鄭大內史叔上匜 (鄭) 10281	 陳公孫寣父瓶 (陳) 09979  國差𦉜 (齊) 10361	「叒」、「若」一字分化。參見卷一「若」字。
 競孫不服壺 (楚) 商圖 12381  能原鎛 (越) 00156	 曾侯與鐘 (曾) 江考 2014.4  鄬子孟嬭青簠 (楚) 影彙 522	 漆筒墨書 (秦) 考文 1997.5  郳大司馬戈 (郳) 11206	 石鼓·汧沔 (秦)  郘黛鐘 (晉) 00226	 哀成叔鼎 (鄭) 02782  陳樂君甗 (陳) 影彙 1073	

𠯑					
 呂大叔斧 （晉） 11786	 戉王句戔之子劍 （越） 11595  蔡公子義工簠 （蔡） 04500	 蔡侯產戈 （蔡） 11144  蔡劍 （蔡） 商圖 17861	 蔡公子從戈 （蔡） 影彙 1676  之用戈 商圖16508	 玄鏐戟 （楚） 影彙 537  蔡公子加戈 （蔡） 11148	 蔡侯産劍 （蔡） 11604  宋公䜌戈 （宋） 11133

0782		0781		
師		帀		

⿰⿱止𠂤帀	師		帀		
	 曾大師賓樂與鼎 （曾） 商圖 01840  楚太師登鐘 （楚） 商圖 15514	 太師盤 （晉） 影彙 1464  鄭師口父鬲 （鄭） 00731			 炏右盤 （曾） 10150 倒置。
 庚壺 （齊） 09733  叔夷鐘 （齊） 00272		 叔師父壺 （邛） 09706	 國差罎 （齊） 10361  庚壺 （齊） 09733		
		 師麻孝叔鼎 02552	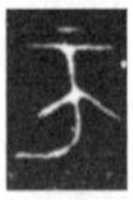 蔡大師 （蔡） 02738 「帀」皆用作「師」。	 玄鏐之用戈 （吴） 商圖 16797	 侯馬盟書 （晉） 35:1 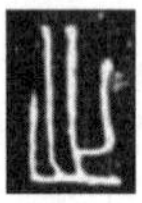 簷太史申鼎 （莒） 02732

0785	0784			0783	
南	孛			出	
南	孛			出	𠂤
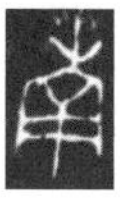 洹子孟姜壺 (齊) 09729  楚王鐘 (楚) 00072	 大嗣馬簠 04505				
 曾子南戈三 (曾) 江考 2015.1				 公典盤 (齊) 影彙 1043	 子犯鐘 (晉) 影彙 1021 用作「師」。卷十四「𠂤」字重見。
 遷邟鐘 (舒) 影彙 1253 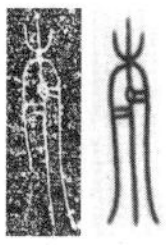 曾侯與鐘 (曾) 江考 2014.4		 侯馬盟書 (晉) 18:5  温縣盟書 (晉) WT4K5:13	 侯馬盟書 (晉) 3:21  侯馬盟書 (晉) 156:19	 石鼓・田車 (秦)  拍敦 04644	

		0788 產	0787 丰	0786 生	
		產	丰	生	
				 魯內小臣床生鼎 (魯) 02354  鄧公匜 (鄧) 10228	 哀鼎 (㠱) 商圖02311  崩弃生鼎 02524
					 秦景公石磬 (秦) 通鑒 19798  齊侯鎛 (齊) 00271
 蔡侯產劍 (蔡) 11604  蔡侯產戈 (蔡) 11144	 蔡侯產劍 (蔡) 11587  蔡侯產劍 (蔡) 11602	 侯馬盟書 (晉) 67:40  哀成叔鼎 (鄭) 02782	 侯馬盟書 (晉) 200:45	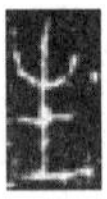 九里墩鼓座 (舒) 00429  工𠭯季生匜 (吴) 10212	 沇兒鎛 (徐) 00203  侯馬盟書 (晉) 92:10

0792	0791	0790			0789
束	桼	巢			華
束	桼	巢	芌		華
 束仲𧊒父簋 文物 2012.7  束仲𧊒父 簋蓋 03924			 己華父鼎 (紀) 02418  華母壺 09638		
	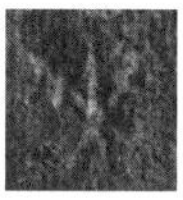 漆垣戈 通鑒16401	 𢿨巢鎛 (吴) 影彙 1277	 鼄公華鐘 (邾) 00245 「芌」爲「華」異形。《説文》分立字頭。	 曾侯與鐘 (曾) 江考 2014.4  曾侯與鐘 (曾) 江考 2014.4	 𪒠鐘 (楚) 影彙482  𪒠鎛 (楚) 影彙490

	0796	0795		0794	0793
	國	槖		刺	朿
	國	槖	刺	刺	朿
 曾子斿鼎 （曾） 02757	 宗婦鄁嬰毁 04086  宗婦鄁嬰壺 09698	 郐大子鼎 （徐） 02652	 晉姜鼎 （晉） 02826  伯刺戈 11400	 秦公鎛 （秦） 00267  宗婦鄁嬰盤 10152	
	 盄和鐘 （秦） 00270			 秦公簋 （秦） 04315	 釁子鼎 （齊） 商圖 02404
	 晉公盤 （晉） 復網 2014.6	 石鼓・汧沔 （秦）	 與兵壺 （鄭） 近二 878  晉公盤 （晉） 復網 2014.6		 吴王光鐘 （吴） 00224

0797

囿

⿴囗𣡕	囿	⿰或阝	或	⿷匚或	⿷匚或
			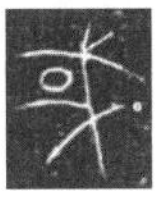 秦公鎛 （秦） 00269		 國子山壺 （齊） 通鑒 12270
	 秦公簋 （秦） 04315	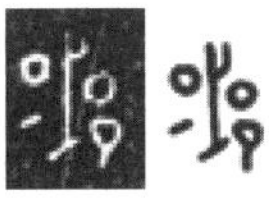 章子⿰或阝戈 （楚） 11295	「或」爲「國」古字。參見卷十二「或」字。	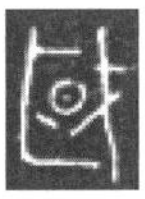 王孫誥鐘 （楚） 影彙 422  王孫誥鐘 （楚） 影彙436	 國差罎 （齊） 10361  王孫遺者鐘 （楚） 00261
 石鼓・吴人 （秦）				 蔡侯紐鐘 （蔡） 00211  蔡侯鎛 （蔡） 00222	 國子鼎 （齊） 01348  國子鼎 （齊） 商圖 00702

0802 因*	0801 困	0800 圍		0799 固	0798 圃
因	困	圍	咁	固	圃
					 圃公鼎 影彙 1463
		 庚壺 （齊） 09733	 秦景公石磬 （秦） 通鑒 19805		
 侯馬盟書 （晉） 982:29	 文公之母 弟鐘 影彙1479		 晉公盆 （晉） 10342  晉公盤 （晉） 復網 2014.6	 侯馬盟書 （晉） 200:3	 鳥公圃劍 11651

0808	0807	0806	0805	0804	0803
賢	賸	員	圞*	圝*	圚*
賢	賸	鼎	圞	圝	圚
					 圚君婦媿 霝壺 （小邾） 商圖 12353  圚君鼎 （小邾） 02502
				 秦景公石磬 （秦） 通鑒 19789  宋公圝鋪 （宋） 文物 2014.1	
 石鼓・鑾車 （秦） 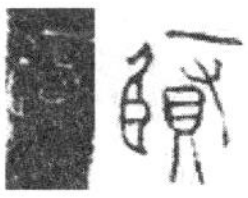 杕氏壺 （燕） 09715	 倗夫人嫘鼎 （楚） 商圖 02425  余賸逐兒鐘 （徐） 00184	 石鼓・遊車 （秦）  攻吴王姑發 邸之子劍 （吴） 影彙 1241	 齊侯匜 （齊） 10283  齊侯盤 （齊） 10159	 曾侯與鐘 （曾） 江考 2014.4 用作「固」。	

	0811	0810			0809
	賜	賸			貣
腸	賜	賸			貣
 鄀公平侯鼎 （鄀） 02772  曾伯陭壺 （曾） 09712		 穌冶妊鼎 （蘇） 02526			
	 庚壺 （齊） 09733  公賜玉鼎 商圖 19701	 長子沬臣簠 （楚） 04625			
	 懷后石磬 （秦） 通鑒 19817	 復公仲簋蓋 （楚） 04128 「媵」字異構。參見卷十二「媵」。	 競孫不服壺 （楚） 商圖12381  越王者旨於賜鐘 （越） 00144	 蔡侯紐鐘 （蔡） 00216  競孫旟也鬲 （楚） 商圖03036	 郘大叔斧 （晉） 11788  𨞛鎛 （楚） 影彙490

0813 質		0812 賓			
䝷	䝷		賓	昜	
			 曾伯陭壺 （曾） 09712  郑王䑂鼎 （徐） 02675	 郜譴簋 （郜） 04040	 上鄀公敄人 簋蓋 （鄀） 04183  蛪公諴簠 （鄀） 04600
			 王孫誥鐘 （楚） 影彙 438  王孫遺者鐘 （楚） 00261	 子犯鐘 （晉） 影彙 1023	
 侯馬盟書 （晉） 3:20	 侯馬盟書 （晉） 3:21  侯馬盟書 （晉） 156:21	 姑馮昏同之 子句鑃 （越） 00424  越王者旨於 睗鐘 （越） 00144	 篖太史申鼎 （莒） 02732  徐王子旃鐘 （徐） 00182	「昜」、「賜」一字分化。參見卷九「昜」字。	

0817	0816		0815	0814	
賕	買		賈	責	
賕	買		賈	責	訢
				 戎生鐘 （晉） 影彙 1616  晉姜鼎 （晉） 02826	
	 吴買鼎 02452			 秦公簋 （秦） 04315	
 滕侯賕鎛 （滕） 商圖15779	 鄦公買簠 （許） 近二 475  石買戈 11075	 侯馬盟書 （晉） 67:22  侯馬盟書 （晉） 194:7	 侯馬盟書 （晉） 35:8  賈孫叔子 屖盤 （齊） 商圖14512		 侯馬盟書 （晉） 185:3

0823	0822	0821	0820	0819	0818
賆*	賋*	賀*	貯*	賮*	貴
賆	賋	賀	貯	賮	貴
		 曾伯陭鉞 (曾) 影彙 1203			
 賆于盞 (曾) 04636	 文公之母弟鐘 影彙 1479		 邬公鞁父鎛 (小邾) 商圖15815  邬公鞁父鎛 (小邾) 商圖15818	 蔡叔季之孫賮匜 (蔡) 10284	 之乘辰鐘 (徐) 影彙 1409

0829	0828	0827	0826	0825	0824
邦	邑	朋*	賛*	䝼*	賡*
邦	邑	朋	䝴	䝼	賡
 虢季鐘 （虢） 影彙 2	 洹子孟姜壺 （齊） 09730  戈伯匜 （戴） 10246			 䝼金氏孫盤 （虢） 10098	
 子犯鐘 （晉） 影彙 1020	 齊侯鎛 （齊） 00271  庚壺 （齊） 09733				
 晉公盆 （晉） 10342  侯馬盟書 （晉） 16:1		 文公之母 弟鐘 影彙 1479	 郐賧尹譬鼎 （徐） 02766  郐賧尹譬鼎 （徐） 02766		 吴王光鐘 （吴） 0223

0830

都

都	郜				
					 曾侯簠（曾）04598
 叔夷鐘（齊）00273		 國差罎（齊）10361			 齊侯鎛（齊）00271
 侯馬盟書（晉）156:21  侯馬盟書（晉）79:3	 侯馬盟書（晉）92:12  霸服晉邦劍（吴）吴越題 54	 曾侯與鐘（曾）江考2014.4  蔡侯紐鐘（蔡）00211	 吴王壽夢之子劍（吴）近二1301	 郳公鞁父鎛（小邾）商圖15818  復公仲簋蓋（楚）04128	 哀成叔鼎（鄭）02782  鼄公華鐘（邾）00245

		0833 鄭	0832 鄁	0831 邸	
奠	[illegible]	鄭	鄁	邸	
 鄭戕句父鼎 (鄭) 02520					
 鄭大内史叔上匜 (鄭) 10281					 齊侯鎛 (齊) 00271
 鄭莊公之孫盧鼎 (鄭) 商圖 02409 用作「鄭」。卷五「奠」字重見。	 哀成叔鼎 (鄭) 02782	 與兵壺 (鄭) 近二 878	 侯馬盟書 (晉) 88:1	 侯馬盟書 (晉) 156:19	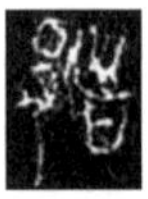 鄭莊公之孫盧鼎 (鄭) 商圖02409  曾都尹定簠 (曾) 影彙 1214

	0838	0837	0836	0835	0834
	鄦	鄲	邯	邵	鄩
鄦	鄦	那	邯	邵	郬
					 齊侯鎛 （齊） 00271
 蔡大師鼎 （蔡） 02738	 鄦子妝簠 （許） 04616	 侯馬盟書 （晉） 3:24  侯馬盟書 （晉） 179:16	 侯馬盟書 （晉） 3:27  侯馬盟書 （晉） 156:21	 侯馬盟書 （晉） 156:20  侯馬盟書 （晉） 156:21	

	0841	0840	0839		
	鄧	郞	郾		
登	鄧	郞	郾	⿱無曰	⿱無皿
 鄧伯吉射盤 （鄧） 10121					 許成□鼎 （許） 文物 2014.8
 鄧鰺鼎 （楚） 02085	 以鄧鼎 （楚） 影彙 406  鄧公乘鼎 （楚） 02573	 郞子行盆 （楚） 10330  郞子行盆 （楚） 10330			
用作「鄧」。卷二「登」字重見。	 鄧尹疾鼎 （楚） 02234  鄧子午鼎 （楚） 02235		 侯馬盟書 （晉） 1:21	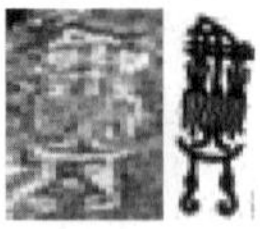 許公戈 （許） 影彙 531	 鄦公買簠 （許） 近二 475  許公寍戈 （許） 近二 1145

	0846	0845	0844	0843	0842
	鄱	郲	郢	鄚	鄿
	鄱	郲	御	鄚	鄿
			 郢侯戈 （楚） 11202		
		 郲公鈓鐘 （郲） 00102			
 疋鄱戈 10899	 鄱子成周鐘 （番） 商圖15256  温縣盟書 （晉） T1K1:2182	 郲大司馬戈 （郲） 11206		 虎鄚公佗戈 鳥考412頁	  襄王孫盞 影彙 1771

	0850		0849	0848	0847
	邿		郐	邛	郜
屽	邿	鄆	郐	邛	郜
 邿仲簠（邿）影彙1045	 邿譴簋（邿）04040  邿伯祀鼎（邿）02602		 郐王𦟀鼎（徐）02675	 邛季之孫戈（邛）11252  曾侯簠（曾）04598	 洹子孟姜壺（齊）09730
			 余子白耴此戈（徐）鍾離:圖92  宜桐盂（徐）10320	 叔師父壺（邛）09706  邛伯之孫盂（邛）中網 120828	
		 攻吴王叡𢦏此鄆劍（吴）影彙1188	 郐王義楚觶（徐）06513  之乘辰鐘（徐）影彙 1409		

0855		0854	0853	0852	0851
戠		郳	郭	鄴	邗
戠	鄓	郳	郭	鄴	邗
 □鏞用戈 11334	 郳左厐戈 (小邾) 10969				
		 郳始鬲 (小邾) 00596	 㑘郭公子戈 影彙 1129		
 戠之王戈 (楚) 南方 2004.4	 郳公鞁父鎛 (小邾) 商圖15818			 懷后石磬 (秦) 通鑒 19817	 趙孟庎壺 (晉) 09679  邗王是埜戈 (吴) 11263

				0857 鄬	0856 鄝
⿰虘阝			⿰化阝	鄬	鄝
 倗缶 (楚) 影彙461  倗缶 (楚) 影彙 462		 鄬子受鼎 （楚） 影彙527	 鄬子受鐘 (楚) 影彙 507  鄬子受戟 (楚) 影彙525	 鄬中姬丹盤 (蔡) 影彙 471  鄬中姬丹匜 (蔡) 影彙 472	 鄝子妝戈 (鄝) 影彙409  鄝子妝戈 (鄝) 文物2014.1
	 曾鎮墓獸 方座 (曾) 影彙521	 ⿰化阝夫人⿰女囂鼎 (楚) 商圖02425  鄬子辛簠 (楚) 影彙541	 鄬子昃鼎 (楚) 影彙533  鄬子孟孎 青簠 (楚) 影彙 522		

0863	0862	0861	0860	0859	0858
邶*	邮*	郮*	郇*	鄮	鄗
邶	邮	郮	郇	鄮	鄗
		 郮子良人甗 00945			
 侯馬盟書（晉）92:30  侯馬盟書（晉）93:1	 邮子謭缶（楚）09995		 侯馬盟書（晉）1:48	 侯馬盟書（晉）91:1	 鄗王劍（吕）11611

0868 ⿰弗阝*	0867 ⿰石阝*	0866 ⿰⿸尸日阝*	0865 ⿰反阝*		0864 ⿰六阝*
⿰弗阝	⿰石阝	⿰⿸尸日阝	⿰反阝	⿰亣阝	⿰六阝
		 ⿰⿸尸日阝君鼎 （曾） 江考 2015.3			
	 ⿰石阝子𢦏盤 影彙1372				
 侯馬盟書 （晉） 3:21  侯馬盟書 （晉） 156:21			 攻吳王姑發 ⿰反阝之子劍 （吳） 影彙1241	 ⿰六阝公戈 南方 2004.4	 遷⿰六阝鐘 （舒） 影彙1253

0871 ⿰江阝*	0870 ⿰艸阝*				0869 ⿰戉阝*
⿰江阝	⿰艸阝	戉			⿰戉阝
 江叔𧊒鬲 （江） 00677 國族名「江」之專字。					
	 吴王壽夢之子劍 （吴） 近二1301	 戉王矛 （越） 11451 用作國族名「越」。卷十二「戉」字重見。	 能原鎛 （越） 00155 國族名「越」專字。	 ⿰戉阝王欱淺劍 （越） 11621  ⿰戉阝王者旨於睗劍 （越） 11600	 曾侯⿰戉阝鼎 （曾） 近二257  曾侯⿰戉阝簠 （曾） 近二460

0877 郲*	0876 郾*	0875 鄌*	0874 郱*	0873 郱*	0872 郘*
郲	郾	鄌	郱	郱	郘
 梁戈 10823 國族名「梁」之專字。	 侯馬盟書 (晉) 156:22  温縣盟書 (晉) WT4K5:13	 侯馬盟書 (晉) 49:2	 侯馬盟書 (晉) 85:8	 郱戈 10902	 郘黛鐘 (晉) 00226  郘黛鐘 (晉) 00233

0883	0882	0881	0880	0879	0878
[畏阝]*	[冐阝]*	鄈*	[系阝]*	郤*	鄀*
[畏阝]	[冐阝]	鄈	[系阝]	郤	鄀
	 鄍公簋 04016  鄍公簋 04017	 鄈季寬車盤 (黃) 10109  鄈季寬車匜 (黃) 10234			 上鄀公敄人簋蓋 (鄀) 04183  鄀公平侯鼎 (鄀) 02771
				 [亻郤]郭公子戈 影彙1129	 上鄀府簠 (楚) 04613  上鄀府簠 (楚) 04613
 伯怡父鼎 影彙1692			 奇字鐘 (越) 商圖15176		

0889 鄽*	0888 𨞨*	0887 䣁*	0886 𨛜*	0885 郵	0884 𨛫*
鄽	𨞨	䣁	𨛜	郵	𨛫
 鄽大嗣攻鬲 00678					
	 𨞨伯受簠 (楚) 04599  𨞨子白鐸 (楚) 影彙 393				 𨛫戈 10907
	 𨞨戈 11027	 荊公孫敦 商圖06070  荊公孫敦 04642	 温縣盟書 (晉) WT1K1:3105	 侯馬盟書 (晉) 156:21  侯馬盟書 (晉) 156:23	 南君旟𨛫戈 (楚) 影彙1180

0895	0894	0893	0892	0891	0890
鄬*	鄯*	鄱*	鄗*	鄹*	鄶*
鄬	鄯	鄱	鄗	鄹	鄶
 曾伯霥簠 （曾） 04631  曾伯霥簠 （曾） 04632	 鄯甘辜鼎 影彙1091		 宗婦鄗嬰 𣪘蓋 04076  宗婦鄗嬰盤 10152		
					 曾子原彝簠 （曾） 04573
		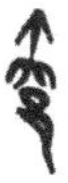 侯馬盟書 （晉） 1:42		 楚子𨗩鄹敦 （楚） 04637	

0896	0897		0898	0899	0900
鄨*	鄒*		鄝*	鄩*	鄜*
鄨	郗		鄝	鄩	鄜
 侯馬盟書 (晉) 200:70	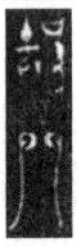 蔡侯產戈 (蔡) 11143	 王孫霧簠 (楚) 04501 國族名「蔡」之專字。	 鄝子賁臺鼎 02498 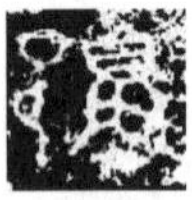 鄝子臺簠 04545	 鄩太史申鼎 (莒) 02732	 石鼓・鑾車 (秦)  石鼓・霝雨 (秦)

		0904 酅*	0903 隨*	0902 鄻*	0901 鄘*
		酅	隨	鄻	鄘
		 庚壺（齊）09733  酅公戈（莒）影彙1033	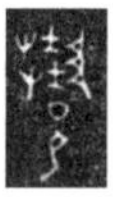 楚王鼎（楚）通鑒02318 國族名「隨」之專字。	 叔夷鎛（齊）00285	
		 酅侯少子簋（莒）04152			 鄘戈 10897  鄘左庫戈 11022

0905

日

春秋文字字形表　卷七

			日	
			 曾侯寚鼎（曾）商圖 02219	早期
	 㳚公宜鼎 文物 2014.1	 盜叔壺（邮）09625  王子嬰次鐘（楚）00052	 盜叔壺（邮）09626	中期
 少虡劍（晉）11696  拍敦 04644	 石鼓·作原（秦）  晉公盆（晉）10342	 鄭莊公之孫盧鼎（鄭）商圖 02409  欒書缶（楚）10008	 徐王子旊鐘（徐）00182  吴王光鐘（吴）00223	晚期

0907 早	0906 時				
杲	時				
 温縣盟書 （晉） WT1K14:867	 石鼓·遊車 （秦）	 越王者旨於 睗鐘 （越） 00144  越王者旨於 睗鐘 （越） 00144	 之乘辰鐘 （徐） 影彙 1409	 吴王光鑑 （吴） 10298  壬午吉日戈 商圖 17121	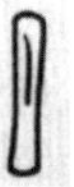 曾侯與鐘 （曾） 江考 2014.4 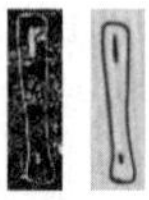 曾侯與鐘 （曾） 江考2014.4

		0910		0909	0908
		昃		晉	昧
		昃		晉	昧
			 晉姑匜 (晉) 商圖14954	 晉姑盤 (晉) 商圖14461 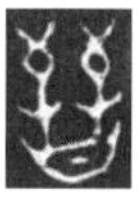 晉侯簋 (晉) 商圖04712	
				 子犯鐘 (晉) 影彙 1021  子犯鐘 (晉) 影彙 1022	 鄦子受鐘 (楚) 影彙 510 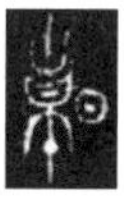 鄦子受鐘 (楚) 影彙 507
 滕侯吳戈 (滕) 11123  鄦子吳鼎 (楚) 影彙532	 鄦子吳鼎 (楚) 影彙 533  滕侯吳敦 (滕) 04635	 温縣盟書 (晉) T1K1:1961	 侯馬盟書 (晉) 探 8②:1  𨟻篙鐘 (楚) 00038	 晉公盆 (晉) 10342  霸服晉邦劍 (吴) 吴越題54	

0911	0912	0913		0914	0915
昌	昱	㬎		昗*	袒
昌	⿰日翼	㬎		昗	袒
					 袒伯⿱𦥑更父罍 （番） 商圖13826  袒盤 （番） 10094
 蔡侯⿲鬲申鬲盤 （蔡） 10171	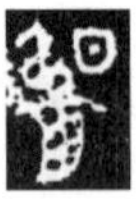  石鼓・吾水 （秦）	 侯馬盟書 （晉） 67:30  温縣盟書 （晉） T1K1:3216	 侯馬盟書 （晉） 67:51  温縣盟書 （晉） T1K1:137	 石鼓・田車 （秦）	

0918	0917		0916		
旦	⿰日喪*		⿱日鬲*		
旦	⿰日喪	⿱昍鬲	⿱日鬲		
		 伯氏始氏鼎 (鄧) 02643	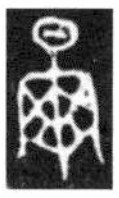 樊君鬲 (樊) 00626	 番口伯者君盤 (番) 10139  番昶伯者君鼎 (番) 02617	 昶伯墉盤 (番) 10130  昶仲匜 商圖 14953
	 鄬子受鐘 (楚) 影彙 507  鄬子受鎛 (楚) 影彙 519				
 侯馬盟書 (晉) 179:3			 樊季氏孫仲⿱日鬲鼎 (樊) 02624  樊季氏孫仲⿱日鬲鼎 (樊) 02624		

0923 旗	0922 韓*	0921 韶*	0920 朝	0919 軌	
旗	韓	韶	朝	軌	
					 戎生鐘 （晉） 影彙 1614  曾子斿鼎 （曾） 02757
 叔夷鐘 （齊） 00272  叔夷鎛 （齊） 00285			 子犯鐘 （晉） 影彙 1010  子犯鐘 （晉） 影彙 1022		 王孫誥鐘 （楚） 影彙422  王孫誥鐘 （楚） 影彙425
 競孫旗也鬲 （楚） 商圖03036	 温縣盟書 （晉） WT4K6:250	 温縣盟書 （晉） WT4K6:315	 石鼓・吳人 （秦）  郳公韎父鎛 （小邾） 商圖15818	 攻吳王光 韓劍 （吳） 影彙1807	 侯馬盟書 （晉） 1:45  温縣盟書 （晉） WT4K6:212

旂

			[illegible]		旂
		 陳公子甗 （陳） 00947  卓林父簋蓋 04018	 虢季鐘 （虢） 影彙 3  太師盤 （晉） 影彙 1464		 洹子孟姜壺 （齊） 09730
	 鄬中姬丹盤 （蔡） 影彙 471  王孫遺者鐘 （楚） 00261	 齊侯鎛 （齊） 00271  黃太子白克盤 （黃） 10162	 子犯鐘 （晉） 影彙 1014  陳公孫[illegible]父瓶 （陳） 09979	 叔夷鎛 （齊） 00285	 公典盤 （齊） 影彙 1043  邾公釛鐘 （邾） 00102
 其次句鑃 （蔡） 00422  者[illegible]鐘 （吳） 00195	 鄦公買簠 （許） 近二 475  蔡大師鼎 （蔡） 02738	 曹公簠 （曹） 04593  齊侯盤 （齊） 10159	 郘黛鐘 （晉） 00228  陳樂君甗 （陳） 影彙 1073	 喬君鉦鋮 （喬） 00423  曾侯與鐘 （曾） 江考 2014.4	 郳公鞁父鎛 （小邾） 商圖15818  司馬楙鎛 （滕） 近二50

0926　0925

游　旃

	游	旃	斤	旛	旜
					 魯伯悆盨 （魯） 04458
 簷叔之仲子平鐘 （莒） 00177	 簷叔之仲子平鐘 （莒） 00172  簷叔之仲子平鐘 （莒） 00173			 番君召簠 （番） 04584  番君召簠 （番） 04585	
		 徐王子旃鐘 （徐） 00182	 欒書缶 （楚） 10008 「旂」皆用作「祈」。		 要君盂 10319

	0930	0929		0928	0927
	旅	旛		遊*	斿*
	旅	旛	游	遊	斿
 鄭伯氏士叔 皇父鼎 （鄭） 02667  商丘叔簠 （宋） 04557	 虢季盨 （虢） 影彙31 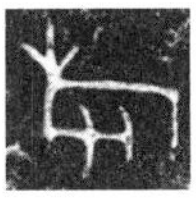 芮子仲鼎 （芮） 商圖1910		 曾侯仲子游 父鼎 （曾） 02423  曾侯仲子游 父鼎 （曾） 02424		 曾仲斿父簠 （曾） 04673  曾仲斿父 方壺 （曾） 09628
	 陳公孫[illegible] 父瓶 （陳） 09979			 伯遊父鑐 （黃） 商圖 14009  伯遊父盤 （黃） 商圖 14510	
		 石鼓・田車 （秦）		 蔡侯[illegible]盤 （蔡） 10171	 石鼓・作原 （秦）

㫃					
 矩甗 （申） 影彙 970	 虢碩父簠 （虢） 影彙 52 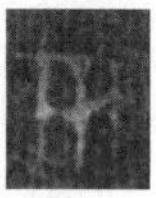 虢姜鼎 （虢） 商圖 01839	 滕侯穌盨 （滕） 04428  叔姬鼎 02392	 魯仲齊甗 （魯） 00939  薛子仲安簠 （薛） 04546	 曾子伯窞盤 （曾） 10156  旅虎簠 0454	 魯伯悆盨 （魯） 04458  郜召簠 （郜） 影彙 1042
		 仲改衛簠 （楚） 影彙399			
			 陳樂君甗 （陳） 影彙 1073		

0933 旞*

0932 旃*

0931 族

旞	旃	族	[illegible]	遊	
		 秦子矛 （秦） 11547  鄒戲王戟 （吴） 通鑒16977	 圓君婦媿 霝壺 （小邾） 商圖12353  圓君鼎 （小邾） 02502	 伯其父簠 04581	 陳公子甗 （陳） 00947  曾伯霥簠 （曾） 04631
				 仲改衛簠 （楚） 影彙400	 伯遊父卮 （黄） 商圖 19239  伯遊父壺 （黄） 商圖 12403
 楚旞鼎 （楚） 影彙 1197	 石鼓・田車 （秦）  郘黛鐘 （晉） 00226	 侯馬盟書 （晉） 85:23  宋公差戈 （宋） 11289			

0937 ⿸㫃盇*		0936 ⿸㫃舀*	0935 ⿸㫃回*	0934 ⿸㫃昜*	
⿸㫃盇	⿸㫃喿	⿸㫃舀	⿸㫃回	⿸㫃昜	
 ⿸㫃盇叔樊鼎 02679	 郜召簠 (郜) 影彙1042 用作「稻」。	 叔家父簠 04615 用作「稻」。			
			 叔夷鐘 (齊) 00273  叔夷鎛 (齊) 00285		 王孫誥鐘 (楚) 影彙 419  王孫遺者鐘 (楚) 00261
				 蔡侯𪓐尊 (蔡) 06010  蔡侯𪓐盤 (蔡) 10171	 𪓐鎛 (楚) 影彙490  南君⿸㫃昜鄒戈 (楚) 影彙1180

0941 0940 0939 0938

月 齠* 鬖 冥

月			齠	鬖	冥
 楚太師登鐘 （楚） 商圖 15514	 陳医盤 （陳） 10157  蔡太史鉌 （蔡） 10356	 太師盤 （晉） 影彙 1464  有兒簋 （陳） 商圖 05166			
 齊侯鎛 （齊） 00271  鄦中姬丹盤 （蔡） 影彙 471	 陳医盤 （陳） 10157  伯遊父盤 （黄） 商圖 14510	 秦景公石磬 （秦） 通鑒 19788  鄭大内史叔上匜 （鄭） 10281		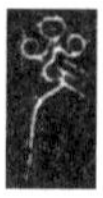 鄬子受鎛 （楚） 影彙 519	
 鼄大宰簠 （邾） 04623  鄦公買簠 （許） 近二 475	 禾簋 （齊） 03939  温縣盟書 （晉） T1K1:2279	 郘黛鐘 （晉） 00226  鄭莊公之孫盧鼎 （鄭） 商圖 02409	 晉公盤 （晉） 復網 2014.6  晉公盆 （晉） 10342	 與兵壺 （鄭） 近二 878  者瀘鐘 （吴） 00193	 侯馬盟書 （晉） 92:1

 都公平侯鼎 （都） 02771  楚嬴盤 （楚） 10148	 曾伯從寵鼎 （曾） 02550  許成□鼎 （許） 文物 2014.8	 陳公子甗 （陳） 00947  伯氏始氏鼎 （鄧） 02643	 虢季鐘 （虢） 影彙 3  晉姑盤 （晉） 商圖 14461		
	 仲改衛簠 （楚） 影彙 400	 敶医作孟姜 媛簠 （陳） 04607  庚壺 （齊） 09733	 子犯鐘 （晉） 影彙 1020  簷叔之仲子 平鐘 （莒） 00173	 庚兒鼎 （徐） 02715	 何次簠 （楚） 影彙 403  童麗君柏鐘 （鍾離） 鍾離：圖 45
	 侯馬盟書 （晉） 16:3	 黃韋俞父盤 （黃） 10146  徐王子旃鐘 （徐） 00182	 晉公盆 （晉） 10342  哀成叔鼎 （鄭） 02782	 吳王光鑑 （吳） 10298  姑馮昏同之子 句鑃 （越） 00424	 蔡侯紐鐘 （蔡） 00211  郤王義楚觶 （徐） 06513

0943 朏　　0942 朔

朏	朔				
					 鼄乎簋 (曾) 04157
				 王子午鼎 (楚) 影彙 444  王子午鼎 (楚) 影彙 449	 何次簠 (楚) 影彙403 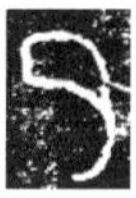 以鄧鼎 (楚) 影彙406
 侯馬盟書 (晉) 16:3	 温縣盟書 (晉) T1K1:2182  蔡□□戟 (蔡) 11150	 温縣盟書 (晉) T1K1:1961  温縣盟書 (晉) T1K1:2182	 之乘辰鐘 (徐) 影彙 1409  越王者旨於睗鐘 (越) 00144	 曾侯與鐘 (曾) 江考 2014.4	 寬兒鼎 (蘇) 02722

				0945 期	0944 霸
㫷		⿱月廾	期		霸
	 有兒簋（陳）商圖05166  齊良壺（齊）09659				 曾仲大父螽𣪘（曾）04203  黿乎簋（曾）04158
	 王孫誥鐘（楚）影彙 427				
 褱鼎（楚）02551  沇兒鎛（徐）00203	 寬兒鼎（蘇）02722  丁兒鼎蓋（應）影彙 1712	 曾侯與鐘（曾）江考2014.4	 吴王光鑑（吴）10298	 彭公孫無所鼎（楚）近二 299  競孫旟也鬲（楚）商圖03036	

0946

胯

胯			朞		
 楚太師登鐘 （楚） 商圖15517	 走馬薛仲赤簋 （薛） 04556  薛侯壺 （薛） 影彙 1131	 薛侯匜 （薛） 10263  薛子仲安簋 （薛） 04546		 洹子孟姜壺 （齊） 09730	
	用作國族名「薛」。		 蔡大司馬燮盤 （蔡） 近二 936	 公典盤 （齊） 影彙 1043 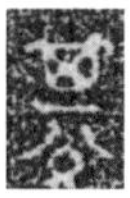 鄧公乘鼎 （楚） 02573	 䢼子鼎 （齊） 商圖02404  王子申盞 （楚） 04643
 曾侯與鐘 （曾） 江考 2014.4				 蔡侯紐鐘 （蔡） 00211	 賈孫叔子屖盤 （齊） 商圖14512  荊公孫敦 商圖06070

0949 朙				0948 有	0947 胡*
朙				有	胡
 秦公鐘 （秦） 00262				 秦公鎛 （秦） 00267  有兒簋 （陳） 商圖05166	
 秦公簋 （秦） 04315				 宋公𨚕鋪 （宋） 文物2014.1  叔夷鎛 （齊） 00285	
 侯馬盟書 （晉） 198:3	 侯馬盟書 （晉） 1:71  曾侯與鐘 （曾） 江考2014.4	 蔡侯紐鐘 （蔡） 00211  曾侯與鐘 （曾） 江考2014.4	 宋右師延敦 （宋） 春CE33001  競之定豆 （楚） 商圖06151	 侯馬盟書 （晉） 16:15  郳公韍父鎛 （小邾） 商圖15818	 侯馬盟書 （晉） 1:9

明	明	明			
				 秦公鎛 （秦） 00269  戎生鐘 （晉） 影彙 1613	 晉姜鼎 （晉） 02826
 侯馬盟書 （晉） 1:40	 侯馬盟書 （晉） 1:53  侯馬盟書 （晉） 98:6	 侯馬盟書 （晉） 1:36  侯馬盟書 （晉） 16:25	 沇兒鎛 （徐） 00203  競孫旟也鬲 （楚） 商圖03036	 侯馬盟書 （晉） 200:39  司馬楙鎛 （滕） 近二 48	 侯馬盟書 （晉） 198:3

𥃳			盟		𥁰
	 王孫誥鐘 （楚） 影彙 423  王孫誥鐘 （楚） 影彙 432		 王子午鼎 （楚） 02811  王子午鼎 （楚） 影彙 444	 邾公釛鐘 （邾） 00102	 叔夷鐘 （齊） 00275
 與兵壺 （鄭） 近二878  黝鎛 （楚） 影彙 489	 曾侯與鐘 （曾） 江考 2014.4  曾侯殘鐘 （曾） 江考2014.4	 晉公盤 （晉） 復網 2014.6	 鼄公華鐘 （邾） 00245  蔡侯驪盤 （蔡） 10171	 侯馬盟書 （晉） 1:28  侯馬盟書 （晉） 195:7	 宋右師延敦 （宋） 春CE33001

0955	0954	0953	0952	0951	
外	𠻞	夢	夜	夕	
外	𠻞	夢	夜	夕	
 秦子簋蓋 （秦） 近二 423  戎生鐘 （晉） 影彙 1614		 夢子匜 10245	 竈乎簋 （曾） 04158  叔夜鼎 02646	 秦公鐘 （秦） 00262  秦公鎛 （秦） 00268	
 敬事天王鐘 （楚） 00079  叔夷鎛 （齊） 00285	 秦公簋 （秦） 04315  盄和鐘 （秦） 00270		 叔夷鎛 （齊） 00285	 盄和鐘 （秦） 00270	 王孫誥鐘 （楚） 影彙 429
		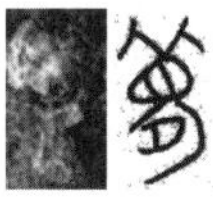 吳王壽夢之子劍 （吳） 近二1301	 懷后石磬 （秦） 通鑒 19817	 石鼓・吳人 （秦）	 𪒠鎛 （楚） 影彙495  徐王子旃鐘 （徐） 00182

0958 冊	0957 多			0956 夗	
冊	多			夗	
 晉姜鼎 （晉） 02826	 秦公鐘 （秦） 00262  魯伯愈盨 （魯） 04458	 魯伯愈盨 （魯） 04458		 秦公鎛 （秦） 00268  竈乎簋 （曾） 04158	
	 秦公簋 （秦） 04315  庚壺 （齊） 09733		 叔夷鎛 （齊） 00285	 盄和鐘 （秦） 00270	 敬事天王鐘 （楚） 00077  叔夷鎛 （齊） 00285
	 杕氏壺 （燕） 09715  攻敔王光劍 （吳） 11666	 越王者旨於睗鐘 （越） 00144	 吳王光鐘 （吳） 00224	 懷后石磬 （秦） 通鑒 19817	 侯古堆鎛 影彙276  臧孫鐘 （吳） 00096

0962	0961	0960			0959
栗	東		甬		虜
栗	東		甬	虜	虜
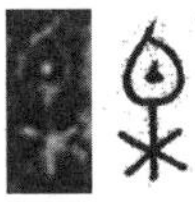 叔元栗戈 影彙1694			 江小仲母生鼎 (江) 02391		
			 庚壺 (齊) 09733		 發孫虜簠 (楚) 影彙1773  發孫虜鼎 (楚) 影彙 1205
	 司料盆蓋 10326	 吴王夫差矛 (吴) 11534  越王者旨於睗鐘 (越) 00144	 侯馬盟書 (晉) 3:19  競之定豆 (楚) 商圖06150	 攻敔王者彶叡虝劍 (吴) 商圖 17946	

0966	0965	0964		0963	
鼎	棘	朿		齊	
鼎	棘	朿		齊	㮚
 秦公鼎 （秦） 商圖 01557  秦公鼎 （秦） 影彙 1339		 黿乎簋 （曾） 04157	 魯司徒仲 齊盤 （魯） 10116	 魯司徒仲 齊盨 （魯） 04440  齊侯子行匜 （齊） 10233	
 鄭子石鼎 （鄭） 02421				 齊太宰歸 父盤 （齊） 10151  國差罎 （齊） 10361	
 君子弄鼎 （晉） 02086  哀成叔鼎 （鄭） 02782	 蔡子棘鼎 （蔡） 02087				 石鼓・作原 （秦）

 卓林父簋蓋 04018  兒慶鼎 （小邾） 影彙 1095	 鼄訧鼎 （郳） 02426	 廍季伯歸鼎 02644  曾伯從寵鼎 （曾） 02550	 衛伯須鼎 （衛） 影彙 1198  郜造譴鼎 （郜） 02422	 虢季鼎 （虢） 影彙 12  洹子孟姜壺 （齊） 09729	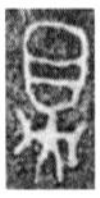 芮子仲殿鼎 （芮） 商圖 02125  鄧公孫無忌鼎 （鄧） 影彙 1231
 鼎之伐鼎 （楚） 01955	 趞亥鼎 （宋） 02588  宋公圝鼎 （宋） 文物 2014. 1		 王子午鼎 （楚） 影彙 445  王子午鼎 （楚） 影彙 444		 倗之𨘋鼎 （楚） 影彙 456  郐子佘鼎 （徐） 02390
 何訇君鼎 02477			 伯怡父鼎 近二 312		 彭公孫無所鼎 （楚） 近二 299  夫欧申鼎 （舒） 影彙 1250

0969 ⿰鼎干*

0968 鼏

0967 鼒

⿰鼎干	鼏	鼒	鼑	鐤	⿱鼎皿
			 杞伯每亡鼎 （杞） 02495		
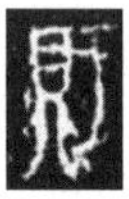 王子吳鼎 （楚） 02717	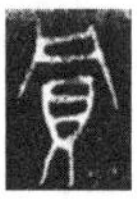 國差罎 （齊） 10361  秦景公石磬 （秦） 通鑒19781	 叔左鼎 商圖02334	 以鄧鼎 （楚） 影彙406		
	 文公之母 弟鐘 影彙1479		「鼑」皆用作「鼎」。卷三「貞」字下重見。	 鄬子吳鼎 （楚） 影彙533	 彭子射汤鼎 （楚） 文物 2011.3

0971 ⿰石鼎*

0970 ⿰鼎升*

⿰石鼎	⿱⿲弓屮弓皿	⿰鼎升	⿱⿰鼎升皿	⿰鼎孚	⿰鼎于
	 克黃鼎 （楚） 影彙499  克黃鼎 （楚） 影彙 500	 王子午鼎 （楚） 影彙 444 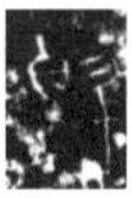 王子午鼎 （楚） 02811	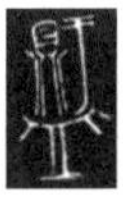 楚叔之孫 倗鼎 （楚） 影彙410  楚叔之孫 倗鼎 （楚） 影彙 41		
 褱鼎 （楚） 02551  褱鼎 （楚） 02551		 蔡侯⿰鼎升 （蔡） 02215	 丁兒鼎蓋 （應） 影彙 1712	 䣄侯之孫 敶鼎 02287	 蔡侯⿰鼎于 （蔡） 02216

0975 ⿰鼎縣*		0974 ⿱將鼎*	0973 ⿱肴鼎*		0972 ⿰鼎它*
⿰鼎縣	⿱將鼎	⿱⿰爿酉鼎	⿱肴鼎	⿰氵⿱宓皿	⿰鼎它
		 宗婦鄁嬰𣪘 04079  曾侯簠(曾) 04598	 鄭戕句父鼎(鄭) 02520	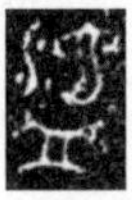 𥘅伯業鼎(番) 02622	
 鄧公乘鼎(楚) 02573  倗鼎(楚) 影彙451	 叔左鼎 商圖02334	 王子午鼎(楚) 影彙 444  鄬子受鎛(楚) 影彙 515			
				 鄧尹疾鼎(楚) 02234	 褱鼎(楚) 02551

<table>
<tr><td>0978
禾</td><td>0977
录</td><td colspan="2">0976
克</td><td></td><td></td></tr>
<tr><td>禾</td><td>录</td><td colspan="2">克</td><td>⿱⿰金繇皿</td><td>⿰金繇</td></tr>
<tr><td></td><td>
曾亘嫚鼎
(曾)
影彙 1201

录簋蓋甲
文物 2012.7</td><td></td><td>
秦公鎛
(秦)
00268

曾伯霥簠
(曾)
04631</td><td></td><td></td></tr>
<tr><td>
郳公鈓鐘
(郳)
00102

黃太子白
克盤
(黃)
10162</td><td></td><td>
克黃豆
(楚)
商圖 06132</td><td>
子犯鐘
(晉)
影彙 1023

克黃鼎
(楚)
影彙 499</td><td></td><td></td></tr>
<tr><td>
禾簋
(齊)
03939

越王者旨於
睗鐘
(越)
00144</td><td>
永祿鈹
商圖 17926</td><td>
司馬楙鎛
(滕)
近二 48</td><td>
䧹公克敦
04641

攻敔王光劍
(吴)
11666</td><td>
揚鼎
商圖 02319</td><td>
蔡大師鼎
(蔡)
02738</td></tr>
</table>

			0980 穆		0979 秀
			穆		秀
		 戎生鐘 （晉） 影彙 1613			
		 秦景公石磬 （秦） 通鑒 19783  盄和鐘 （秦） 00270	 王孫誥鐘 （楚） 影彙 435	 秦公簋 （秦） 04315  叔夷鎛 （齊） 00285	
 曾侯與鐘 （曾） 江考 2014.4  曾侯與鐘 （曾） 江考 2014.4	 蔡侯䜌盤 （蔡） 10171  吴王光鐘 （吴） 0223		 與兵壺 （鄭） 近二878 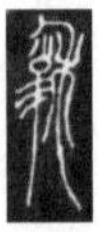 曾媎嬭朱姬簠 （曾） 影彙530	 鼄公華鐘 （邾） 00245	 石鼓・田車 （秦）

0985 糠	0984 采		0983 稻	0982 秫	0981 稷
康	采	⿰米舀	稻	术	稷
 秦公鎛 （秦） 00268  晉姜鼎 （晉） 02826		 陳公子甗 （陳） 00947	 叔朕簠 （戴） 04621  曾伯霥簠 （曾） 04632	 大嗣馬簠 04505	
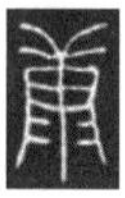 秦景公石磬 （秦） 通鑒 19787  季子康鎛 （鍾離） 商圖 15790			 王孫叔諲甗 通鑒03362		
 蔡侯䙝盤 （蔡） 10171	 侯馬盟書 （晉） 36:4				 曾侯與鐘 （曾） 江考 2014.4

0986

年

					年
 杞伯每亡 壺蓋 （杞） 09687 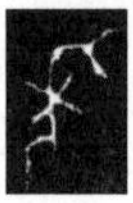 番伯酓匜 （番） 10259	 齊侯匜 （齊） 10272  商丘叔簠 （宋） 04557	 魯司徒仲 齊盨 （魯） 04440  滕侯穌盨 （滕） 04428	 陳医壺 （陳） 09633  曾仲大父 蝨設 （曾） 04203	 虢季鼎 （虢） 影彙 15  穌公子設 （蘇） 04014	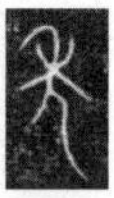 秦公鎛 （秦） 00268  内大子白 簠蓋 （芮） 04538
 王子午鼎 （楚） 02811  王子午鼎 （楚） 影彙 444	 齊医敦 （齊） 04638  宋公圝鋪 （宋） 文物2014.1		 陳公子中 慶簠 （陳） 04597  鄭大内史叔 上匜 （鄭） 10281	 叔師父壺 （邛） 09706	

季

 楚嬴匜 （楚） 10273 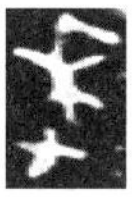 楚太師登鐘 （楚） 商圖15511	 都公平侯鼎 （都） 02771  曾伯霥簠 （曾） 04632	 毛叔盤 （毛） 10145  戈叔朕鼎 （戴） 02690	 考叔指父簠 （楚） 04608  齊縈姬盤 （齊） 10147	 郝伯鼎 （郝） 02601  曩侯簋 （曩） 影彙1462	 戈叔朕鼎 （戴） 02692  郳公子害簠 （小郳） 商圖 05908
 東姬匜 （楚） 影彙398		 秦景公石磬 （秦） 通鑒 19788  陳医盤 （陳） 10157		 上都公簠 （楚） 影彙 401蓋  鄬子受鎛 （楚） 影彙 513	 匽公匜 （燕） 10229 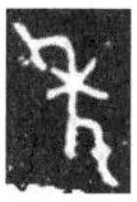 陳公孫指 父瓶 （陳） 09979
	 温縣盟書 （晉） T1K1：3802  温縣盟書 （晉） WT1K1:3417	 晉公盆 （晉） 10342  樂子簠 （宋） 04618		 蔡侯䰜尊 （蔡） 06010	

					秊
 番君匜 （番） 10271  番君酖伯鬲 （番） 00734	 袓仲匜 （番） 商圖 14953		 曾子伯窞盤 （曾） 10156	 哀鼎 （曩） 商圖02311  洹子孟姜壺 （齊） 09730	 魯伯俞父簠 （魯） 04566
 敶庆作孟姜 𡟰簠 （陳） 04607	 宋君夫人鼎 （宋） 近二 304	 曾子仲宣鼎 （曾） 02737  王孫誥鐘 （楚） 影彙 421	 簷叔之仲子 平鐘 （莒） 00178  伯亞臣鐳 （黃） 09974	 齊侯盂 （齊） 10318  夆叔盤 （逄） 10163	 魯大司徒 元盂 （魯） 10316  邾公釛鐘 （邾） 00102
 侯古堆鎛 影彙280	 鄬侯少子簋 （莒） 04152		 無所簠 （楚） 近二 474		 鼄公華鐘 （邾） 00245  司馬楙鎛 （滕） 近二50

		0989 秦		0988 秋	0987 穌
𥣬	𥢶		龝	秋	穌
 秦公簋（秦）影彙 1343  秦公鼎（秦）商圖 01558	 兒慶鼎（小邾）影彙 1095  兒慶鬲（小邾）商圖02867	 秦公簋（秦）商圖 04387 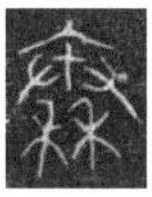 秦公鎛（秦）00268			 穌貉簠（蘇）04659  滕侯穌盨（滕）04428
		 秦公簋（秦）04315  秦景公石磬（秦）通鑒 19790			
	 鄦子妝簠（許）04616		 與兵壺（鄭）近二 878	 侯馬盟書（晉）3:3	 侯馬盟書（晉）16:33

0991 析*

0990 稱

析	稱	委	𥟩	𥢶	
		 郳慶簠 （小郳） 商圖05879 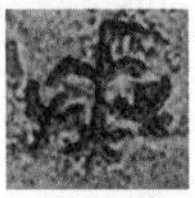 郳慶簠 （小郳） 商圖05878		 郳君慶壺 （小郳） 商圖12333  郳君慶壺 （小郳） 商圖12337	 秦子鎛 （秦） 商圖 15770 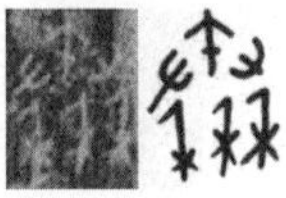 秦政伯喪戈 （秦） 近二 1248
 伯析戈 10895					
 𨞩侯少子簋 （莒） 04152	 曾侯與鐘 （曾） 江考 2014.4		 秦王鐘 （楚） 00037  競之定鬲 （楚） 商圖 03020		

0992	0993	0994			0995
兼	香	粱			糧
兼	香	粱	粱	籾	糧
		 叔朕簠 （戴） 04620  曾伯霥簠 （曾） 04632		 郜召簠 （郜） 影彙1042	
			 庚壺 （齊） 09733	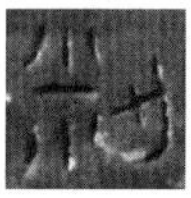 王孫叔䜌甗 通鑒03362	 宜桐盂 （徐） 10320
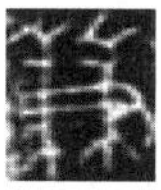 徐王子旃鐘 （徐） 00182	 公子土斧壺 （齊） 09709				

		0998 麻	0997 ⿱米臼*	0996 ⿰米制*	
		麻	⿱米臼	⿰米制	⿰爿⿱量米
			 曾子伯⿱米臼盤 （曾） 10156	 粱姬罐 影彙 45	  ⿰余阝王⿰爿⿱量米鼎 （徐） 02675
 温縣盟書 （晉） T1K1:3216  温縣盟書 （晉） T1K1:3802	 温縣盟書 （晉） T1K1:3863  温縣盟書 （晉） T1K1:3797	 師麻孝叔鼎 02552  侯馬盟書 （晉） 156:16			

		1001 宅		1000 家	0999 耑
[illegible]	厇	宅		家	耑
		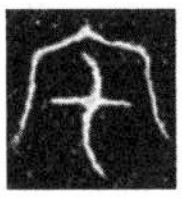 秦公鎛 （秦） 00267		 原氏仲簠 （陳） 影彙 396  叔家父簠 04615	
		 秦公簋 （秦） 04315 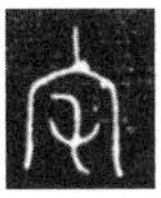 公父宅匜 10278		 公典盤 （齊） 影彙 1043  叔夷鎛 （齊） 00285	
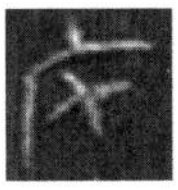 晉公盤 （晉） 復網 2014.6	 曾侯與鐘 （曾） 江考2014.4	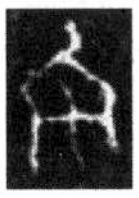 晉公盆（晉） 10342	 王孫家戈 （楚） 商圖16849	 晉公盤 （晉） 復網 2014.6  郳公鞁父鎛 （小邾） 商圖15818	 郐王耑又觶 （徐） 06506  義楚觶 （徐） 06462

1006	1005	1004	1003		1002
㝩	寏	宇	宣		室
㝩	[illegible]	宇	宣		室
	 姬寏母豆 (齊) 04693	 鄬公彭宇簠 (楚) 04610  鄬公彭宇簠 (楚) 04611	 晉姜鼎 (晉) 02826		
			 曾子仲宣鼎 (曾) 02737  東姬匜 (楚) 影彙398		 公典盤 (齊) 影彙 1043
 晉公盆 (晉) 10342  晉公盤 (晉) 復網 2014.6	 侯馬盟書 (晉) 88:2		 石鼓・鑾車 (秦)	 賈孫叔子屖盤 (齊) 商圖14512  曾侯與鐘 (曾) 江考2014.4	 侯馬盟書 (晉) 67:5  侯馬盟書 (晉) 67:7

1007 盜		1008 定			
盜	盜	定			
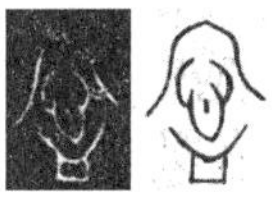 國差罎 （齊） 10361					
 蔡侯鎛 （蔡） 00222  侯馬盟書 （晉） 92:40	 許公盜戈 （許） 近二 1145	 侯馬盟書 （晉） 1:4  侯馬盟書 （晉） 1:2	 侯馬盟書 （晉） 36:1  侯馬盟書 （晉） 1:31	 蔡侯紐鐘 （蔡） 00217  競之定鬲 （楚） 商圖03015	 侯馬盟書 （晉） 203:3  侯馬盟書 （晉） 16:15

1012	1011	1010		1009	
實	富	宴		安	
實	富	宴		安	
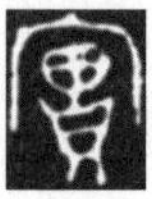 郜召簠 （郜） 影彙1042			 楚太師登鐘 （楚） 商圖15513		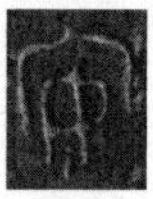 魯西子安母簠 （魯） 商圖05902  薛子仲安簠 （薛） 04546
 國差𦉜 （齊） 10361					 國差𦉜 （齊） 10361
	 侯馬盟書 （晉） 195:4	 徐王子旃鐘 （徐） 0018  配兒鉤鑃 （吴） 00427	 鼄公華鐘 （邾） 00245 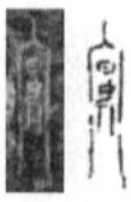 蔡公□戈 （蔡） 中原 2014.2	 侯馬盟書 （晉） 200:31	 哀成叔鼎 （鄭） 02782  石鼓・田車 （秦）

1013

寶

寶					寳
 𨻰侯作嘉姬段 (陳) 03903	 召叔山父簠 (鄭) 04601	 郜伯祀鼎 (郜) 02602	 商丘叔簠 (宋) 04558	 秦公簋 (秦) 影彙 1343	
 杞伯每亡段 (杞) 03898	 𢦏叔朕鼎 (戴) 02690	 齊趫父鬲 (齊) 00686	 鼄友父鬲 (小邾) 00717	 虢季段 (虢) 影彙 20	
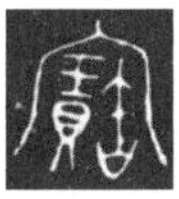 國差䦉 (齊) 10361	 鄭大内史叔上匜 (鄭) 10281	 樊君盆 (樊) 10329	 番君召簠 (番) 04586	 盄和鐘 (秦) 00270	
 叔師父壺 (邛) 09706	 𨻰大喪史仲高鐘 (陳) 00350	 上都府簠 (楚) 04613	 黄太子白克盆 (黄) 10338	 魯大司徒厚氏元簠 (魯) 04690	
 鄦公買簠 (許) 近二 475	 郘𪒠鐘 (晉) 00228				  杕氏壺 (燕) 09715
 蔡侯簠 (蔡) 影彙 1896	 與兵壺 (鄭) 近二 878				

⿱宀⿰貝缶	⿱宀⿰金缶	⿱宀⿰金貝	⿱宀⿰言貝		
 虢季段 （虢） 影彙 19  虢季氏子組鬲 （虢） 00662	 内大子白壺 （芮） 09645	 楚季哶盤 （楚） 10125	 滕侯穌盨 （滕） 04428	 楚太師登鐘 （楚） 商圖15514  廓季伯歸鼎 02644	 單子白盨 04424  曾伯文簋 （曾） 04053
	 鄎子行盆 （楚） 10330			 東姬匜 （楚） 影彙398	
				 郐王義楚觶 （徐） 06513	

⿱宀⿰木午	⿱宀⿰木古	⿱宀⿰缶畐	⿱宀⿰酉缶	⿸广缶	⿱宀缶
	 僉父瓶 （小邾） 商圖14036  僉父瓶 （小邾） 商圖14036				 杞伯每亡壺 （杞） 09688  曾侯宝簋 （曾） 商圖 04975
 黃君孟鐳 （黃） 09963  黃君孟豆 （黃） 04686	 黃子壺 （黃） 09663  黃子壺 （黃） 09664				
		 蔡侯簠 （蔡） 影彙 1896  蔡侯簠 （蔡） 影彙 1896	 欒書缶 （楚） 10008	 唐子仲瀕 兒盤 （唐） 影彙1211	

		寶	寶		寚
 番口伯者 君盤 （番） 10140  番口伯者 君匜 （番） 10269	 塞公孫䧹 父匜 （楚） 10276  䢵伯墉盤 （番） 10130		 䵼子奠伯鬲 （曾） 00742  弗奴父鼎 （費） 02589	 曩侯簋 （曩） 影彙1462  曾仲子敔鼎 （曾） 02564	
	 魯少司寇封 孫宅盤 （魯） 10154	 以鄧鼎 （楚） 影彙406			
 鄴戈 11027  晉公盤 （晉） 復網 2014.6	 荊公孫敦 04642  荊公孫敦 商圖06070			 鼄大宰簠 （邾） 04623	 郳公韍父鎛 （小邾） 商圖15818  郳公韍父鎛 （小邾） 商圖15817

寚	狂	琛	賲	倸	
 齊縈姬盤 （齊） 10147		 蘇公匜 （蘇） 影彙 1465	 鼄叔之伯鐘 （邾） 00087	 齊侯盤 （齊） 10117	 毛叔盤 （毛） 10145  哀鼎 （曩） 商圖 02311
			 季子康鎛 （鍾離） 商圖 15790	 國差罎 （齊） 10361 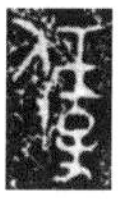 夆叔盤 （逢） 10163	 公典盤 （齊） 影彙 1043  齊侯鎛 （齊） 00271
	 益余敦 影彙 1627			 公子土斧壺 （齊） 09709 「倸」皆用作「保」。	 賈孫叔子 屖盤 （齊） 商圖14512

				1015	1014
		1016 守		宰	宦
⿱宀⿰土寸	守			宰	宦
				 魯大宰邍父簋 （魯） 03987 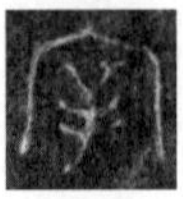 魯酉子安母簠 （魯） 商圖 05902	
				 齊太宰歸父盤 （齊） 10151  叔師父壺 （邛） 09706	 叔夷鎛 （齊） 00285
 侯馬盟書 （晉） 200:16  侯馬盟書 （晉） 1:40	 侯馬盟書 （晉） 49:1  侯馬盟書 （晉） 92:2	 侯馬盟書 （晉） 156:18  侯馬盟書 （晉） 200:14	 曾少宰黄仲酉匜 （曾） 近二 951	 鼄大宰簠 （邾） 04624  滕太宰得匜 （滕） 影彙 1733	

1021 寑	1020 宿	1019 寫		1018 宜	1017 寵
寢	宿	寫		宜	寵
	 郳子宿車盆 （黃） 10337			 秦子戈 （秦） 11353  秦政伯喪戈 （秦） 近二 1249	 曾伯從寵鼎 （曾） 02550
			 㳄公宜鼎 文物2014.1  㳄公宜鼎 文物2014.1	 秦公簋 （秦） 04315  宜桐盂 （徐） 10320	
 王子安戈 （滕） 11122	 晉公盤 （晉） 復網 2014.6	 石鼓・鑾車 （秦）  石鼓・而師 （秦）		 侯馬盟書 （晉） 200:30	

1024 客		1023 寡	1022 宐		
客	⿱宀具	寡	宐	⿰女⿱宀帚	帬
 曾伯陭壺 （曾） 09712  郐王粮鼎 （徐） 02675					
			 邾公釛鐘 （邾） 00102		 秦景公石磬 （秦） 通鑒 19798
 簷太史申鼎 （莒） 02732  姑馮昏同之子句鑃 （越） 0042	 司馬楙鎛 （滕） 近二 48	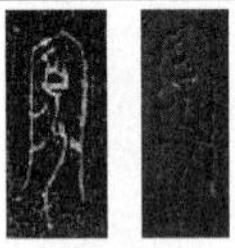 曾侯甬鐘 （曾） 江考 2015.1		 復公仲簋蓋 （楚） 04128	

1028	1027	1026	1025		
索	害	寠		寓	
索	害	寠	寓	寓	
 伯索史盂 10317	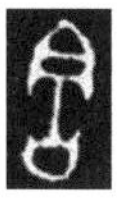 郳公子害簠 （小郳） 商圖05907  郳公子害簠 （小郳） 商圖 05907	 洹子孟姜壺 （齊） 09730			
	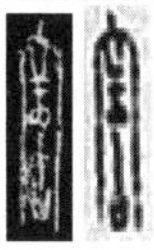 蔡侯𬳪尊 （蔡） 06010  石鼓・吾水 （秦）		 侯馬盟書 （晉） 156:20	 石鼓・吴人 （秦）	 越王者旨於 睗鐘 （越） 00144

1031 宔		1030 宗		1029 宋	
	宔		宗		宋
			 宗婦鄁嬰段蓋 04076		 宋眉父鬲 （宋） 00601  蔡侯鼎 （蔡） 影彙 1905
			 秦公簋 （秦） 04315		 趣亥鼎 （宋） 02588 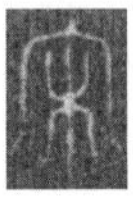 宋公圝鋪 （宋） 文物2014.1
 温縣盟書 （晉） T1K1:1845  侯馬盟書 （晉） 200:40	 侯馬盟書 （晉） 200:68  温縣盟書 （晉） T1K1:137	 曾侯與鐘 （曾） 江考 2014.4  侯馬盟書 （晉） 67:29	 侯馬盟書 （晉） 67:56  司馬楙鎛 （滕） 近二 49	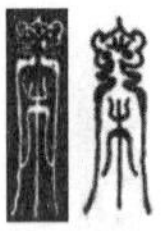 宋公得戈 （宋） 11132  宋公䜌戈 （宋） 11133	 侯馬盟書 （晉） 92:13  宋君夫人鼎 （宋） 近二 304

1034 ⿱宀右*	1033 ⿱宀中*	1032 ⿱宀乙*			
⿱宀右	⿱宀中	⿱宀乙			
		 ⿱宀乙鼎 01249			
 子犯鐘 （晉） 影彙 1020  子犯鐘 （晉） 影彙 1022					
	 篖太史申鼎 （莒） 02732		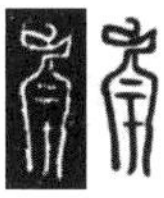 能原鎛 （越） 00156	 温縣盟書 （晉） WT1K1:3687  温縣盟書 （晉） WT1K1:3417	 侯馬盟書 （晉） 16:25  侯馬盟書 （晉） 194:9

1040	1039	1038	1037	1036	1035
寂*	宿*	寏*	寍*	宯*	寕*
寂	寯	寏	寍	宯	寕
			 曩伯子寍父盨 （曩） 04442  曩伯子寍父盨 （曩） 04444	 宯弃生鼎 02524	 畢仲弁簠 （小邾） 商圖05912
 漆筒墨書 （秦） 考文 1997.5	 侯馬盟書 （晉） 16:26	 侯馬盟書 （晉） 1:68			

1045 營		1044 宮	1043 [illegible]*	1042 [illegible]*	1041 [illegible]*
[illegible]		宮	[illegible]	[illegible]	[illegible]
		 秦子簋蓋 （秦） 近二 423  虢宮父鬲 （虢） 影彙 50			 郳季寬車盤 （黃） 10109  㠱甫人匜 （㠱） 10261
		 秦景公石磬 （秦） 通鑒 19798			讀作「宿」。
 曾侯與鐘 （曾） 江考 2014.4	 侯馬盟書 （晉） 1:4  侯馬盟書 （晉） 1:20	 燕西宮壺 （燕） 影彙 1298	 杕氏壺 （燕） 09715	  齊侯作孟姜敦 （齊） 04645	 寬兒鼎 （蘇） 02722  寬兒缶 （蘇） 商圖 14091

1046 呂

呂					躳
 衛公孫呂戈 （衛） 11200					
 少虡劍 （晉） 11696  𪒠鐘 （楚） 影彙483	 鼄公牼鐘 （邾） 00149  九里墩鼓座 （舒） 00429	 吳王光鐘 （吳） 00224  吳王光鐘 （吳） 00224	 三兒簋 （徐） 04245  呂王之孫瞳戈 （呂） 影彙1971	 玄翏夫呂戟 （吳） 影彙 1381	 郐䣄尹譬鼎 （徐） 02766

1047 躳

1052	1051	1050	1049		1048
窮	窵	竂	罙		竈
竆	窵	竂	罙	[illegible]	竈
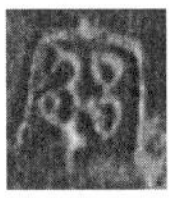 竆鄦王戟 （吴） 通鑒16977					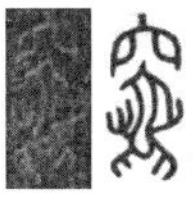 秦政伯喪戈 （秦） 近二 1248
		 叔夷鎛 （齊） 00285  叔夷鎛 （齊） 00285			 秦公簋 （秦） 04315  秦景公石磬 （秦） 通鑒 19789
	 蔡侯紐鐘 （蔡） 00217  蔡侯鎛 （蔡） 00222		 侯馬盟書 （晉） 200:5	 公子土斧壺 （齊） 09709	 石鼓・吴人 （秦）  郘黛鐘 （晉） 00235

1057 疾	1056 疒		1055 [爿妥]*	1054 [爿需]	1053 穾*
疾	疒	[爿帚]	[爿妥]	[爿需]	穾
					 魯正叔盤 （魯） 10124
 楚子棄疾簠 （楚） 影彙314		 陳医作王仲嬀[爿妥]簠 （陳） 04604  陳医作王仲嬀[爿妥]簠 （陳） 04603	 陳医作孟姜[爿妥]簠 （陳） 04606  陳医盤 （陳） 10157		
 鄧尹疾鼎 （楚） 02234  侯馬盟書 （晉） 92:32	 侯馬盟書 （晉） 3:24  侯馬盟書 （晉） 3:5			 聽盂 影彙1072	

1062 ⿸疒支*	1061 ⿸疒亘	1060 癰	1059 瘍	1058 痟	
⿸疒支	⿸疒亘	⿸疒⿱隹言	瘍	痟	
 鄭莊公之孫盧鼎 (鄭) 商圖 02409  盧鼎 (鄭) 影彙 1237	 温縣盟書 (晉) WT4K6:250  温縣盟書 (晉) WT4K6:212	 侯馬盟書 (晉) 156:19  侯馬盟書 (晉) 156:20	 侯馬盟書 (晉) 1:54	 侯馬盟書 (晉) 85:5	 曾公子棄疾甗 (曾) 江考 2012.3  曾公子棄疾鼎 (曾) 江考 2012.3

1067	1066	1065	1064		1063
⿸疒怂*	痠*	⿸疒完*	痄*		⿸疒舌*
⿸疒怂	痠	⿸疒完	痄	⿸疒悳	⿸疒舌
		 國差𦉜 （齊） 10361			
 侯馬盟書 （晉） 88:1  侯馬盟書 （晉） 67:1	 侯馬盟書 （晉） 18:5		 侯馬盟書 （晉） 85:32	 侯馬盟書 （晉） 92:14	 侯馬盟書 （晉） 98:30

1070 ⿸疒家*	1069 ⿸疒皇*				1068 ⿸疒虎*
⿸疒家	⿸疒皇	⿸疒鄉	⿸疒虒	⿸疒叔	⿸疒虎
 ⿸疒家戈 影彙 1156	 侯馬盟書（晉）194:10	 侯馬盟書（晉）185:3	 侯馬盟書（晉）85:6	 侯馬盟書（晉）3:7  侯馬盟書（晉）探 8②:1	 侯馬盟書（晉）156:19  侯馬盟書（晉）195:1

1076	1075	1074	1073	1072	1071
痔*	瘖*	瘩*	瘥*	痤*	瘵*
痔	瘖	瘩	瘥	痤	瘵
		 國差罏（齊）10361			
 邵之痔夫戈（楚）商圖17057	 温縣盟書（晉）T1K1:3863		 郐令尹者旨䵼爐（徐）10391	 侯馬盟書（晉）194:4	 瘵鼎02569

1081	1080		1079	1078	1077
⿱聑冃*	同		⿸疒興*	⿸疒無*	⿸疒桑*
⿱聑冃	同		⿸疒興	⿸疒無	⿸疒桑
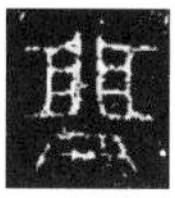 姑發⿱聑冃反劍 （吴） 11718	 石鼓・遯車 （秦）  姑馮昏同之子句鑃 （越） 00424	 侯馬盟書 （晉） 156:23  侯馬盟書 （晉） 185:3	 侯馬盟書 （晉） 156:21  侯馬盟書 （晉） 探 8②:2	 温縣盟書 （晉） WT1K1:3105	 温縣盟書 （晉） WT4K5:11  温縣盟書 （晉） WT4K5:13

		1084	1083	1082	
		兩	冒	冑	
		兩	冒	冑	鼏
	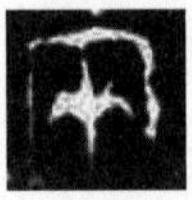 洹子孟姜壺 （齊） 09729  洹子孟姜壺 （齊） 09730	 晉姜鼎 （晉） 02826  □魯宰兩鼎 （魯） 02591	 冒王之子戈 影彙 1975		 曾大師賓樂與鼎 （曾） 商圖 01840
 侯馬盟書 （晉） 200:15				 侯馬盟書 （晉） 200:26	

1090 ⿱罒棘*	1089 ⿱罒出*	1088 ⿱罒乇*	1087 罵	1086 羅	1085 罟
⿱罒棘	⿱罒出	⿱罒乇	罵	羅	罟
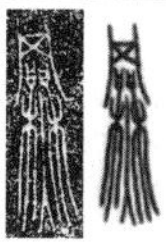 曾侯與鐘 (曾) 江考 2014.4	 郘黛鐘 (晉) 00226  郘黛鐘 (晉) 00228	  杕氏壺 (燕) 09715	 侯馬盟書 (晉) 185:1	 羅兒匜 (羅) 影彙1266	 石鼓·作原 (秦)

1094 市	1093 常	1092 帶			1091 帥
市	常	帶			帥
  秦政伯喪戈 （秦） 近二 1248					
 子犯鐘 （晉） 影彙 1011  子犯鐘 （晉） 影彙 1023	 子犯鐘 （晉） 影彙1023	 子犯鐘 （晉） 影彙 1011  子犯鐘 （晉） 影彙 1023			 秦公簋 （秦） 04315
 宋右師延敦 （宋） 春CE33001			 晉公盆 （晉） 10342	 侯馬盟書 （晉） 16:3  司馬楙鎛 （滕） 近二 48	 石鼓・作原 （秦）  晉公盤 （晉） 復網 2014.6

1098 黹		1097 白		1096 䌰*	1095 帛
黹		白		䌰	帛
 曾伯霥簠 (曾) 04631  曾伯霥簠 (曾) 04632		 魯伯愈父鬲 (魯) 00695  郐大子鼎 (徐) 02652	 内太子白鼎 (芮) 02496  曾伯陭壺 (曾) 09712		
		 鄝伯受簠 (楚) 04599	 敶伯元匜 (陳) 10267  黃太子白克盆 (黃) 10338		
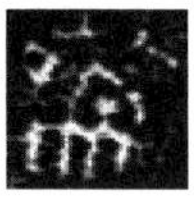 晉公盆 (晉) 10342  晉公盤 (晉) 復網 2014.6	 虡公劍 近二1297 多用作「伯」。	 吴王光鑑 (吴) 10298  曾侯與鐘 (曾) 江考 2014.4	 郘黛鐘 (晉) 00226  侯馬盟書 (晉) 3:23	 石鼓・汧沔 (秦)	 石鼓・汧沔 (秦)  者減鐘 (吴) 00196

春秋文字字形表 卷八

1099

人

	人			
早期	 秦子鎛 （秦） 商圖 15770  衛夫人鬲 （衛） 00595	 上鄀公敄人簋蓋 （鄀） 04183  㠱甫人匜 （㠱） 10261		
中期	 齊侯鎛 （齊） 00271  黃子鬲 （黃） 00624	 樊夫人龍嬴匜 （樊） 10209 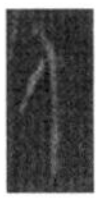 余子白耴此戈 （徐） 鍾離圖 92		 王孫遺者鐘 （楚） 00261
晚期	 石鼓・吳人 （秦）  侯馬盟書 （晉） 67:34.2	 宋君夫人鼎 （宋） 近二 304  鄬夫人嬭鼎 （楚） 商圖 02425	 侯馬盟書 （晉） 67:52  𠭯鼎 （鄭） 影彙 1237	 侯馬盟書 （晉） 67:42  配兒鉤鑃 （吳） 00427

1100

保

	 走馬薛仲赤簠 (薛) 04556  楚太師登鐘 (楚) 商圖 15512	 魯大司徒子仲白匜 (魯) 10277  齊良壺 (齊) 09659	 秦子簋蓋 (秦) 近二 423  宗婦鄁嫛鼎 02683		 有兒簋 (陳) 商圖 05166
	 王孫誥鐘 (楚) 影彙 437  蔡大司馬燮盤 (蔡) 近二 936	 宋公圝鼎 (宋) 文物 2014.1  長子沫臣簠 (楚) 04625	 秦公簋 (秦) 04315  簷叔之仲子平鐘 (莒) 00173		
 蔡侯䵼盤 (蔡) 10171  姑馮昏同之子句鑃 (越) 00424	 沇兒鎛 (徐) 00203  遷邟鐘 (舒) 商圖 15520	 鼄公華鐘 (邾) 00245  臧孫鐘 (吴) 00101	 晉公盆 (晉) 10342  寬兒鼎 (蘇) 02722	

鄺侯少子簋
(莒)
04152

競孫不服壺
(楚)
商圖 12381 | 
郳公𩡉父鎛
(小邾)
商圖 15818

司馬楙鎛
(滕)
近二 50 |

1104 倗		1103 伊	1102 佩	1101 仁	
倗		伊	佩	仁	仔
					 曾太保慶盆 （曾） 近二 965  曾子斿鼎 （曾） 02757
 倗簠 （楚） 04471  楚叔之孫 倗鼎 （楚） 影彙 410	 叔夷鎛 （齊） 00285  鄬子倗浴缶 （楚） 影彙 460	 叔夷鐘 （齊） 00276  叔夷鎛 （齊） 00285	 子犯鐘 （晉） 影彙 1011  子犯鐘 （晉） 影彙 1023		
	 無子盟自鎛 （許） 00153  徐王子旃鐘 （徐） 00182			 侯馬盟書 （晉） 1:36	 郐䣄尹譬鼎 （徐） 02766  遷邟鎛 （舒） 商圖 15796

1108 備			1107 何	1106 佗	1105 儆
備	偣	何		佗	儆
 洹子孟姜壺（齊）09730  洹子孟姜壺（齊）09729				 黄季佗父戈（黄）影彙 88	
 子備嶂戈 11021	 國差鑰（齊）10361	 何次簠（楚）影彙404	 何次簠（楚）影彙403  何次簠（楚）影彙404	 楚屈叔佗戈（楚）11198  楚屈叔佗戈（楚）11393	
 曾侯與鐘（曾）江考 2014. 4  霸服晉邦劍（吴）吴越題 54				 侯馬盟書（晉）194:11	 郐醓尹征城（徐）00425

人部

1114	1113	1112	1111	1110	1109
伐	俗	佀	代	侵	敓
伐	俗	佁	代	侵	敚
 子犯鐘 （晉） 影彙 1021				 鐘伯侵鼎 02668	
 侯馬盟書 （晉） 3:26	 郐𨟭尹譬鼎 （徐） 02766  郐𨟭尹譬鼎 （徐） 02766	 侯馬盟書 （晉） 194:1	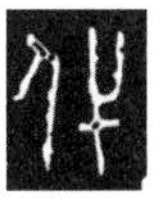 石鼓・吴人 （秦） 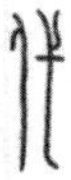 曾侯與鐘 （曾） 江考 2014.4		 石鼓・馬薦 （秦）  侯馬盟書 （晉） 1:53

1116 弔　　1115 咎

弔		咎			
 毛叔盤 (毛) 10145 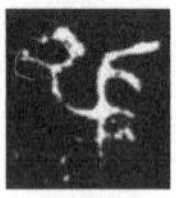 叔單鼎 (黃) 02657	 鑄子叔黑 叵簠 (鑄) 04570  鼄叔之伯鐘 (邾) 00087				
 江叔螽鬲 (江) 00677  鄬子倗浴缶 (楚) 影彙 460	 叔左鼎 商圖02334  齊侯鎛 (齊) 00271				 庚壺 (齊) 09733  叔夷鐘 (齊) 00276
 叔姜簠 (楚) 影彙 1212	 哀成叔鈚 (鄭) 04650  侯馬盟書 (晉) 156:24	 臧之無咎戈 (楚) 楚金 658 頁	 夫䟦申鼎 (舒) 影彙 1250 或釋「鹿」。	 侯馬盟書 (晉) 179:15	 曾侯與鐘 (曾) 江考 2014.4

1118 侓*

1117 何*

侓	何				
			 商丘叔簠 （宋） 04557  考叔寣父簠 （楚） 04608	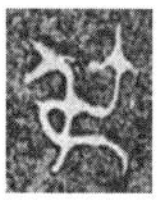 芮子仲殿鼎 （芮） 商圖 02125  鄭井叔蒦父鬲 （鄭） 00581	 曾大保盆 （曾） 10336
			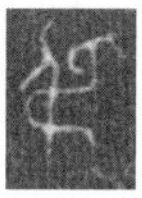 宋公圖鋪 （宋） 文物 2014.1  以鄧匜 （楚） 影彙 405	 鄭大内史叔上匜 （鄭） 10281	 鄬伯受簠 （楚） 04599
 曾侯與鐘 （曾） 江考 2014.4	 温縣盟書 （晉） T1K1:2279	 温縣盟書 （晉） WT4K6:212  温縣盟書 （晉） WT4K6:211	 蔡侯劍 （蔡） 11601 「弔」皆用作伯叔之「叔」。	 吕大叔斧 （晉） 11786  司馬楙鎛 （滕） 近二 48	 蔡大師鼎 （蔡） 02738  吴王光鑑 （吴） 10299

1124	1123	1122	1121	1120	1119
化	僫*	德*	偪*	倞*	僪*
化	僫	德	偪	倞	僪
 中子化盤 (楚) 10137				 楚太師登鐘 (楚) 商圖15512  楚太師登鐘 (楚) 商圖 15516	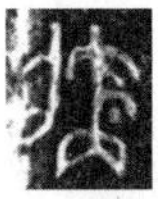 戎生鐘 (晉) 影彙 1614
		 王孫遺者鐘 (楚) 00261			
	 侯馬盟書 (晉) 3:25  侯馬盟書 (晉) 3:25		 温縣盟書 (晉) WT1K17:129  温縣盟書 (晉) WT1K17:131		

1125 卓	1126 從				
卓	從		⿱从止	⿱⿰人从止	徔
 卓林父簋蓋 04018	 内公壺 （芮） 09598  衛夫人鬲 （衛） 影彙 1700	 曾伯從寵鼎 （曾） 02550			
	 齊侯鎛 （齊） 0027  庚壺 （齊） 09733				
	 侯馬盟書 （晉） 16:16  臧孫鐘 （吴） 00095	 夫跌申鼎 （舒） 影彙 1250  蔡公子從戈 （蔡） 影彙 1676	 侯馬盟書 （晉） 1:4	 侯馬盟書 （晉） 1:8	 侯馬盟書 （晉） 198:17

1128 北　　　　1127 比

北		比			從
				 内公簋蓋 （芮） 03707	 内公鐘 （芮） 00031
 石鼓・吴人 （秦）  工皻王劍 （吴） 11665	 侯馬盟書 （晉） 179:11	 侯馬盟書 （晉） 98:15  侯馬盟書 （晉） 92:16	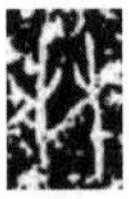 比城戟 （晉） 影彙 971  侯馬盟書 （晉） 3:1		

	1133	1132	1131	1130	1129
	監	重	朢	眔	丘
	監	重	朢	眔	丘
 䢅伯墉盤 （番） 10130			 司馬朢戈 11131  鄘公鼎 02714		 商丘叔簠 （宋） 04558
	 監戈 10893				 庚壺 （齊） 09733
 吴王夫差鑑 （吴） 10294	 郳公韍父鎛 （小邾） 商圖15818  吴王夫差鑑 （吴） 10296	 侯馬盟書 （晉） 156:20  侯馬盟書 （晉） 1:26	 三兒簋 （徐） 04245	 侯馬盟書 （晉） 105:3 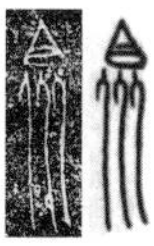 曾侯與鐘 （曾） 江考 2014.4	 闌丘虞鵑戈 11073

1135 身　　　　1134 臨

	身	覽	臨	[illegible]	濫
	 叔夷鎛 （齊） 00285				 邛伯之孫盂 （邛） 中網 120828
 宋右師延敦 （宋） 春 CE33001	 侯馬盟書 （晉） 3:20  鼄公華鐘 （邾） 00245	 曾侯與鐘 （曾） 江考 2014.4	 曾侯與鐘 （曾） 江考 2014.4	 鄱子成周鐘 影彙 285	

1137 衣		1136 殷			
衣	壂	殷			
 復封壺 （齊） 通鑒12447		 上曾太子鼎 （晉） 02750  虢叔鬲 （虢） 00603			
 子犯鐘 （晉） 影彙 1011  庚壺 （齊） 09733		 宋公䜌鋪 （宋） 文物 2014.1	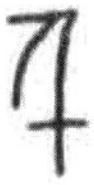 庚壺 （齊） 09733	 夆叔盤 （逢） 10163	 齊侯鎛 （齊） 00271
	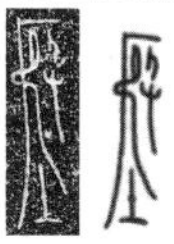 曾侯與鐘 （曾） 江考 2014.4	 宋公䜌簠 （宋） 04589	 郐王義楚觶 （徐） 06513	 鼄公牼鐘 （邾） 00149	 侯馬盟書 （晉） 185:2 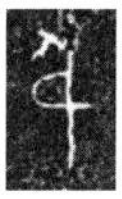 郳公鞁父鎛 （小邾） 商圖15818

1143	1142	1141	1140	1139	1138
裘	卒	衰	裻	裹	表
裘	卒	𧘥	𧘲	裹	𧘝
 復封壺 (齊) 通鑒12447			 楚太師登鐘 (楚) 商圖15512  楚太師登鐘 (楚) 商圖 15514	 晉姜鼎 (晉) 02826	
 庚壺 (齊) 09733	 公典盤 (齊) 影彙 1043	 庚壺 (齊) 09733			
	 我自鑄鈹 文物 2011.9			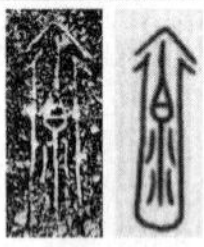 曾侯與鐘 (曾) 江考 2014.4  裹鼎 (楚) 02551	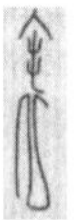 曾侯殘鐘 (曾) 江考 2014.4  曾侯與鐘 (曾) 江考 2014.4

衣部

	1146 老			1145 [illegible]	1144 求
	老			衲	求
					 侯母壺 (魯) 09657  鑄侯求鐘 (鑄) 00047
 夆叔匜 (逢) 10282	 叔夷鎛 (齊) 00285  齊侯鎛 (齊) 00271	 公典盤 (齊) 影彙 1043  齊太宰歸父盤 (齊) 10151			 鼄君鐘 (邾) 00050  齊侯鎛 (齊) 00271
	 賈孫叔子屖盤 (齊) 商圖14512	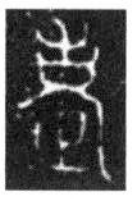 荊公孫敦 商圖06070	 侯馬盟書 (晉) 200:10  侯馬盟書 (晉) 92:23	 侯馬盟書 (晉) 85:7  侯馬盟書 (晉) 1:19	 石鼓・避車 (秦)

1148 壽			1147 耇		
壽			耇		
 曾伯霥簠 （曾） 04632  鄦奓魯生鼎 （許） 02605	 太師盤 （晉） 影彙 1464  曩伯子庭父盨 （曩） 04443	 秦公鎛 （秦） 00267  子耳鼎 （鄭） 商圖 02253	 曾伯文簋 （曾） 04051  曾伯霥簠 （曾） 04631	 戎生鐘 （晉） 影彙 1619  曾子伯窞盤 （曾） 10156	
 楚屈子赤目簠 （楚） 04612  王孫遺者鐘 （楚） 00261	 宋公圝鋪 （宋） 文物 2014.1  秦公簋 （秦） 04315	 秦景公石磬 （秦） 通鑒 19787  陳公孫𨊠父瓶 （陳） 09979			
 褱鼎 （楚） 02551  倗夫人嫘鼎 （楚） 商圖 02425	 曹公盤 （曹） 10144  蔡侯簠 （蔡） 影彙 1896	 陳樂君甗 （陳） 影彙 1073  宋君夫人鼎 （宋） 近二 304			 侯馬盟書 （晉） 1:49

 毛叔盤 （毛） 10145	 杞伯每亡壺蓋 （杞） 09687	 薛侯盤 （薛） 10133  弗奴父鼎 （費） 02589	 魯伯俞父簠 （魯） 04566  鑄公簠蓋 （鑄） 04574		
	 夆叔盤 （逢） 10163  齊太宰歸父盤 （齊） 10151	 䰜子鼎 （齊） 商圖 02404  簷叔之仲子平鐘 （莒） 00173	 魯大司徒厚氏元簠 （魯） 04690  齊侯盂 （齊） 10318	 王子午鼎 （楚） 影彙 444  王子午鼎 （楚） 影彙 449	 邾公釛鐘 （邾） 00102  宜桐盂 （徐） 10320
 曾侯與鐘 （曾） 江考 2014.4  曾侯與鐘 （曾） 江考 2014.4		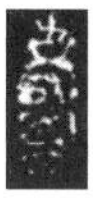 賈孫叔子屖盤 （齊） 商圖 14512	 齊侯匜 （齊） 10283  荊公孫敦 商圖 06070		 徐王子旃鐘 （徐） 00182  吴王光鑑 （吴） 10298

⿱耂⿱𠮛皿	⿱耂⿱𠮛夂	⿱耂⿱𠮛夂	⿱耂𠮛		
	 鼄子奠伯鬲 00742	 曹伯狄𣪘 （曹） 04019  魯仲齊鼎 （魯） 02639	 郜譴簋 （郜） 04040  曾伯陭壺 （曾） 09712	 魯司徒仲 齊盨 （魯） 04441  鑄子叔黑 𦣞簠 （鑄） 03944	 召叔山父簠 （鄭） 04602  陳公子甗 （陳） 00947
				 季子康鎛 （鍾離） 商圖15789	 子犯鐘 （晉） 影彙 1014  𨻰医作王仲 嬀𡢁簠 （陳） 04603
 要君盂 10319				 復公仲簋蓋 （楚） 04128	 樂子簠 （宋） 04618

考

				考	
		 曾伯⿱雨黍簠 (曾) 04632  考叔⿰爿旨父簠 (楚) 04609	 鑄叔皮父簋 (鑄) 04127  滕侯穌盨 (滕) 04428	 虢季鐘 (虢) 影彙 2  魯司徒仲 齊盨 (魯) 04441	 有兒簋 (陳) 商圖 05166  鄭義伯鑐 (鄭) 09973
	 叔夷鎛 (齊) 00285  簷叔之仲子 平鐘 (莒) 00176		 王子午鼎 (楚) 影彙 444  王孫遺者鐘 (楚) 00261	 齊鞷氏鐘 (齊) 00142	
 曾侯與鐘 (曾) 江考 2014.4  曾侯與鐘 (曾) 江考 2014.4		 余購逨兒鐘 (徐) 00184.2  曾侯與鐘 (曾) 江考 2014.4	 與兵壺 (鄭) 近二 878  鼄公華鐘 (邾) 00245	 晉公盆 (晉) 10342  者瀘鐘 (吳) 00196	

1151 ⿱耂古*

1150 孝

	⿸厂耆	耆		孝	
		 曾伯霥簠 （曾） 04631  曾伯霥簠 （曾） 04632		 魯伯悆盨 （魯） 04458  曾伯陭壺 （曾） 09712	 虢季鐘 （虢） 影彙 2  召叔山父簠 （鄭） 04601
	 番君召簠 （番） 04582  番君召簠 （番） 04585			 王子午鼎 （楚） 02811  王子午鼎 （楚） 影彙 444	 子犯鐘 （晉） 影彙 1018  齊鞷氏鐘 （齊） 00142
 郳公𣪕父鎛 （小邾） 商圖 15818  滕侯耆戈 （滕） 11078			 師麻孝叔鼎 02552	 郘黛鐘 （晉） 00226  競孫旟也鬲 （楚） 商圖03036	 與兵壺 （鄭） 近二 878  吴王光鑑 （吴） 10298

1156		1155	1154	1153	1152
屋		屖	尸	毛	蘇*
屋		屖	尸	毛	蘇
	 楚太師登鐘 （楚） 商圖15512  楚太師登鐘 （楚） 商圖15514	 都公平侯鼎 （都） 02771	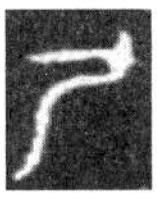 曾伯桼簠 （曾） 04632	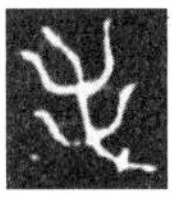 毛叔盤 （毛） 10145	 戎生鐘 （晉） 影彙 1619
	 王子午鼎 （楚） 影彙 444  王子午鼎 （楚） 影彙 447	 叔左鼎 商圖 02334  王孫遺者鐘 （楚） 00261	 叔夷鐘 （齊） 00276  叔夷鎛 （齊） 00285		
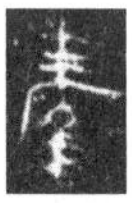 喬君鉦鋮 （喬） 00423		 賈孫叔子 屖盤 （齊） 商圖14512	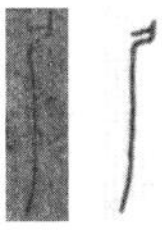 曾侯與鐘 （曾） 江考 2014. 4  文公之母 弟鐘 影彙1479		

老部　毛部　尸部

1162	1161	1160	1159	1158	1157
舟	屭*	屈	尾	屡*	屎*
舟	屭	屈	尾	屡	屎
	 魯伯悆盨 （魯） 04458			 鄧公孫無忌鼎 （鄧） 影彙 1231 用作「選」。	
 庚壺 （齊） 09733		 塞公屈顙戈 （楚） 商圖16696  楚屈叔佗戈 （楚） 11198	 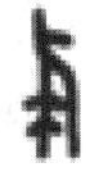 章子鄭戈 （楚） 11295 用作「選」。	 曾子屡簠 （曾） 04529	
 石鼓・霝雨 （秦）		 楚屈喜戈 （楚） 近二1126  㽙篙鐘 （楚） 00038			 競孫旟也鬲 （楚） 商圖03036

	1164 朕			1163 俞	
	朕			俞	
	 鼄友父鬲 （小邾） 00717  鄧公孫無 忌鼎 （鄧） 影彙 1231	 秦公鐘 （秦） 00262  魯伯愈父鬲 （魯） 00691		 魯酉子安 母簠 （魯） 商圖 05903	 魯伯俞父簠 （魯） 04567  魯伯大父簋 （魯） 03989
		 秦公簋 （秦） 04315 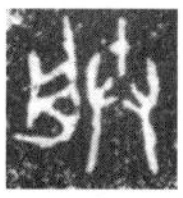 鄭大内史叔 上匜 （鄭） 10281	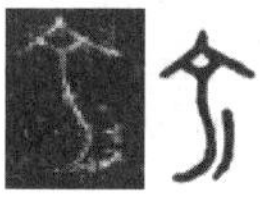 齊侯鎛 （齊） 00271		
 司馬楙鎛 （滕） 近二 47  宋右師延敦 （宋） 春 CE33001	 喬君鉦鋮 （喬） 00423	 拍敦 04644  文公之母 弟鐘 影彙 1479	 黄韋俞父盤 （黄） 10146  侯馬盟書 （晉） 75:8.1	 侯馬盟書 （晉） 185:8  侯馬盟書 （晉） 156:20	 侯馬盟書 （晉） 179:20  喬君鉦鋮 （喬） 00423

				1166 般	1165 舫
	敓			般	舫
 炌右盤 （曾） 10150	 魯伯厚父盤 （魯） 商圖 14413  毛叔盤 （毛） 10145	 薛侯盤 （薛） 10133	 虢宮父盤 （虢） 影彙 51  楚季咩盤 （楚） 10125	 魯司徒仲齊盤 （魯） 10116	
		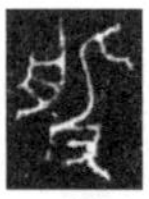 魯少司寇封孫宅盤 （魯） 10154	 公典盤 （齊） 影彙 1043	 陳医盤 （陳） 10157	
		 齊侯盤 （齊） 10159  宋君夫人鼎 （宋） 近二 304	 宋君夫人鼎 （宋） 近二 304  曹公盤 （曹） 10144		 石鼓・霝雨 （秦）

1169 方	1168 朕			1167 服	
方	朕			服	
 秦公鐘 （秦） 00262  曾伯霥簠 （曾） 04631	 𢦏叔朕鼎 （戴） 02690  叔朕簠 （戴） 04621			 秦公鐘 （秦） 00263  秦公鎛 （秦） 00267	 鄧伯吉射盤 （鄧） 10121  鄭伯盤 （鄭） 10090
 秦公簋 （秦） 04315  庚壺 （齊） 09733	 魯少司寇封孫宅盤 （魯） 10154 用作「盤」。			 秦景公石磬 （秦） 商圖 19790	
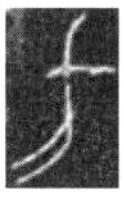 徐王子旃鐘 （徐） 00182		 競孫不服壺 （楚） 商圖12381	 競孫旟也鬲 （楚） 商圖03036		 者尚余卑盤 10165

1171 允

1170 兒

允			兒		
	 秦公鐘 (秦) 00262	 有兒簋 (陳) 商圖05166  兒慶鼎 (小邾) 影彙1095			
					 蒍兒罍 (楚) 影彙1187
 遷邟鐘 (舒) 商圖15520  遷邟鎛 (舒) 商圖 15796	 石鼓・鑾車 (秦)  攻敔王光劍 (吴) 11666	 余購逐兒鐘 (徐) 00184  配兒鉤鑃 (吴) 00427	 斁鐘 (楚) 影彙498  沇兒鎛 (徐) 00203	 羅兒匜 (羅) 影彙1266  唐子仲瀕兒盤 (唐) 影彙1211	 寬兒鼎 (蘇) 02722  丁兒鼎蓋 (應) 影彙 1712

1174 皃				1173 兄	1172 亮
甶	𧾷生			兄	亮
		 楚太師登鐘（楚）商圖15512  叔家父簠 04615			
 齊太宰歸父盤（齊）10151	 王孫誥鐘（楚）影彙 419	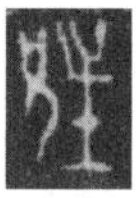 敬事天王鐘（楚）00078 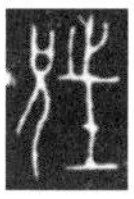 王孫遺者鐘（楚）00261	 曾子仲宣鼎（曾）02737	 齊侯鎛（齊）00271  羣子鼎（齊）商圖 02404	
 侯馬盟書（晉）156:17  侯馬盟書（晉）3:8	 𪓐鎛（楚）影彙 489	 子璋鐘（許）00113  徐王子旃鐘（徐）00182	 余購逐兒鐘（徐）00184  文公之母弟鐘 影彙1479	 侯馬盟書（晉）85:35	 亮矛 11424

畝	叓				
 侯馬盟書 （晉） 200:7  侯馬盟書 （晉） 1:82	 侯馬盟書 （晉） 3:12  侯馬盟書 （晉） 3:1	 侯馬盟書 （晉） 200:49  侯馬盟書 （晉） 1:87	 侯馬盟書 （晉） 85:2  侯馬盟書 （晉） 92:6	 侯馬盟書 （晉） 16:16  侯馬盟書 （晉） 195:1	 侯馬盟書 （晉） 1:40

1176				1175	
見				先	
見		⿰礻先	侁	先	⿱先心
				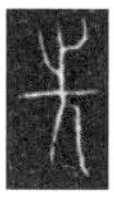 秦公鎛 （秦） 00267  叔家父簠 04615	
				 叔夷鐘 （齊） 00272	
 侯馬盟書 （晉） 3:22  侯馬盟書 （晉） 185:3	 侯馬盟書 （晉） 18:5  侯馬盟書 （晉） 156:19	 司馬楙鎛 （滕） 近二 48 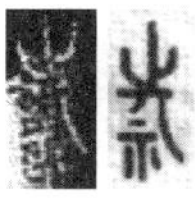 司馬楙鎛 （滕） 近二 49	 余購逐兒鐘 （徐） 00184	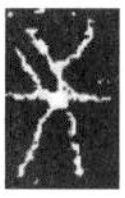 邵黛鐘 （晉） 00233  遷邟鐘 （舒） 商圖15520	 侯馬盟書 （晉） 154:1  侯馬盟書 （晉） 92:26

視

眂	⿰⿱𠂤日見	⿰⿱罒𠂤見	⿰𠂤見	⿰臣見	
 温縣盟書 （晉） WT1K1:3105	 侯馬盟書 （晉） 67:20  侯馬盟書 （晉） 67:14	 侯馬盟書 （晉） 35:9	 侯馬盟書 （晉） 3:21  温縣盟書 （晉） T1K1:3863	 侯馬盟書 （晉） 85:1  侯馬盟書 （晉） 200:28	 侯馬盟書 （晉） 67:52  侯馬盟書 （晉） 156:3

1182 歌	1181 ⿰見爰	1180 覠		1179 親	1178 觀
訶	⿰見爰	覠	新	親	觀
		 戎生鐘 (晉) 影彙 1615  晉姜鼎 (晉) 02826			
 鄬子受鐘 (楚) 影彙 508  鄬子受鐘 (楚) 影彙 511	 楚子⿰見爰簠 (楚) 04576				
 蔡侯紐鐘 (蔡) 00211  余贎逐兒鐘 (徐) 00184			 壽夢之子劍 (吴) 吴越題 14 用作「親」。	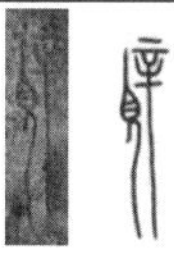 曾侯與鐘 (曾) 江考 2014.4	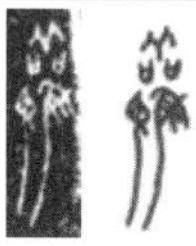 曾侯與鐘 (秦) 江考 2014.4

1186 ⿰加欠*	1185 ⿰王欠*		1184 次	1183 歙	
⿰加欠	⿰王欠		次	歙	謌
			 王子嬰次爐 (楚) 10386  次□缶 (徐) 影彙 1249		
 戉王句戔之子劍 (越) 11595  越王勾踐之子劍 (越) 11594	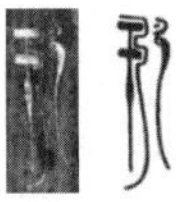 王子⿰王欠戈 (吴) 11207	 之乘辰鐘 (徐) 影彙 1409	 其次句鑃 (越) 00421  郐醋尹征城 (徐) 00425	 晉公盆 (晉) 10342 用作「咎」。	 黝鎛 (楚) 影彙492

			1189 ⿰足欠*	1188 ⿰林欠*	1187 ⿰王欠*
⿱⿰口欠止			⿰足欠	⿰林欠	⿰王欠
 侯馬盟書（晉）3:10	 侯馬盟書（晉）75:5	 侯馬盟書（晉）195:2  侯馬盟書（晉）92:2	 侯馬盟書（晉）179:5  侯馬盟書（晉）3:22	 石鼓・鑾車（秦）	 侯馬盟書（晉）1:66  侯馬盟書（晉）92:25

1194	1193		1192	1191	1190
歂*	欸*		歍*	㰫*	歖*
歂	欸		歍	㰫	歖
 戎生鐘 （晉） 影彙 1614  戎生鐘 （晉） 影彙 1615	 叔朕簠 （戴） 04622  叔朕簠 （戴） 04620				
		 侯馬盟書 （晉） 3:19  侯馬盟書 （晉） 156:23	 侯馬盟書 （晉） 探 8②:2.5  夫歍申鼎 （舒） 影彙 1250	 侯馬盟書 （晉） 75:3  侯馬盟書 （晉） 92:5	 陳樂君甗 （陳） 影彙 1073

1195	1196	1197	1198		1199
[illegible]*	[illegible]*	[illegible]*	[illegible]*		[illegible]*
[illegible]	[illegible]	[illegible]	[illegible]		[illegible]
		 叔夷鐘 （齊） 00274  叔夷鎛 （齊） 00285			 曾孟嬶諫盆 （曾） 10332  曾孟嬶諫盆 （曾） 10332
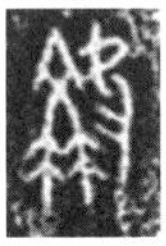 鄬夫人嬭鼎 （楚） 商圖02425	 郳公韍父鎛 （小邾） 商圖15818	用作「總」。	 者瀘鐘 （吴） 00202  者瀘鐘 （吴） 00198	 者瀘鐘 （吴） 00201	

1200 [illegible]*	1201 㱃	1202 盗			
[illegible]	㱃	盜			
	 曾伯文鐳 （曾） 09961	 秦公鐘 （秦） 00265  秦公鎛 （秦） 00268			
 倗戟 （楚） 影彙469	 魯大司徒元盂 （魯） 10316				
	 沇兒鎛 （徐） 00203  余贎逐兒鐘 （徐） 00184				

春秋文字字形表 卷九

	1203 頭	1204 頌	1205 頸	
	頭	頌	頸	
早期				
中期			 伯遊父壺 (黃) 商圖 12412  伯遊父盤 (黃) 商圖 14510	 伯亞臣鐳 (黃) 09974
晚期	 蔡侯𪔈鼎蓋 (蔡) 商圖 01588 用作「廚」。	 杕氏壺 (燕) 09715  蔡侯𪔈尊 (蔡) 06010		

1206 項	1207 碩	1208 顯	1209 顋		
項	碩	顯	顋		
	 虢碩父簠 （虢） 影彙 52  太師盤 （晉） 影彙 1464	 伯戔盤 （邛） 10160 「沬」字異形，見卷十一。			
 與兵壺 （鄭） 近二 878 用作「空首」之「空」。	 石鼓・鑾車 （秦）		 侯馬盟書 （晉） 156:20  侯馬盟書 （晉） 194:12	 侯馬盟書 （晉） 3:24  侯馬盟書 （晉） 3:23	 侯馬盟書 （晉） 18:2

1214	1213	1212	1211		1210
顯	頪	⿰車頁	頡		順
顯	頪	⿰車頁	頡	⿰竞川	順
 秦公簋 (秦) 04315  叔夷鐘 (齊) 00277	 叔夷鐘 (齊) 00277  叔夷鎛 (齊) 00285				
 侯馬盟書 (晉) 67:1  侯馬盟書 (晉) 16:3		 晉公盆 (晉) 10342  晉公盤 (晉) 復網 2014.6	 郘黛鐘 (晉) 00226  郘黛鐘 (晉) 00233	 晉公盤 (晉) 復網 2014.6	 越王者旨於賜鐘 (越) 00144

1220 縣	1219 䭫	1218 首	1217 顈*	1216 頓*	1215 領*
檜	䭫	首	顈	頓	領
					 楚王領鐘 （楚） 00053
 叔夷鐘 （齊） 00273  叔夷鎛 （齊） 00285	 叔夷鐘 （齊） 00275  叔夷鎛 （齊） 00285	 公典盤 （齊） 影彙 1043  叔夷鎛 （齊） 00285	 塞公屈顈戈 （楚） 商圖 16696	 次□缶 （徐） 影彙 1249	
 邵黛鐘 （晉） 00230  邵黛鐘 （晉） 00235		 與兵壺 （鄭） 近二 878			

			1223 文	1222 彣*	1221 須
	文			彣	須
 曾伯文簋 （曾） 04052  曾伯文簋 （曾） 04051		 曾伯霥簠 （曾） 04632	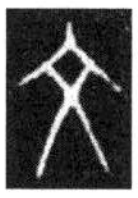 秦公鐘 （秦） 00262  滕侯穌盨 （滕） 04428		 衛伯須鼎 （衛） 影彙 1198
	 王子午鼎 （楚） 影彙 444  王子午鼎 （楚） 影彙 449	 王孫遺者鐘 （楚） 00261	 秦公簋 （秦） 04315		
	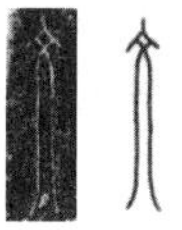 曾侯與鐘 （曾） 江考 2014.4  蔡劍 （蔡） 商圖 17862	 蔡侯𩡏尊 （蔡） 06010  郐王義楚觶 （徐） 06513	 侯馬盟書 （晉） 67:48  與兵壺 （鄭） 近二 878	 帀子彣缶 （楚） 09995	

1225 司　　1224 后

	⿰台司	司		后	吝
		 晉姜鼎 （晉） 02826  司馬望戈 11131			
 簷叔之仲子平鐘 （莒） 00172  簷叔之仲子平鐘 （莒） 00177	 齊鞷氏鐘 （齊） 00142  王孫遺者鐘 （楚） 00261		 叔夷鎛 （齊） 00285		
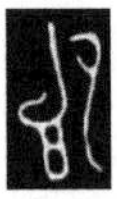 ⿰台司方豆 （樊） 04662	 哀成叔鼎 （鄭） 02782	 侯馬盟書 （晉） 3:24  滕司徒戈 （滕） 11205		 吴王光鑑 （吴） 10298  懷后石磬 （秦） 商圖 19817	 司馬楙鎛 （滕） 近二50 與「吝嗇」之「吝」同形。

	1227 令				1226 巵
	令	䑛	𨭖	鉌	和
	 戎生鐘 （晉） 影彙 1615  鼄乎簋 （曾） 04158			 蔡太史鉌 （蔡） 10356	 史孔巵 10352
	 子犯鐘 （晉） 影彙 1009	 伯遊父巵 （黃） 商圖 19239			
 蔡侯紐鐘 （蔡） 00211  蔡侯鎛 （蔡） 00221	 晉公盆 （晉） 10342  侯馬盟書 （晉） 3:8		 卲方豆 04660	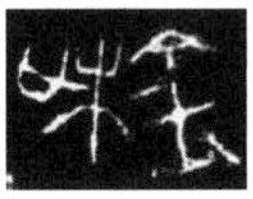 哀成叔鉌 （鄭） 04650	

1231 色	1230 印	1229 卲		1228 邲	
色	印	卲		邲	敂
	 曾伯霥簠 （曾） 04632  梁伯戈 11346		 戎生鐘 （晉） 影彙 1617  秦公鐘 （秦） 00262		
			 秦公簋 （秦） 04315  益余敦 影彙1627		
 鄦鎛 （楚） 影彙 489  鄦鐘 （楚） 影彙486		 卲方豆 04660  卲王之諻鼎 （楚） 02288	 侯馬盟書 （晉） 3:21	 配兒鉤鑃 （吴） 00427	 郤令尹者旨 曶爐 （徐） 10391

1234 匍			1233 辟		1232 卿
匍			辟	卿	卿
 秦公鎛 （秦） 00267  秦公鎛 （秦） 00268			 秦子戈 （秦） 11352  晉姜鼎 （晉） 02826	 曾伯陭壺 （曾） 09712	
 盄和鐘 （秦） 00270		 叔夷鎛 （齊） 00285	 叔夷鎛 （齊） 00285  盄和鐘 （秦） 00270	 邾公釛鐘 00102  叔夷鎛 （齊） 00285	 邛伯之孫盂 （邛） 中網 120828
	 玄鏐戈 （吴） 影彙1289	 吴王光鐘 （吴） 0223  吴王光鐘 （吴） 00224	 競孫旟也鬲 （楚） 商圖 03036	 晉公盆 （晉） 10342  晉公盤 （晉） 復網 2014.6	 復公仲壺 （楚） 09681 用作「饗」。參見卷五「饗」字。

1237				1236	1235
⿹勹⿰缶系*				冢	旬
⿹勹⿰缶系	塚		冢		旬
 蒍子𪒠盞 （楚） 影彙1235  仲義君鼎 02279					 庚壺 （齊） 09733  王孫遺者鐘 （楚） 00261
 楚子適鼎 （楚） 02231  乙鼎 02607	 温縣盟書 （晉） T1K1:3863  温縣盟書 （晉） T1K1:2279	 温縣盟書 （晉） T1K1:137  温縣盟書 （晉） WT1K1:3858	 侯馬盟書 （晉） 67:21  侯馬盟書 （晉） 67:29	 侯馬盟書 （晉） 67:40  侯馬盟書 （晉） 67:53	

			1239 敬	1238 苟	
			敬	苟	
			 秦公鐘 (秦) 00262  秦公鎛 (秦) 00269	 楚季哶盤 (楚) 10125	
		 叔夷鎛 (齊) 00285  王孫誥鐘 (楚) 影彙429	 王子午鼎 (楚) 影彙 444  王子午鼎 (楚) 影彙 447		
 蔡侯𩕿盤 (蔡) 10171  蔡侯𩕿盤 (蔡) 10171	 余贎逐兒鐘 (徐) 00185  郳公韎父鎛 (小邾) 商圖 15815	 吴王光鐘 (吴) 00224  吴王光鐘 (吴) 00223	 石鼓・吴人 (秦)  吴王光鑑 (吴) 10298		 寬兒鼎 (蘇) 02722

			1241 醜	1240 鬼	
謏	醙		醙	叜	
					 秦公簋 (秦) 04315  郲公鈺鐘 (郲) 00102
 侯馬盟書 (晉) 198:13	 侯馬盟書 (晉) 198:5  侯馬盟書 (晉) 195:7	 侯馬盟書 (晉) 3:2  侯馬盟書 (晉) 98:7	 侯馬盟書 (晉) 85:2	 侯馬盟書 (晉) 3:19	

1242

畏

	愄	畏	⿰頁畏	⿱八畏	葨
	 叔夷鐘（齊）00272  叔夷鎛（齊）00285	 齊侯鎛（齊）00271			
 曾侯與鐘（曾）江考 2014.4	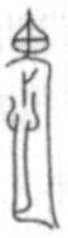 曾侯殘鐘（曾）江考 2014.4  曾侯甬鐘（曾）江考 2015.1		 侯馬盟書（晉）92:8  侯馬盟書（晉）85:18	 侯馬盟書（晉）3:9	 侯馬盟書（晉）92:5

禺

禺	⿰禺戈	⿰鬼戈	⿰鬼攴	⿰禺攴	
			 梁伯戈 11346 用作「鬼」。		
				 王子午鼎 （楚） 02811  王孫誥鐘 （楚） 影彙434	 王孫誥鐘 （楚） 影彙 418  王孫遺者鐘 （楚） 00261
 趙孟庎壺 （晉） 09679  侯馬盟書 （晉） 3:2	 蔡侯產劍 （蔡） 11602  晉公盤 （晉） 復網 2014.6	 侯馬盟書 （晉） 77:3			 沇兒鎛 （徐） 00203

		1245 嶽		1244 山	
		岳		山	
			 奢虎簠 04539  旅虎簠 04541	 召叔山父簠 （鄭） 04601	
 侯馬盟書 （晉） 67:24  温縣盟書 （晉） T1K1：3780	 侯馬盟書 （晉） 67:11  温縣盟書 （晉） T1K1：3863	 侯馬盟書 （晉） 67:12  温縣盟書 （晉） T1K1：137		 陳子戈 （齊） 11084	 侯馬盟書 （晉） 79:1  侯馬盟書 （晉） 79:5

	1248	1247	1246		
	府	⿰山朱*	密		
⿱宀攵	府	⿰山朱	密		
 弗奴父鼎 （費） 02589					
	 上鄀府簠 (楚) 04613		 高密戈 (齊) 11023  高密戈 (齊) 10972		
	 篣府戈 (魯) 商圖 16656	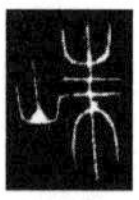 慶孫之子⿰山朱簠 04502		 侯馬盟書 (晉) 67:51  温縣盟書 (晉) T1K1:3802	 侯馬盟書 (晉) 67:22  温縣盟書 (晉) T1K1:4585

1253 庶	1252 廣	1251 庫		1250 廚	1249 庖
庶	廣	庫		脰	廄
 楚太師登鐘 (楚) 商圖 15511  楚太師登鐘 (楚) 商圖 15512	 戎生鐘 (晉) 影彙 1613	 緐左庫戈 10959			
		 平陽左庫戈 (齊) 11017  豫少鉤庫戈 11068			
 徐王子旃鐘 (徐) 00182  曾侯與鐘 (曾) 江考 2014.4	 晉公盆 (晉) 10342  晉公盤 (晉) 復網 2014.6	 鄽左庫戈 11022  郱州戈 11074	 曾大師奠鼎 (曾) 影彙501 卷四「脰」下重見。	 曾孫定鼎 (曾) 影彙1213  吴王孫無土鼎 (吴) 02359	 宋左太師睪鼎 (宋) 商圖 01923

1255 廓*	1254 庎*				
廓	庎				
 廓季伯歸鼎 02644  廓季伯歸鼎 02645		 魯大司徒子 仲白匜 （魯） 10277			
		 叔夷鐘 （齊） 00272  叔夷鎛 （齊） 00285			
	 趙孟庎壺 （晉） 09679		 蔡侯紐鐘 （蔡） 00211  蔡侯紐鐘 （蔡） 00218	 石鼓・汧沔 （秦）  沇兒鎛 （徐） 00203	 鼄公華鐘 （邾） 00245

卷九

广部 厂部

1260	1259		1258	1257	1256
床*	⿸厂視*		厲	厰	⿸广奔*
床	⿸厂視	礪	厲	厰	⿸广奔
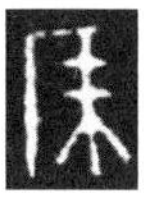 魯内小臣床生鼎 (魯) 02354  齊不𧻚鬲 (齊) 三代 5.35.2		 魯大司徒子仲白匜 (魯) 10277			
			 東姬匜 (楚) 影彙398		 敶子匜 (陳) 10279
	 侯馬盟書 (晉) 85:8			 晉公盤 (晉) 復網 2014.6	

1264 礹*			1263 磬	1262 石	1261 厇*
礹	⿰石聖		殸	石	厇
			 秦景公石磬 （秦） 通鑒 19785	 鄭子石鼎 （鄭） 02421  鐘伯侵鼎 02668	 曹右厇戈 （曹） 11070  郳左厇戈 （小邾） 10969
 𪒠鎛 （楚） 影彙491  𪒠鎛 （楚） 影彙492	 𪒠鎛 （楚） 影彙491  𪒠鎛 （楚） 影彙490	 𪒠鎛 （楚） 影彙492  𪒠鎛 （楚） 影彙 496	 懷后石磬 （秦） 商圖 19817	 侯馬盟書 （晉） 194:1  石買戈 11075	 亳厇戈 11085

1268		1267	1266		1265
昜		勿	肆		長
昜		勿	錄		長
		 晉姜鼎 (晉) 02826	 洹子孟姜壺 (齊) 09730		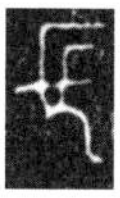 郘湯伯匜 (晉) 10208
		 公典盤 (齊) 影彙 1043  塦子鼎 (齊) 商圖 02404		 長子沬臣簠 (楚) 04625  長子沬臣簠 (楚) 04625	
 侯馬盟書 (晉) 77:16  宋公差戈 (宋) 11289	 之乘辰鐘 (徐) 影彙 1409  越王者旨於 睗鐘 (越) 00144	 石鼓・吴人 (秦)  哀成叔鼎 (鄭) 02782		 曾侯與鐘 (曾) 江考 2014.4  曾侯與鐘 (曾) 江考 2014.4	 黬鎛 (楚) 影彙496  温縣盟書 (晉) WT4K5:12

1269

而

				而	
		 叔夷鐘 （齊） 00277		 𪒠子鼎 （齊） 商圖 02404	
 侯馬盟書 （晉） 3:6  侯馬盟書 （晉） 3:8	 侯馬盟書 （晉） 179:14  温縣盟書 （晉） T1K1:3216	 侯馬盟書 （晉） 179:14  温縣盟書 （晉） T1K1:1845	 侯馬盟書 （晉） 3:5  温縣盟書 （晉） T1K1:2279	 石鼓・而師 （秦）	 宋右師延敦 （宋） 春 CE33001  沇兒鎛 （徐） 00203

1273	1272	1271	1270		
豦	豧	豣	豕		
豦	豧	[illegible]	豕		
 侯馬盟書（晉）92:37	 樂子簠（宋）04618	 石鼓·避車（秦）	 石鼓·田車（秦）	 吴王光鐘（吴）00224	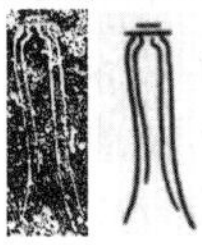 曾侯與鐘（曾）江考 2014.4  之乘辰鐘（徐）影彙 1409

1278		1277	1276	1275	1274
易		貉	彖	彘	豥*
易		貉	彖	彘	豥
 邿譴簋 （邿） 04040  曾伯文簋 （曾） 04052	 晉姜鼎 （晉） 02826  鄭義伯𨱑 （鄭） 09973	 穌貉簠 （蘇） 04659	 秦公鐘 （秦） 00262  晉姜鼎 （晉） 02826		
 叔夷鐘 （齊） 00274	 子犯鐘 （晉） 影彙 1023  齊侯鎛 （齊） 00271		 盄和鐘 （秦） 00270  叔夷鎛 （齊） 00285	 庚壺 （齊） 09733	
 蔡侯紐鐘 （蔡） 00210 「易」皆用作「賜」。	 復公仲壺 （楚） 09681		 鼄公華鐘 （邾） 00245 用作「惰」。	 侯馬盟書 （晉） 1:40	 文公之母弟鐘 影彙 1479 用作「邇」。

			鐌	豫	
					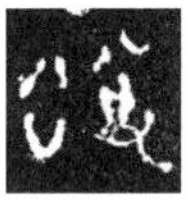 豫少鉤庫戈 11068
			 蔡侯紐鐘 （蔡） 00211  蔡侯紐鐘 （蔡） 00217	 淳于公戈 （淳于） 11124 「喬豫」合文。	 郲州戈 11074

1280

馬

		馬		
		 大嗣馬簋 04505  右走馬嘉壺 09588	 走馬薛仲赤簋 （薛） 04556  司馬朢戈 11131	早期
 伯亞臣鐳 （黄） 09974  蔡大司馬燮盤 （蔡） 近二 936	 伯遊父壺 （黄） 商圖 12413  伯遊父壺 （黄） 商圖 12412	 叔夷鐘 （齊） 00275	 庚壺 （齊） 09733	中期
	 平陽高馬里戈 （齊） 11156	 郗大司馬戈 （郗） 11206  司馬楙鎛 （滕） 近二 49	 石鼓・馬薦 （秦）  侯馬盟書 （晉） 185:9	晚期

1285 驂	1284 駕	1283 騺	1282 駒		1281 騳
驂	駕	騺	駒		騳
 石鼓・田車（秦）  石鼓・吾水（秦）	 石鼓・吾水（秦）  侯馬盟書（晉）77:1	 石鼓・鑾車（秦）	 侯馬盟書（晉）88:7	 侯馬盟書（晉）185:9  侯馬盟書（晉）185:9	 侯馬盟書（晉）92:7  侯馬盟書（晉）1:75

1291 騝*	1290 騠*	1289 駘*	1288 驅	1287 馮	1286 駟
騝	騠	駘	敺	馮	駟
					 伯駟父盤 10103
					 庚壺 （齊） 09733
 石鼓・田車 （秦）	 石鼓・鑾車 （秦）  石鼓・霝雨 （秦）	 石鼓・避車 （秦）	 石鼓・避車 （秦）  侯馬盟書 （晉） 1:40	 晉公盤 （晉） 復網 2014.6	

1296 ⿰羊廌		1295 薦	1294 廌	1293 騴*	1292 驈*
⿰犭廌	⿰阝薦	⿱薦廾	廌	騴	驈
 魯西子安母簠 （魯） 商圖05903		 叔朕簠 （戴） 04621  鄦公鼎 02714			
		 薦鬲 影彙458			
	 曾仲𡌬簠 （曾） 通鑒05029	 石鼓·馬薦 （秦）  吳王光鑑 （吳） 10298	 侯馬盟書 （晉） 3:23  侯馬盟書 （晉） 194:6	  石鼓·吾水 （秦）	 石鼓·馬薦 （秦）

1301	1300	1299	1298		1297
麗	麋	麐	鹿		瀌
麗	麋	慶	鹿	⿸虍⿱林皿	瀌
		 伯其父簠 04581			 戎生鐘 （晉） 影彙 1615  晉姜鼎 （晉） 02826
 童麗君柏鐘 （鍾離） 鍾離：圖42  童麗君柏簠 （鍾離） 鍾離：圖25					 叔夷鎛 （齊） 00285
	 石鼓・田車 （秦）		 石鼓・鑾車 （秦）  石鼓・吳人 （秦）	 司馬楙鎛 （滕） 近二 48	

1305 ⿱⺈泉*	1304 ⿱⺈更*	1303 ⿸鹿酉*	1302 麀		
⿱⺈泉	⿱⺈更	⿸鹿酉	麀		
 奢虎簠 04539  奢虎簠 04539	 ⿱⺈更伯鼎 通鑒02356	 曾大保盆 （曾） 10336			
				 取膚上子 商匜 （魯） 10253	 童麗公柏戟 （鍾離） 鍾離：圖90  季子康鎛 （鍾離） 商圖15791
	 石鼓・汧沔 （秦）		 石鼓・避車 （秦）  石鼓・田車 （秦）		

1308 犬			1307 逸	1306 兔	
犬	⿰爿⿱免月	⿰亻⿱免月	逸	兔	
	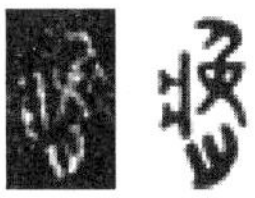 秦子戈 （秦） 11352	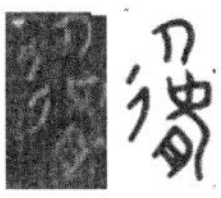 秦政伯喪戈 （秦） 近二 1248  秦政伯喪戈 （秦） 近二 1249	 秦子矛 （秦） 11547  秦子戈 （秦） 影彙 1350		 旅虎簠 04540
 侯馬盟書 （晉） 1:55  配兒鉤鑃 （吴） 00427				 石鼓・田車 （秦）	

		1312	1311	1310	1309
		獻	獵	狃	狗
獻		獻	獵	狃	狗
 陳公子甗 （陳） 00947  曾子仲謱甗 （曾） 00943		 魯仲齊甗 （魯） 00939 用作「甗」。			
 庚壺 （齊） 09733					
	 侯馬盟書 （晉） 67:45  侯馬盟書 （晉） 67:4	 侯馬盟書 （晉） 67:30  侯馬盟書 （晉） 67:16	 杕氏壺 （燕） 09715	 復公仲簋蓋 （楚） 04128	 侯馬盟書 （晉） 200:40  侯馬盟書 （晉） 16:34

1314 狄　　1313 狂

狄	狴	[illegible]	唉		
 曹伯狄毁 （曹） 04019  曾伯霥簠 （曾） 04632			 矩甗 （申） 影彙970 用作「甗」。		 鬳仲甗 00933  邶子良人甗 00945
	 侯馬盟書 （晉） 152:2	 聽盂 影彙1072		 石鼓・吴人 （秦）	 陳樂君甗 （陳） 影彙 1073

1318 ⿰犭無*	1317 ⿰犭寽*	1316 ⿰犭力*			1315 猷
⿰犭無	⿰犭寽	⿰犭力	⿱猷心	⿰奠犬	猷
 鑄子⿰犭無匜 (鑄) 10210					 戎生鐘 (晉) 影彙 1613  晉姜鼎 (晉) 02826
		  趙焦⿰犭力戈 (晉) 中原2014.2	 王孫誥鐘 (楚) 影彙 421  王孫誥鐘 (楚) 影彙439	 王孫遺者鐘 (楚) 00261	
	 侯馬盟書 (晉) 156:19				 石鼓・作原 (秦)  侯馬盟書 (晉) 3:17

1324	1323	1322	1321	1320	1319
[illegible]	羨*	閔	然	能	獄
[illegible]	羨	閔	難	能	獄
	 王孫誥鐘（楚）影彙 421  王孫誥鐘（楚）影彙 434			 叔夷鎛（齊）00285	
 石鼓・避車（秦）		 侯馬盟書（晉）3:26  侯馬盟書（晉）18:1	 者㵒鐘（吴）00197  者㵒鐘（吴）00198	 哀成叔鼎（鄭）02782	 温縣盟書（晉）T1K14:3749  温縣盟書（晉）T1K14:615

犾部　能部　火部

1328		1327	1326	1325
煌		煙	爨	燓

	煌	𡪦	𡫵	爨	焚
	 秦景公石磬 （秦） 通鑒 19785			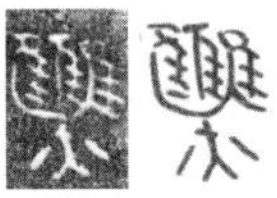 趙焦㺸戈 （晉） 中原 2014.2	
 𪓐鎛 （楚） 影彙 489  𪓐鎛 （楚） 影彙490		 宋君夫人鼎 （宋） 近二 304 用作「禋」。	 哀成叔鼎 （鄭） 02782 用作「禋」。		 吴王光鐘 （吴） 00224  吴王光鐘 （吴） 00224

1331 戜*	1330 炒*			1329 光	
戜	[illegible]			光	煌
 曩侯弟叟鼎 （曩） 02638				 戎生鐘 （晉） 影彙 1615	
	 王子嬰次爐 （楚） 10386			 叔夷鎛 （齊） 00285  卑梁君光鼎 （吴） 02283	 王孫遺者鐘 （楚） 00261
		 攻敔王光戈 （吴） 11151  吴王光戈 （吴） 11255	 吴王光鐘 （吴） 00224 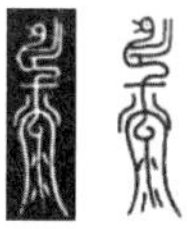 攻吴王光劍 （吴） 影彙1478	 攻吴王光 韓劍 （吴） 影彙1807  吴王光鐘 （吴） 00224	 鄦子盟自鎛 （許） 00153  曾侯與鐘 （曾） 江考 2014.4

1335 黶	1334 黑		1333 燮	1332 滕*	
黶	黑		燮	滕	
	 鑄子叔黑 臣盨 (鑄) 商圖 05608  鑄子叔黑 臣鬲 (鑄) 00735		 曾伯霥簠 (曾) 04631	 蔡侯鼎 (蔡) 影彙 1905 用作「滕」。	 邾伯禦戎鼎 (邾) 02525  滕侯穌盨 (滕) 04428
		 子犯鐘 (晉) 影彙 1010	 倗戟 (楚) 影彙 469  蔡大司馬 燮盤 (蔡) 近二 936		用作國族名「滕」。
 侯馬盟書 (晉) 1:76  黶鎛 (楚) 影彙 495	 侯馬盟書 (晉) 98:23		 晉公盆 (晉) 10342  曾侯與鐘 (曾) 江考 2014.4	 者兒戈 古研 23 用作國族名「滕」。	 滕侯吳戈 (滕) 11123  滕侯吳戈 (滕) 11079

1339		1338	1337	1336	
大		赤	悤	囪	
大		赤	悤	囪	黝
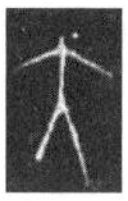 秦公鐘 (秦) 00263 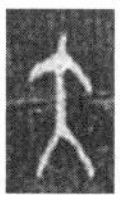 芮太子鬲 (芮) 近二 78		 走馬薛仲 赤簠 (薛) 04556			
 子犯鐘 (晉) 影彙 1010 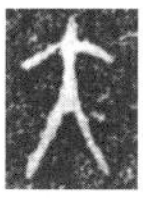 鄭大内史叔 上匜 (鄭) 10281		 楚屈子赤 目簠 (楚) 04612  楚屈子赤 目簠 (楚) 影彙 1230			
 郘黛鐘 (晉) 00225  與兵壺 (鄭) 近二 878	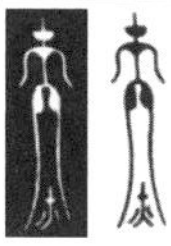 玄鏐戈 (吴) 影彙 1289	 鼄公華鐘 (邾) 00245	 蔡侯鸝盤 (蔡) 10171  蔡侯紐鐘 (蔡) 00217	 石鼓・霝雨 (秦)	 黝鎛 (楚) 影彙 493  黝鎛 (楚) 影彙 490

		 魯伯大父作 季姬婧 （魯） 03974	 宗婦鄁嫛鼎 02683 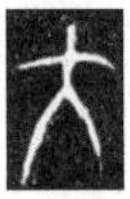 太師盤 （晉） 影彙 1464	 楚太師登鐘 （楚） 商圖 15513  蔡大善夫 趣簠 （蔡） 影彙 1236	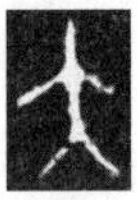 召叔山父簠 （鄭） 04601  魯大宰邍 父簋 （魯） 03987
		 魯大左嗣徒 元鼎 （魯） 02592  蔡大司馬 燮盤 （蔡） 近二 936	 齊太宰歸 父盤 （齊） 10151  庚壺 （齊） 09733	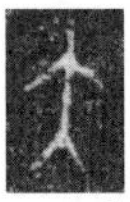 敬事天王鐘 （楚） 00081  黃太子白 克盆 （黃） 10338	 魯大司徒厚 氏元簠 （魯） 04689  齊侯鎛 （齊） 00271
 温縣盟書 （晉） T1K1:3211  温縣盟書 （晉） T1K1:3863	 温縣盟書 （晉） T1K1:1961  温縣盟書 （晉） T1K1:3802	 郳大司馬戈 （郳） 11206 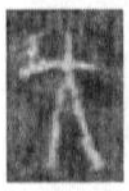 滕太宰得匜 （滕） 影彙 1733	 石鼓・而師 （秦）  温縣盟書 （晉） T1K1:137	 侯馬盟書 （晉） 67:16  侯馬盟書 （晉） 67:42.2	 荊公孫敦 商圖 06070  曾侯與鐘 （曾） 江考 2014.4

		1342	1341	1340	
		夷	契	奎	
㚔		夷	契	奎	
	 廓季伯歸鼎 02644  廓季伯歸鼎 02645				
 鄝子㚔簠 04545  曾仲㚔簋 （曾） 通鑒05029	 侯馬盟書 （晉） 1:20  侯馬盟書 （晉） 91:4	 侯馬盟書 （晉） 156:6  侯馬盟書 （晉） 156:26	 杕氏壺 （燕） 09715	 郘夫人嬭鼎 （楚） 商圖02425	 溫縣盟書 （晉） T1K1:2279  溫縣盟書 （晉） T1K1:2182

			1345 吴	1344 亦	1343 戭*
			吴	亦	戭
			 吴叔徒戈 (虞) 影彙 978  吴王御士簠 (虞) 04527		
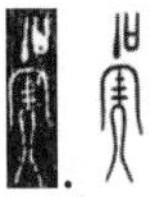 吴季子之子 逞劍 (吴) 11640  吴王夫差矛 (吴) 11534	 侯馬盟書 (晉) 1:57  吴王夫差鑑 (吴) 10296	 蔡侯𩕓尊 (蔡) 06010  吴王光鐘 (吴) 0223	 石鼓・吴人 (秦)  羅兒匜 (羅) 影彙1266	 哀成叔鼎 (鄭) 02782 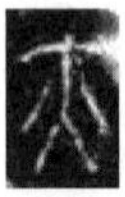 司馬楙鎛 (滕) 近二 48	 石鼓・而師 (秦)

1347 奔					1346 喬
⿱走⿰走走	奔				喬
					 秦政伯喪戈（秦）近二 1248  喬夫人鼎（喬）02284
 石鼓·田車（秦）	 石鼓·霝雨（秦）	 郘黛鐘（晉）00225  郘黛鐘（晉）00231	 侯馬盟書（晉）156:20  温縣盟書（晉）T1K1:3802	 郘黛鐘（晉）00226  喬君鉦鋮（喬）00423	 侯馬盟書（晉）3:21  郘黛鐘（晉）00235

1348 交

1349 壺

				壺	交
 蔡公子叔湯壺 （蔡） 影彙 1892	 𨻰医壺 （陳） 09634 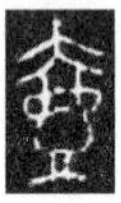 曾伯陭壺 （曾） 09712	 內公壺 （芮） 09598  郳君慶壺 （小郳） 商圖 12333	 杞伯每亡壺蓋 （杞） 09687 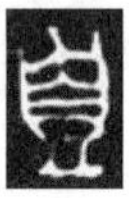 彭伯壺 （彭） 影彙 315	 秦公壺 （秦） 影彙 1347  曾仲斿父壺 （曾） 09628	  悤公戈 11280
		 盜叔壺 （邨） 09625	 公鑄壺 （莒） 09513  伯遊父壺 （黃） 商圖 12413		
			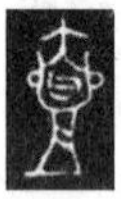 曾仲姬壺 （曾） 近二 855  曾大醒尹壺 （曾） 通鑒 12225		

⿰金壺					
	 圓君婦媿霝壺 （小邾） 商圖12353			 右走馬嘉壺 09588	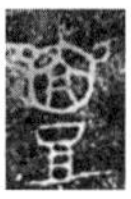 薛侯壺 （薛） 影彙1131  洹子孟姜壺 （齊） 09729
					 庚壺 （齊） 09733
 復公仲壺 （楚） 09681		 曾公子棄疾壺 （曾） 江考 2012.3	 蔡侯方壺 （蔡） 09574  蔡侯方壺 （蔡） 09573		 公子土斧壺 （齊） 09709

		1352 執		1351 睪	1350 懿
	⿱執女	執	臭	睪	⿱⿰壹欠心
		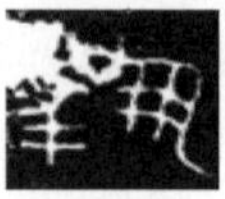 □□伯戈 11201			 戎生鐘 （晉） 影彙 1615
	 庚壺 （齊） 郭 201  叔夷鐘 （齊） 00272	 盄和鐘 （秦） 00270 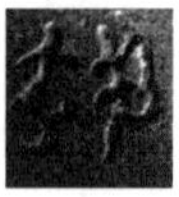 曾子叔交戈 （曾） 江考 2015.1			
 侯馬盟書 （晉） 67:26  侯馬盟書 （晉） 67:4	 侯馬盟書 （晉） 67:30  侯馬盟書 （晉） 67:54	 石鼓・田車 （秦）  侯馬盟書 （晉） 67:20	 薳子辛戈 （楚） 影彙526 本卷「臭」下重見。	 侯馬盟書 （晉） 156:21  宋左太師 睪鼎 （宋） 商圖 01923	 司馬楙鎛 （滕） 近二48  禾簋 （齊） 03939

	1356 奉		1355 奢	1354 虢*	1353 盩
	奉	奓	奢	虢	盩
		 鄦奓魯生鼎 （許） 02605	 奢虎簠 04539  奢虎簠 04539		
				 庚壺 （齊） 09733  庚壺 （齊） 09733	
 申文王之孫州奉簠 （楚） 商圖 05943	 石鼓・鑾車 （秦）  工尹坡盞 商圖06060			古「柙」字。	  石鼓・作原 （秦）

		1359	1358		1357
		夫	臭		奏
		夫	臭		奏
	 蔡大善夫 趣簠 （蔡） 影彙 1236	 衛夫人鬲 （衛） 00595  喬夫人鼎 （喬） 02284			
	 □夫人鎛 文物2014.1	 樊夫人龍 嬴匜 （樊） 10209			 秦景公石磬 （秦） 通鑒 19781
 曾侯與鐘 （曾） 江考 2014.4  蔡侯紐鐘 （蔡） 00211	 鄭莊公之孫 盧鼎 （鄭） 商圖 02409  宋君夫人鼎 （宋） 近二 304	 温縣盟書 （晉） WT4K6:315  侯馬盟書 （晉） 194:4	 蔿子辛戈 （楚） 影彙526 用作「擇」。	 鄦鐘 （楚） 影彙482  鄦鎛 （楚） 影彙494	

				 衛夫人鬲 （衛） 影彙 1700  蔡大善夫 趣簠 （蔡） 影彙 1236	
 吴王夫差鑑 （吴） 10296	 玄翏夫吕戟 （吴） 影彙1381	 之乘辰鐘 （徐） 影彙 1409  玄夫戈 （吴） 11091	 攻敔王夫 差戈 （吴） 11288	 鼄公牼鐘 （邾） 00152  吴王夫差劍 （吴） 影彙317	 郐夫人嫘鼎 （楚） 商圖02425  吴王夫差鑑 （吴） 10295

1361 立		1360 ⿰害夫			
	立			⿰害夫	
	 秦公鎛 （秦） 00267				
 盄和鐘 （秦） 00270	 子犯鐘 （晉） 影彙 1023  國差鑰 （齊） 10361	 王子午鼎 （楚） 影彙 449  王子午鼎 （楚） 影彙 445	 王孫誥鐘 （楚） 影彙 421  王孫誥鐘 （楚） 影彙 425	 王孫遺者鐘 （楚） 00261  王孫誥鐘 （楚） 影彙 427	 樊夫人龍嬴鼎 （樊） 影彙296
 奇字鐘 （越） 商圖 15176	 公子土斧壺 （齊） 09709  懷后石磬 （秦） 通鑒 19817			 ⿰害夫侯之孫陳鼎 02287  邌沁鐘 （舒） 商圖15520	 吴王夫差鑑 （吴） 10294 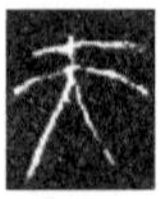 鼄公牼鐘 （邾） 00149

1367	1366	1365	1364	1363	1362
竢*	𥪕*	𥫃*	䇈*	竘*	竣
竢	𥪕	𥫃	䇈	竘	竣
			 秦景公石磬 (秦) 通鑒 19781		
 侯馬盟書 (晉) 88:13	 侯馬盟書 (晉) 98:27	 温縣盟書 (晉) T1K1:1845		 石鼓・汧沔 (秦)	 温縣盟書 (晉) WT4K6:212  温縣盟書 (晉) WT4K6:250

1373	1372	1371	1370	1369	1368
心	慮	思	⿰囟比	替	竝
心	⿰忄膚	思	⿰囟比	㚘	竝
 秦公鐘 (秦) 00262  戎生鐘 (晉) 影彙 1613	 上曾太子鼎 (曾) 02750				
		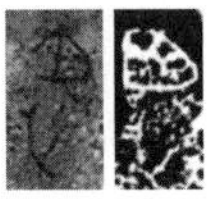 𪾨子鼎 (齊) 商圖 02404	 陳公孫𦫵父瓶 (陳) 09979  欒大司徒瓶 09981	 叔夷鐘 (齊) 00278  叔夷鎛 (齊) 00285	
 石鼓・馬薦 (秦)					 侯馬盟書 (晉) 156:3

					 上曾太子鼎 （曾） 02750
				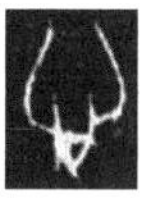 鄝伯受簠 （楚） 04599  王孫遺者鐘 （楚） 00261	 齊侯鎛 （齊） 00271  叔夷鐘 （齊） 00272
 温縣盟書 （晉） WT4K6:250  温縣盟書 （晉） WT1K1:3417	 温縣盟書 （晉） T1K1:3216  温縣盟書 （晉） T1K1:137	 侯馬盟書 （晉） 85:12  侯馬盟書 （晉） 3:13	 侯馬盟書 （晉） 194:9  侯馬盟書 （晉） 16:31	 侯馬盟書 （晉） 77:1  温縣盟書 （晉） T1K1:1845	 遷邟鐘 （舒） 商圖15520  遷邟鎛 （舒） 商圖15794

1376 悳			1375 志	1374 息	
		悳	志	息	
 侯馬盟書（晉）98:6	 侯馬盟書（晉）3:2	 司馬楙鎛（滕）近二49	 侯馬盟書（晉）1:71	 侯馬盟書（晉）3:12	 蔡侯紐鐘（蔡）00210
 侯馬盟書（晉）156:4	 侯馬盟書（晉）3:21	 競孫旟也鬲（楚）商圖 03036	 侯馬盟書（晉）195:1		 蔡侯紐鐘（蔡）00217

	1380 憲	1379 念	1378 忠		1377 慎
害	憲	念	忠	紙心	昚
 戎生鐘 （晉） 影彙 1613	 秦公鐘 （秦） 00262 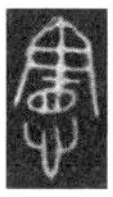 秦公鎛 （秦） 00268			 楚太師登鐘 （楚） 商圖15512  楚太師登鐘 （楚） 商圖 15518	
					 叔夷鐘 （齊） 00273
	 晉公盤 （晉） 復網 2014.6	 吴王光鐘 （吴） 00223  吴王光鐘 （吴） 00224	 温縣盟書 （晉） WT1K1:3105  温縣盟書 （晉） WT1K1:3687		 鼄公華鐘 （邾） 00245

⿰心辛	1384 怡 ⿹司心	1383 憼 憼		1382 悊 悊	1381 戁 戁
				 曾伯霥簠 （曾） 04631  叔家父簠 04615	
	 周王孫季 ⿹司心戈 （曾） 11309	 叔夷鐘 （齊） 00272  叔夷鎛 （齊） 00285	 王孫遺者鐘 （楚） 00261		
 曾大工尹戈 （曾） 11365	 郐王義楚觶 （徐） 06513				 郳公敾父鎛 （小邾） 商圖15816  郳公敾父鎛 （小邾） 商圖15818

1387 想	1386 懷				1385 慶
想	懷	慶	慶		
			 郳君慶壺 （小郳） 商圖 12333  郳慶簠 （小郳） 商圖 05879	 兒慶鼎 （小郳） 影彙 1095  郳君慶壺 （小郳） 商圖 12333	 戈叔慶父鬲 （戴） 00608  曩伯子宼 父盨 （曩） 04443
		 秦公簋 （秦） 04315  盄和鐘 （秦） 00270			 陳公子中 慶簠 （陳） 04597
 醓祔想簠 （楚） 影彙 534	 曾侯殘鐘 （曾） 江考 2014.4  懷后石磬 （秦） 商圖 19817			 吴王光鐘 （吴） 00224	 蔡侯紐鐘 （蔡） 00211  慶孫之子 峠簠 04502

1388 恃	1389 恤	1390 惷	1391 㥛		
恃	恤	惷	㥛		惑
 侯馬盟書 （晉） 156:4 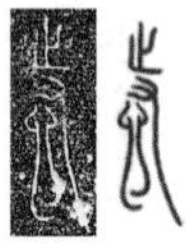 曾侯與鐘 （曾） 江考 2014.4	 侯馬盟書 （晉） 92:27  侯馬盟書 （晉） 98:9	 侯馬盟書 （晉） 85:15	 侯馬盟書 （晉） 1:9  温縣盟書 （晉） T1K1:1845	 侯馬盟書 （晉） 185:1  侯馬盟書 （晉） 200:1	 温縣盟書 （晉） WT4K6:212

1393 悆　1392 恁

悆	恁		⿰亻⿱亟心	⿰礻⿱亟心	⿱亟女
 魯伯悆盨 (魯) 04458					
	 王孫遺者鐘 (楚) 00261				
 曹公盤 (曹) 10144		 侯馬盟書 (晉) 67:21	 温縣盟書 (晉) T1K1:2182  温縣盟書 (晉) T1K1:2279	 侯馬盟書 (晉) 75:6	 侯馬盟書 (晉) 185:1

	1396			1395	1394
	⿱⿰彳言心			忘	忒
諐		⿰忄望	忘		忒
 侯馬盟書（晉）185:7	 侯馬盟書（晉）79:10  侯馬盟書（晉）194:11	 郘夫人嬭鼎（楚）商圖02425	 之乘辰鐘（徐）影彙 1409	 蔡侯鎛（蔡）00222  吴王光鑑（吴）10299	 侯馬盟書（晉）1:94

1397

忌

忌	⿱⿰身氺心	⿱⿰言氺心	⿱⿰彳几心	⿱⿰亻几心	⿰言⿱⿰亻几心
 叔夷鐘 （齊） 00272					
 鼄公牼鐘 （邾） 00150  鼄公華鐘 （邾） 00245	 侯馬盟書 （晉） 3:20	 侯馬盟書 （晉） 156:20	 侯馬盟書 （晉） 3:26	 蔡侯紐鐘 （蔡） 00211  蔡侯鎛 （蔡） 00222	 侯馬盟書 （晉） 156:19  侯馬盟書 （晉） 194:12

	1401 惻	1400 悔	1399 慍	1398 怨	
	⿱則心	悔	⿱昷心	惌	
			 慍兒盞 影彙 1374 卷五「盄」下重見。		 齊太宰歸父盤 (齊) 10151
 競孫不服壺 (楚) 商圖 12381	 宋右師延敦 (宋) 春CE33001  競孫旟也鬲 (楚) 商圖03036	 侯馬盟書 (晉) 35:3		 侯馬盟書 (晉) 105:3	

1406 㤉*	1405 忕*	1404 憐	1403 愓		1402 悼
㤉	忕	憐	愓		悼
 滕之不㤉劍（滕）11608	 侯馬盟書（晉）200:2	 石鼓·吴人（秦）	 趙孟庎壺（晉）09679 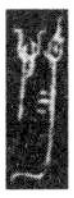 蔡侯𪓰尊（蔡）06010	 侯馬盟書（晉）16:3  邸公𦗕父鎛（小邾）商圖15818	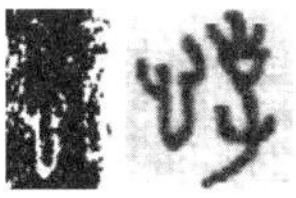 司馬楙鎛（滕）近二47

1408 ⿰亻⿱大心*					1407 ⿱厷心*
⿰亻⿱大心	⿰爪⿱厷心	⿰卤⿱厷心		⿰由⿱厷心	⿱厷心
 楚王酓⿰亻⿱大心盤（楚）商圖14402	 温縣盟書（晉）T1K1:2279	 温縣盟書（晉）T1K1:3863	 温縣盟書（晉）WT1K1:3556	 温縣盟書（晉）T1K1:3211	 温縣盟書（晉）T1K1:3780
 楚王酓⿰亻⿱大心匜（楚）商圖14869	 温縣盟書（晉）T1K1:4585	 温縣盟書（晉）T1K1:3797	 温縣盟書（晉）WT1K1:3417	 温縣盟書（晉）T1K1:3216	 温縣盟書（晉）T1K1:1845

1413		1412	1411	1410	1409
恩*		惄*	㥠*	窓*	悻*
恩		悆	㥠	窓	悻
	 王子午鼎 (楚) 02811  王子午鼎 (楚) 影彙 444	 王孫誥鐘 (楚) 影彙 427  王孫誥鐘 (楚) 影彙434			
 侯馬盟書 (晉) 1:48		 鼄公華鐘 (邾) 00245  沇兒鎛 (徐) 00203	 侯馬盟書 (晉) 153:1	 侯馬盟書 (晉) 92:30	 曾侯與鐘 (曾) 江考 2014.4

1419 蹇*	1418 憡*	1417 悳*	1416 悉*	1415 愈*	1414 惻*
蹇	悑	悳	悉	愈	惻
				 魯伯愈父鬲 （魯） 00694  魯伯愈父匜 （魯） 10244	
					 子惻子戈 10958
 侯馬盟書 （晉） 16:3	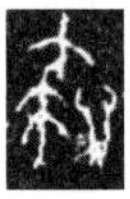 蔡子𣏾鼎 （蔡） 02087  侯馬盟書 （晉） 154:1	 侯馬盟書 （晉） 1:45	 侯馬盟書 （晉） 200:11		

		1422 ⿱髟⿱目心*	1421 ⿱霝心*		1420 ⿱彊心*
		⿱髟⿱目心	⿱霝心	⿱弜心	⿱弓心
			 秦公鐘（秦）00263  秦公鎛（秦）00269		
		 侯馬盟書（晉）1:101		 侯馬盟書（晉）1:99	 侯馬盟書（晉）探8②:2

春秋文字字形表 卷十一

	1423 水	1424 河	1425 江	1426 沱
	水	河	江	沱
早期			 江小仲母生鼎 （江） 02391	 曹公子沱戈 （曹） 11120
中期		  庚壺 （齊） 09733	 敬事天王鐘 （楚） 00074  敬事天王鐘 （楚） 00079	 鐘伯侵鼎 02668
晚期	 石鼓・吾水 （秦）  石鼓・霝雨 （秦）		 曾侯與鐘 （曾） 江考 2014.4  姑發䏰反劍 （吳） 11718	 楚旅鼎 （楚） 影彙1197

	1427 涂	1428 溺	1429 漢	1430 洒	1431 汧
	涂	漻	漢	洒	汧
		 王孫遺者鐘 （楚） 00261	 敬事天王鐘 （楚） 00079  敬事天王鐘 （楚） 00081		
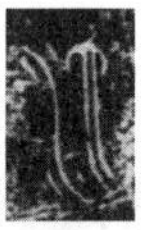 趙孟庎壺 （晉） 09678 用作「池」。	 郗𪣴尹譬鼎 （徐） 02766  郗𪣴尹譬鼎 （徐） 02766			 石鼓・汧沔 （秦）	 石鼓・霝雨 （秦）

	1436	1435	1434	1433	1432
	淮	油	深	沇	洛
潍	淮	油	深	沇	洛
 曾伯霥簠 （曾） 04631					
	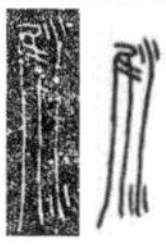 曾侯與鐘 （曾） 江考 2014.4	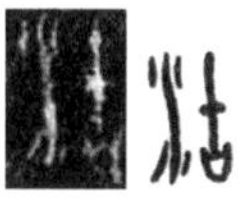 吴王光鐘 （吴） 00224	 石鼓・霝雨 （秦）	 沇兒鎛 （徐） 00203	 競之定鬲 （楚） 商圖03015  競之定鬲 （楚） 商圖03020

1442	1441	1440	1439	1438	1437
湩	沽	濟	溉	洹	濼
潳	沽	濟	溉	洹	濼
				 洹子孟姜壺 （齊） 09730  洹子孟姜壺 （齊） 09730	
 叔夷鐘 （齊） 00272  叔夷鎛 （齊） 00285					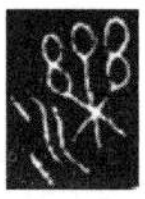 簷叔之仲子平鐘 （莒） 00175
	 侯馬盟書 （晉） 85:20	  石鼓・霝雨 （秦）	 郐王㠯又觶 （徐） 06506		 者瀊鐘 （吴） 00198

1447 滂	1446 滮		1445 汭	1444 滔	1443 汷
滂	滮	浧	汭	滔	汷
 冶仲考父壺 09708					
			 郐子汆鼎 （徐） 02390		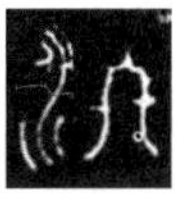 洜叔鼎 （邙） 02355
 石鼓・霝雨 （秦）	 喬君鉦鋮 （喬） 00423	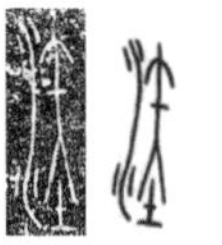 曾侯與鐘 （曾） 江考 2014.4 或隸作「涹」，釋爲「沃」。		 石鼓・而師 （秦）	

1453 淵	1452 清	1451 汋	1450 測	1449 浮	1448 淪
淵	清	汋	測	浮	淪
			 上曾太子鼎 （曾） 02750		 原氏仲簠 （陳） 影彙 395  伯駟父盤 10103
				 公父宅匜 10278	
 石鼓·汧沔 （秦）	  者㵢鐘 （吴） 00198	 侯馬盟書 （晉） 88:9			

1459	1458	1457	1456	1455	1454
砅	涂	津	滋	淖	淺
濿	涂	津	滋	淖	淺
	 卜涂口高戈 （秦） 影彙 816				
			  仲滋鼎 （秦） 影彙632		
 石鼓・汧沔 （秦）		 郐黻尹譬鼎 （徐） 02766  郐黻尹譬鼎 （徐） 02766		 石鼓・汧沔 （秦）	 郕王欿淺劍 （越） 11621  郕王欿淺劍 （越） 11621

1463		1462		1461	1460
湯		洎		瀞	溼
湯		洎		瀞	溼
 曾伯霥簠 （曾） 04632  蔡公子叔 湯壺 （蔡） 影彙 1892	 戎生鐘 （晉） 影彙 1616  郘湯伯匜 （晉） 10208				
			 國差罎 （齊） 10361	 秦景公石磬 （秦） 通鑒 19793  秦景公石磬 （秦） 通鑒 19803	
 郐瞰尹譬鼎 （徐） 02766	 石鼓・霝雨 （秦）  倗夫人嫘鼎 （楚） 商圖02425	 石鼓・霝雨 （秦）			 石鼓・鑾車 （秦）

1465 沫　　1464 液

釁			液	盪	[illegible]
 戎生鐘（晉）影彙 1618	 魯大宰遼父簋（魯）03987  考叔寣父簠（楚）04608	 秦公鎛（秦）00267  彭子仲盆蓋（彭）10340	 叔液鼎 02669		
	 伯遊父盤（黄）商圖 14510  王子午鼎（楚）影彙 445	 子犯鐘（晉）影彙 1014  秦景公石磬（秦）通鑒 19787			 秦景公石磬（秦）通鑒 19781  秦景公石磬（秦）通鑒 19782
 陳樂君甗（陳）影彙 1073  曾孫無期鼎（曾）02606	 褭鼎（楚）02551 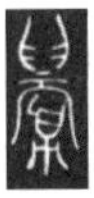 欒書缶（楚）10008	 宋君夫人鼎（宋）近二 304		 彭公孫無所鼎（楚）近二 299 卷五「盪」字重見。	

[illegible]	[illegible]	[illegible]		[illegible]	
 陳公子甗 (陳) 00947  鄀公平侯鼎 (鄀) 02771				 鑄公簠蓋 (鑄) 04574	 魯大司徒子仲白匜 (魯) 10277  有兒簋 (陳) 商圖 05166
 陳公孫𣄰父瓶 (陳) 09979  叔師父壺 (邛) 09706		 齊太宰歸父盤 (齊) 10151	 公典盤 (齊) 影彙 1043  國差𦉜 (齊) 10361	 鼄公華鐘 (邾) 00245	 邾公釛鐘 (邾) 00102  王子申盞 (楚) 04643
 子璋鐘 (許) 00119	 曾侯與鐘 (曾) 江考 2014.4		 公子土斧壺 (齊) 09709  齊侯匜 (齊) 10283	 鄭義伯𦉜 (鄭) 09973	 曾侯與鐘 (曾) 江考 2014.4  吴王光鑑 (吴) 10299

[illegible]	[illegible]			[illegible]	[illegible]
 郙伯祀鼎 （郙） 02602  魯侯鼎 （魯） 影彙 1067	 杞伯每亡壺 （杞） 09688 （倒置）	 魯司徒仲 齊盨 （魯） 04441 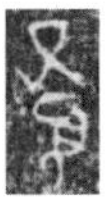 鄦奓魯生鼎 （許） 02605	 杞伯每亡 壺蓋 （杞） 09687  鼄友父鬲 （小邾） 00717	 鑄叔作嬴 氏簠 （鑄） 04560	 魯伯俞父簠 （魯） 04567  郳口白鼎 （郳） 02641
 長子沬臣簠 （楚） 04625		 番君召簠 （番） 04584	 篖叔之仲子 平鐘 （莒） 00173 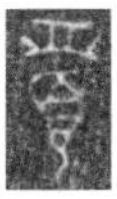 宋公圞鋪 （宋） 文物2014.1	 魯少司寇封 孫宅盤 （魯） 10154	

[illegible]	[illegible]	[illegible]	[illegible]	[illegible]	[illegible]
		 薛侯盤 （薛） 10133  薛侯匜 （薛） 10263	 毛叔盤 （毛） 10145  齊縈姬盤 （齊） 10147	 伯戔盆 （邛） 10341	
	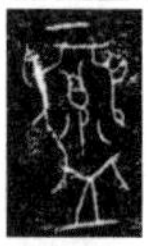 庚兒鼎 （徐） 02715			 番君召簠 （番） 04582	
 者𣽷鐘 （吴） 00194	 者𣽷鐘 （吴） 00198			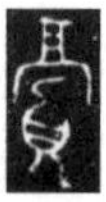 喬君鉦鉞 （喬） 00423	 者𣽷鐘 （吴） 00196

⿱⿰氵頁皿	⿱⿰巛頁皿	⿱日巛	⿰⿱日巛頁	湏	⿸眉皿
 魯伯愈父盤 （魯） 10114  魯伯愈父匜 （魯） 10244	 太師盤 （晉） 影彙 1464	 曩伯寏父匜 （曩） 10211	 伯戔盤 （邛） 10160		 伯其父簠 04581  曾伯文簋 （曾） 04051.2
 齊太宰歸父盤 （齊） 10151	 伯遊父盤 （黄） 商圖 14510				
	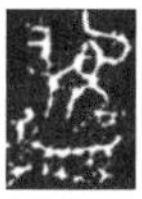 蔡叔季之孫君匜 （蔡） 10284			 郲公孫班鎛 （郲） 00140 皆用作「眉壽」之「眉」。	

1470 沰*	1469 滅	1468 減	1467 汲	1466 浴	
沰	滅	減	汲	浴	
			 己侯壺 (紀) 09632		
	 子犯鐘 (晉) 影彙 1010  子犯鐘 (晉) 影彙 1022			 孟縢姬缶 (楚) 影彙416	 鄬子倗浴缶 (楚) 影彙460  鄬子倗浴缶 (楚) 影彙460
 鄧尹疾鼎 (楚) 02234		 者減鐘 (吳) 00200  者減鐘 (吳) 00197			

1476	1475	1474	1473	1472	1471
⿰氵某*	淄*	⿰氵戈*	⿰氵辰*	⿰氵呆*	⿰氵申*
⿰氵某	⿳田一田	⿰氵戈	⿰氵辰	⿰氵呆	⿰氵申
	 叔夷鐘 (齊) 00272  叔夷鎛 (齊) 00285	 宋公𨊠鼎 (宋) 文物2014.1  ⿰氵戈公宜鼎 (宋) 文物2014.1		 ⿰氵呆伯鼎 02621	
 石鼓·霝雨 (秦)			 侯馬盟書 (晉) 92:15		 侯馬盟書 (晉) 16:24

1482	1481	1480	1479	1478	1477
侃	巠	瀕	涉	𣻊	⿰氵夏*
侃	巠	瀕	涉	𣻊	湏
	 戎生鐘 （晉） 影彙 1613				
 侯馬盟書 （晉） 1:41  侯馬盟書 （晉） 200:18		 唐子仲瀕 兒匜 （唐） 影彙 1209  唐子仲瀕 兒盤 （唐） 影彙1211	 石鼓・霝雨 （秦）	 石鼓・霝雨 （秦）  石鼓・霝雨 （秦）	 曾侯與鐘 （曾） 江考 2014.4 「夏水」之「夏」專字。

1485 永 永				1484 泉 湶	1483 州 州
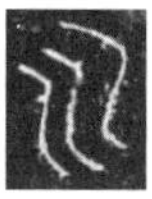 奚子宿車鼎 （黃） 02603	 戎生鐘 （晉） 影彙 1620	 内公壺 （芮） 09598	 召叔山父簠 （鄭） 04601		
 内大子白 壺蓋 （芮） 09644	 曾伯文簋 （曾） 04052	 鄧公孫無 忌鼎 （鄧） 影彙 1231	 虢季鼎 （虢） 影彙 12		
 上鄀府簠 （楚） 04613	 𪓑子鼎 （齊） 商圖 02404	 王子午鼎 （楚） 影彙 444	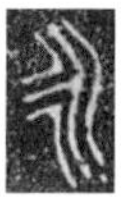 陳公子中 慶簠 （陳） 04597	 右泉州還矛 （燕） 11503	 叔夷鎛 （齊） 00285
 宋公圝鼎 （宋） 文物 2014.1	 飤簠 （楚） 影彙 475	 公典盤 （齊） 影彙 1043	 宜桐盂 （徐） 10320		 右泉州還矛 （燕） 11503
 蔡侯䵼盤 （蔡） 10171	 侯馬盟書 （晉） 156:22	 無公買簠 （許） 近二 475	 寬兒鼎 （蘇） 02722		 申文王之孫 州桒簠 （楚） 商圖 05943
 與兵壺 （鄭） 近二 878	 黃韋俞父盤 （黃） 10146	 鼄公華鐘 （邾） 00245	 褱鼎 （楚） 02551		 郑州戈 11074

1486

羕

羕			⿱永止		
	 雟仲之孫簋 04120	 伯氏鼎 02443  魯伯俞父簠 （魯） 04568	 杞伯每亡段 （杞） 03897  杞伯每亡段 （杞） 03898	 郝仲簠 （郝） 影彙1045  鼄訧鼎 （邾） 02426	 蠆侯簠 04562
 鄧公乘鼎 （楚） 02573	 秦景公石磬 （秦） 商圖 19782  叔夷鎛 （齊） 00285			 簷叔之仲子 平鐘 （莒） 00177	 國差罏 （齊） 10361  公父宅匜 10278
 鄦子妝簠 （許） 04616  吴王光鐘 （吴） 00224	 公子土斧壺 （齊） 09709  夫跌申鼎 （舒） 影彙 1250			 姑馮昏同之 子句鑃 （越） 00424	 其次句鑃 （越） 00421  其次句鑃 （越） 00422

1491 霝	1490 靁	1489 雨	1488 冶	1487 谷	
霝	[illegible]	雨	冶	谷	
 戎生鐘（晉）影彙 1614  鄭義伯鑑（鄭）09973	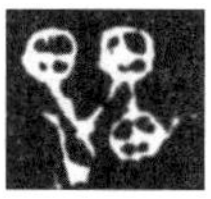 洹子孟姜壺（齊）09729 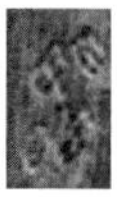 䢅伯㝅父罍（番）商圖13826		 穌冶妊盤（蘇）10118  冶仲考父壺 09708		
 邾公釛鐘（邾）00102  叔夷鎛（齊）00285					
 石鼓・霝雨（秦）  𪒠鎛（楚）影彙 496		 石鼓・霝雨（秦）	 侯馬盟書（晉）105:2.1	 九里墩鼓座（舒）00429	 郘夫人嫘鼎（楚）商圖 02425 用作「永」。

1495 ⿱雨桼*	1494 ⿱雨寻*	1493 雩	1492 ⿱雨各		
⿱雨桼	⿱雨寻	雩	⿱雨各		
 曾伯⿱雨桼簠 (曾) 04631  曾伯⿱雨桼簠 (曾) 04632				 曾子伯窞盤 (曾) 10156	 僉父瓶 (小邾) 商圖 14036  匽君婦媿 霝壺 (小邾) 商圖 12353
		 叔夷鎛 (齊) 00285  作司口匜 10260	 盄和鐘 (秦) 00270	 叔左鼎 商圖 02334  齊太宰歸 父盤 (齊) 10151	 黃子壺 (黃) 09663  黃子鼎 (黃) 02566
	 侯馬盟書 (晉) 85:15	 覇服晉邦劍 (吴) 吴越題 54		 曾侯與鐘 (曾) 江考 2014.4	 ⿰黑敢鎛 (楚) 影彙 491  ⿰黑敢鎛 (楚) 影彙 496

1501	1500	1499	1498	1497	1496
魼	魚	雲	⿱雨龠*	⿱雨黎*	⿱雨𠂢*
魼	魚	云	⿱雨龠	⿱雨黎	⿱雨𠂢
 秦子戈 （秦） 11352  秦子戈 （秦） 影彙 1350	 穌冶妊鼎 （蘇） 02526  郐王擬鼎 （徐） 02675				
	 石鼓・汧沔 （秦）  侯馬盟書 （晉） 156:3	 姑發䏌反劍 （吳） 11718	 者瀘鐘 （吳） 00197  者瀘鐘 （吳） 00198	 石鼓・吾水 （秦）	 王孫⿱雨𠂢籚 （楚） 04501

1507	1506	1505	1504	1503	1502
鰻	鯇	鱏	鱮	鯉	鰥
鰻	鯇	鱏	鱮	鯉	鰥
 石鼓・汧沔 (秦)	 郳公鯇曹戈 11209	 蔡公孫戈 (蔡) 文物 2014.5	 石鼓・汧沔 (秦)	 石鼓・汧沔 (秦)	 曾侯甬鐘 （曾） 江考 2015.1 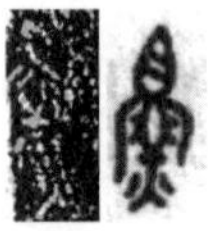 司馬楙鎛 (滕) 近二 48

1513 漁	1512 鰟*	1511 鯿*	1510 鮇*	1509 鰯	1508 鮮
瀴	鰟	鯿	鮇	鰯	鮮
			 鄧鮇鼎 （楚） 02085		
 石鼓・汧沔 （秦）	 石鼓・汧沔 （秦）	 石鼓・汧沔 （秦）		 石鼓・汧沔 （秦）	 石鼓・汧沔 （秦）  杕氏壺 （燕） 09715

1518	1517	1516	1515	1514	
靡*	非	龔	龍	鱣*	
靡	非	龔	龍	鱣	[illegible]
 樊君簠 (樊) 04487	 曾亘嫚鼎 (曾) 影彙 1201 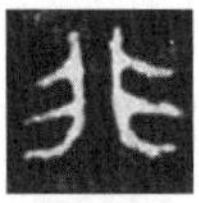 曾亘嫚鼎 (曾) 影彙 1202	 秦公鎛 (秦) 00267  秦公鎛 (秦) 00269	 䣄仲無龍匕 (番) 00970 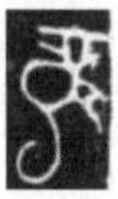 䣄仲無龍鬲 (番) 00714		
			 樊夫人龍 嬴匜 (樊) 10209  樊夫人龍 嬴鼎 (樊) 影彙 296		
	 侯馬盟書 (晉) 156:15  蔡侯鎛 (蔡) 00222		 郘黛鐘 (晉) 00226  郘黛鐘 (晉) 00230	 曾大醞尹壺 (曾) 通鑒 12225	 楚王孫漁戈 (楚) 11153

	1520 不		1519 孔		
	不		孔		
早期	 秦公鐘 （秦） 00262  戎生鐘 （晉） 影彙1615	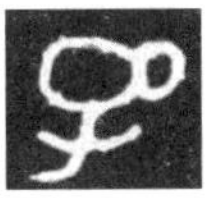 曾子斿鼎 （曾） 02757	 曾伯霥簠 （曾） 04631	 秦子簋蓋 （秦） 近二423  太師盤 （晉） 影彙1464	早期
中期	 秦景公石磬 （秦） 通鑒19786  子犯鐘 （晉） 影彙1021		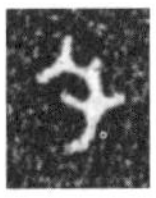 周王孫季紿戈 （曾） 11309  登句鑃 文物2013.7	 子犯鐘 （晉） 影彙1021  王孫誥鐘 （楚） 影彙422	中期
晚期	 郘黛鐘 （晉） 00226		 沇兒鎛 （徐） 00203  鄦子盟自鎛 （許） 00154	 石鼓・汧沔 （秦） 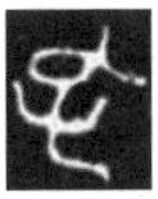 鼄大宰簠 （邾） 04624	晚期

				 洹子孟姜壺 （齊） 09729	 叔家父簠 04615  曾伯霥簠 （曾） 04632
	 王子午鼎 （楚） 影彙 447		 王孫遺者鐘 （楚） 00261	 庚壺 （齊） 09733  叔夷鎛 （齊） 00285	 王孫誥鐘 （楚） 影彙423  王子午鼎 （楚） 影彙 445
 越王者旨於睗鐘 （越） 00144	 酅侯少子簋 （莒） 04152  吴王光鐘 （吴） 00224	 温縣盟書 （晉） T1K1:3211  温縣盟書 （晉） T1K1:3216	 杕氏壺 （燕） 09715  黝鎛 （楚） 影彙 489	 侯馬盟書 （晉） 156:15  温縣盟書 （晉） T1K1:2279	 侯馬盟書 （晉） 1:23  蔡侯鎛 （蔡） 00222

1523	1522		1521
至	柒*		否

		至	柒*	䄷	否
		 戎生鐘 （晉） 影彙 1614			
		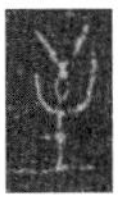 敬事天王鐘 （楚） 00074  齊侯鎛 （齊） 00271			
 黝鎛 （楚） 影彙490 或釋「舌」。	 黝鐘 （楚） 影彙482  郐䣄尹征城 （徐） 00425	 與兵壺 （鄭） 近二878  鼄公牼鐘 （邾） 00151	 郐王盧 （徐） 10390	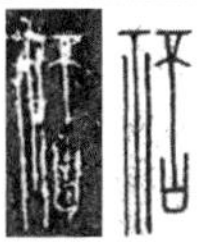 蔡侯𩕯尊 （蔡） 06010	 晉公盆 （晉） 10342

不部　至部

1528 肁	1527 戹	1526 鹵		1525 西	1524 臺
肁	戹	鹵		西	臺
		 戎生鐘 （晉） 影彙 1616  晉姜鼎 （晉） 02826		 秦政伯喪戈 （秦） 近二 1248	
	 齊侯鎛 （齊） 00271			 子犯鐘 （晉） 影彙 1021  國差罎 （齊） 10361	
 司馬楙鎛 （滕） 近二 48			 曾侯與鐘 （曾） 江考 2014.4  姑發習反劍 （吴） 11718	 石鼓・吴人 （秦）  侯馬盟書 （晉） 85:3	 侯馬盟書 （晉） 156:7

1533		1532	1531	1530	1529
闌		闢	閭	門	阝孚*
闌		閔	闈	門	阝孚*
					 魯士阝孚父簠 （魯） 04520  魯士阝孚父簠 （魯） 04517
 王子午鼎 （楚） 02811  王子午鼎 （楚） 影彙 446	 王孫誥鐘 （楚） 影彙 422  王孫遺者鐘 （楚） 00261			 庚壺 （齊） 09733	
		 晉公盤 （晉） 復網 2014.6	 闈丘爲鵖造戈 11073  郐王盧 （徐） 10390		

1536 耴	1535 耳				1534 閼*
耴	耳				閼
	 子耳鼎 (鄭) 商圖 02253				
 余子白耴此戈 (徐) 鍾離圖92	 耳鑄公劍 影彙1981				
 侯馬盟書 (晉) 1:52		 侯馬盟書 (晉) 77:2  侯馬盟書 (晉) 98:4	 侯馬盟書 (晉) 16:30  侯馬盟書 (晉) 195:6	 侯馬盟書 (晉) 2:4  侯馬盟書 (晉) 156:8	 侯馬盟書 (晉) 194:1  侯馬盟書 (晉) 153:1

1538 聽　　　　1537 聖

耵	諲	聖			
 竈乎簋 （曾） 04158  竈乎簋 （曾） 04157		 上曾太子鼎 （曾） 02750	 洹子孟姜壺 （齊） 09729  洹子孟姜壺 （齊） 09730	 復封壺 （齊） 通鑒12448	 曾伯霥簠 （曾） 04632  曾伯霥簠 （曾） 04631
 子犯鐘 （晉） 影彙1021			 簷叔之仲子平鐘 （莒） 00175  簷叔之仲子平鐘 （莒） 00177	 簷叔之仲子平鐘 （莒） 00172	 齊侯鎛 （齊） 00271  王孫遺者鐘 （楚） 00261
	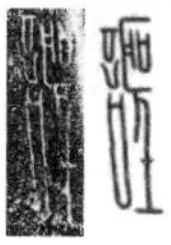 曾侯與鐘 （曾） 江考2014.4			 郐𨞰尹譬鼎 （徐） 02766  郐𨞰尹譬鼎 （徐） 02766	 懷后石磬 （秦） 通鑒19817  温縣盟書 （晉） WT4K5:13

1541 瞳*			1540 聞	1539 職	
瞳*			䎽	職	[illegible]
 瞳戈 影彙 1971		 簷叔之仲子平鐘 （莒） 00177 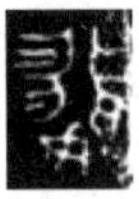 簷叔之仲子平鐘 （莒） 00180	 王孫誥鐘 （楚） 影彙 418  王孫誥鐘 （楚） 影彙 429		 聽盂 影彙1072
	 侯馬盟書 （晉） 67:11  侯馬盟書 （晉） 67:28	 者𧾰鐘 （吴） 00198  徐王子旃鐘 （徐） 00182	 侯馬盟書 （晉） 67:40  侯馬盟書 （晉） 67:3	 侯馬盟書 （晉） 92:42	

1545 ⿰夫攴	1544 ⿰扌⿱𡗗木		1543 巸		1542 𦣝
⿰夫攴	⿰扌⿱𡗗木		巸		𦣝
	 洹子孟姜壺 （齊） 09729  洹子孟姜壺 （齊） 09730	 鄭井叔蒦父鬲 （鄭） 00580 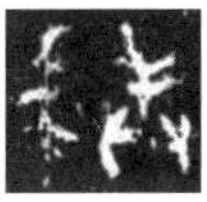 伯氏始氏鼎 （鄧） 02643			 鑄子叔黑𦣝盨 （鑄） 商圖05608  鑄子叔黑𦣝簠 （鑄） 04571
		 叔夷鎛 （齊） 00285  叔夷鎛 （齊） 00285		 公典盤 （齊） 影彙1043  夆叔匜 （逄） 10282	 黃子鬲 （黃） 00624  黃子盤 （黃） 10122
 玄翏⿰夫攴鋁戈 （吳） 11136		 與兵壺 （鄭） 近二878	 徐王子旃鐘 （徐） 00182	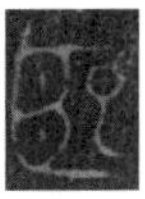 齊侯作孟姜敦 （齊） 04645  賈孫叔子屖盤 （齊） 商圖14512	 蔡叔季之孫君匜 （蔡） 10284

1549 承			1548 擇	1547 拍	1546 搏
氶	睪	斁	斁	拍	搏
	 叔朕簠 （戴） 04621				
 叔夷鎛 （齊） 00285	 王孫遺者鐘 （楚） 00261				
 郙王劍 （吕） 11611  永祿鈹 商圖17926	 吴王夫差鑑 （吴） 10296 「睪」皆用作「擇」。卷三「睪」字重見。	 倗夫人嫘鼎 （楚） 商圖02425	 欒書缶 （楚） 10008	 拍敦 04644	 石鼓·鑾車 （秦）

		1552	1551		1550
		女	捷		揚
		女	戠	[illegible]	[illegible]
		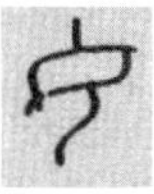 秦子簋蓋 （秦） 近二 423  魯大司徒子仲白匜 （魯） 10277			 戎生鐘 （晉） 影彙 1615  晉姜鼎 （晉） 02826
	 庚壺 （齊） 09733	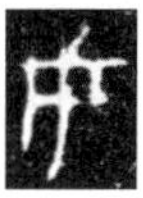 敶子匜 （陳） 10279	 庚壺 （齊） 09733	 叔夷鎛 （齊） 00285	 邾公釓鐘 （邾） 00102
 侯馬盟書 （晉） 203:6  侯馬盟書 （晉） 156:26	 者𣶃鐘 （吴） 00195	 晉公盆 （晉） 10342			 揚鼎 商圖02319

1553

姓

𡛢	姓				
					 尋仲盤 （鄩） 10135  齊侯匜 （齊） 10272
 齊侯鎛 （齊） 00271			 轝子鼎 （齊） 商圖 02404		 公典盤 （齊） 影彙 1043  叔夷鐘 （齊） 00273
	 羅兒匜 （羅） 影彙1266 用作「甥」。	 蔡大師鼎 （蔡） 02738  吴王夫差盉 （吴） 影彙 1475	 齊侯匜 （齊） 10283	 温縣盟書 （晉） T1K1:3802  侯馬盟書 （晉） 3:21	 温縣盟書 （晉） T1K1:1845  温縣盟書 （晉） T1K1:2279

1555 姬			1554 姜		
姬			姜		
 秦公鐘 （秦） 00262  敶侯作嘉姬𣪘 （陳） 03903	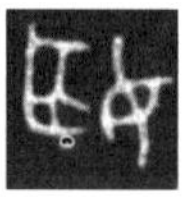 魯伯俞父簠 （魯） 04567  梁姬罐 影彙45	 魯伯厚父盤 （魯） 10086  齊趫父鬲 （齊） 00685	 仲姜甗 （芮） 商圖03300	 魯伯大父作孟姜簋 （魯） 03988 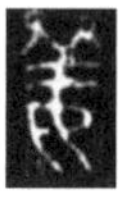 洹子孟姜壺 （齊） 09730	 仲姜簋 （芮） 近二403  太師盤 （晉） 影彙1464
 敶姬小公子盨 （陳） 04379		 魯少司寇封孫宅盤 （魯） 10154		 齊侯鎛 （齊） 00271  齊侯盂 （齊） 10318	 敶医作孟姜嫒簠 （陳） 04606  公典盤 （齊） 影彙1043
	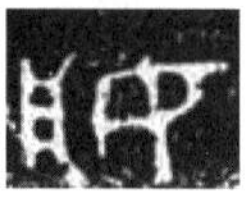 曹公簠 （曹） 04593	 拍敦 04644  禾簋 （齊） 03939	 㠱公壺 （㠱） 09704	 鄦子妝簠 （許） 04616  叔姜簠 （楚） 影彙1212	

 秦子簋蓋 （秦） 近二 423  干氏叔子盤 10131					 戈叔慶父鬲 （戴） 00608  𩰫侯簠 04561
 曾子原彝簠 （曾） 04573				 鄬中姬丹盤 （蔡） 影彙 471	
	 仲姬敦 （曾） 影彙502  曾婬孃朱姬簠 （曾） 影彙530	 吴王光鑑 （吴） 10299  王孫霧簠 （楚） 04501	 蔡侯𬭚缶 （蔡） 10004  曾仲姬壺 （曾） 近二855	 蔡侯簠 （蔡） 影彙 1897  孟滕姬缶 （楚） 10005	 曹公盤 （曹） 10144

1556 姑

1557 嬴

			嬴	姑	
 邾□白鼎 （邾） 02641  子叔嬴内君 盆 10331	 曾孟嬴剈簠 （曾） 影彙1199	 楚嬴匜 （楚） 10273  楚嬴盤 （楚） 10148	 國子碩父鬲 （虢） 影彙 49	 叔牙父鬲 00674	 晉姞盤 （晉） 商圖14461  單伯遵父鬲 00737
		 鄴伯受簠 （楚） 04599  嘉子孟嬴 指缶 影彙1806	 樊夫人龍 嬴壺 （樊） 09637  樊夫人龍 嬴匜 （樊） 10209		
 子季嬴青簠 （楚） 04594		 郘夫人孎鼎 （楚） 商圖02425	 鄦子妝簠 （許） 04616		

1558

嬀

嬀					
	 原氏仲簠 （陳） 影彙 395  敶候鼎 （陳） 02650	 敶医壺 （陳） 09634  陳医鬲 （陳） 00706	 邾囗白鼎 （邾） 02640	 黄季鼎 （黄） 02565	 鑄叔作嬴 氏簠 （鑄） 04560  郝仲簠 （郝） 影彙1045
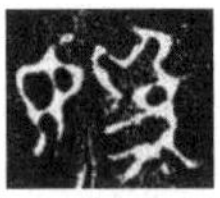 益余敦 影彙1627	 敶医作王仲 嬀㛿簠 （陳） 04604  敶医作王仲 嬀㛿簠 （陳） 04603	 陳医盤 （陳） 10157  敶伯元匜 （陳） 10267			 黄太子白 克盤 （黄） 10162

1563 妊	1562 妃		1561 婦	1560 妻	1559 妘
妊	妃	婦		妻	[女鼎]
 穌冶妊鼎 （蘇） 02526  兒慶鬲 （小邾） 商圖02868		 圓君婦媿霝壺 （小邾） 商圖12353  圓君鼎 （小邾） 02502	 宗婦鄁嬰殷蓋 04076  邛君婦龢壺 （邛） 09639	 鑄叔皮父簋 （鑄） 04127  郳大子鼎 （徐） 02652	
					 鄭大內史叔上匜 （鄭） 10281
	 鄘侯少子簋 （莒） 04152	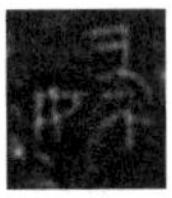 晉公盤 （晉） 復網 2014.6	 晉公盆 （晉） 10342 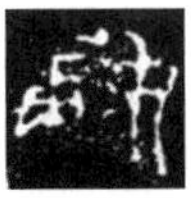 蔡叔季之孫賁匜 （蔡） 10284	 賈孫叔子屖盤 （蔡） 商圖14512  夫䟒申鼎 （舒） 影彙 1250	

1565 姑		1564 母			
	姑		母		
 䵼姬鬲 （鑄） 影彙1070  杞伯鬲 （杞） 國博2015.5	 晉姜鼎 （晉） 02826	 楚太師登鐘 （楚） 商圖15518	 敶候鼎 （陳） 02650  原氏仲簠 （陳） 影彙395	 穌冶妊鼎 （蘇） 02526  王作贊母鬲 00611	 鑄公簠蓋 （鑄） 04574  薛侯盤 （薛） 10133
		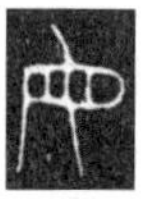 國差罎 （齊） 10361  䢅子鼎 （齊） 商圖02404	 長子沬臣簠 （楚） 04625  齊侯鎛 （齊） 00271	 敶伯元匜 （陳） 10267  郳始鬲 （小邾） 00596	 嫸妊車軎 12030
 諸樊之子通劍 （吳） 影彙1111  姑馮昏同之子句鑃 （越） 00424	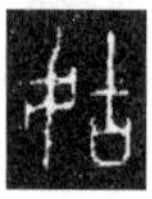 姑發䦂反劍 （吳） 11718	 拍敦 04644 用作「毋」。本卷「毋」字重見。	 哀成叔鼎 （鄭） 02782  禾簋 （齊） 03939	 宋君夫人鼎 （宋） 近二 304	

1567 妣

1566 威

⿰女匕	妣	⿹戈⿱一女	⿸厂⿹戈女	⿰女戈	
 叔夷鎛（齊）00285  叔夷鐘（齊）00277			 王子午鼎（楚）影彙 444  王孫遺者鐘（楚）00261	 王孫誥鐘（楚）影彙 419  王孫誥鐘（楚）影彙 427	 王孫誥鐘（楚）影彙 434  王孫誥鐘（楚）影彙 429
	 鄦侯少子簋（莒）04152	 蔡侯𩰫尊（蔡）06010  蔡侯𩰫盤（蔡）10171			 鼄公牼鐘（邾）00149  鼄公華鐘（邾）00245

1572 婤	1571 𡚻	1570 奴	1569 姪	1568 妹	
婤	𡚻	奴	嬗	妹	礼
	 妦仲簠 04534	 弗奴父鼎 （費） 02589	 虢嬗□盤 （虢） 10088  齊縈姬盤 （齊） 10147		
 敶伯元匜 （陳） 10267			 嬗妊車害 12030	 鄬伯受簠 （楚） 04599  宜桐盂 （徐） 10320	 齊侯鎛 （齊） 00271
				 宋公䜌簠 （宋） 04589	

1576 如		1575 好	1574 始		1573 改
如		好	始		改
	 太師盤 （晉） 影彙1464	 郐大子鼎 （徐） 02652	 伯氏始氏鼎 （鄧） 02643		 穌冶妊鼎 （蘇） 02526  蘇公匜 （蘇） 影彙1465
		 齊鞏氏鐘 （齊） 00142	 鞏子鼎 （齊） 商圖02404 用作「姒」。「姒」下重見。	 匜君壺 09680	 夆叔匜 （逄） 10282  仲改衛簠 （楚） 影彙399
 石鼓・鑾車 （秦）	 石鼓・遊車 （秦）  枤氏壺 （燕） 09715	 文公之母弟鐘 影彙1479  蔡侯驪尊 （蔡） 06010			

1582	1581	1580	1579	1578	1577
婁	嫚	妄	嬰	婔	妟
婁	嫚	妄	嬰	侑	妟
	 曾亘嫚鼎 (曾) 影彙1201  伯氏始氏鼎 (鄧) 02643	 晉姜鼎 (晉) 02826			 哀鼎 (𠭯) 商圖02311
			 王子嬰次爐 (楚) 10386  王子嬰次鐘 (楚) 00052		
 要君盂 10319				 侯馬盟書 (晉) 1:41	

1587	1586	1585	1584		1583
姒*	妢*	妦*	奿*		媿
姖	妢	妦	奿	嬗	媿
 弗奴父鼎 (費) 02589	 㠱侯簋 (㠱) 影彙1462	 妦仲簠 04534	 曹伯狄毁 (曹) 04019		 内子仲口鼎 (芮) 02517  圓君婦媿霝壺 (小邾) 商圖12353
				 復公仲簋蓋 (楚) 04128	

1592 ⿰爿囟*	1591 ⿰女白*	1590 娫*	1589 ⿰女只*	1588 ⿰女出*	
⿰爿囟	⿰女白	娫	⿰女只	⿰女出	始
					 伯氏始氏鼎 （鄧） 02643
 鄝子妝戈 （蓼） 影彙409 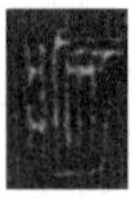 鄝子妝戈 （蓼） 文物2014.1	 郳始鬲 （小邾） 00596		 取膚上子 商匜 （魯） 10253	 叔夷鐘 （齊） 00280  叔夷鎛 （齊） 00285	 𩰫子鼎 （齊） 商圖 02404
 無子妝簠 （許） 04616		 遷邟鐘 （舒） 商圖15520  遷邟鎛 （舒） 商圖15794			「始」字重見。

			1595	1594	1593
			媵*	嬉*	𡢕*
		賸	媵	嬉	𡢕
 魯伯大父作季姬簋（魯）03974  魯伯大父作孟姜簋（魯）03988	 魯伯厚父盤（魯）10086  楚季咩盤（楚）10125	 鮴冶妊鼎（蘇）02526 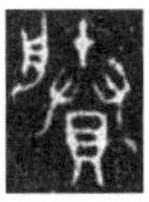 曾侯簠（曾）04598	 陳侯鬲（陳）00705	 魯伯大父作季姬簋（魯）03974	
 蔡大司馬燮盤（蔡）近二936	 取膚上子商匜（魯）10253	 鄝伯受簠（楚）04599  長子沬臣簠（楚）04625	 匽君壺 09680		
 曾子原彝簠（曾）04573  齊侯匜（齊）10283	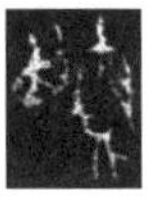 晉公盆（晉）10342	 復公仲簋蓋（楚）04128  蔡大師鼎（蔡）02738	 宋公䜌簠（宋）04589  宋公䜌簠（宋）04590		 曾𡢕𡤉朱姬簠（曾）影彙530

塍		賸			
 鼄伯鬲 （邾） 00669  鼄侯簋 04561	 敶侯鼎 （陳） 02650  原氏仲簠 （陳） 影彙395	 樊君鬲 （樊） 00626	 尋仲匜 （鄩） 10266  郜仲簠 （郜） 影彙1045	 魯大司徒子 仲白匜 （魯） 10277  甫弃生鼎 02524	
	 敶伯元匜 （陳） 10267  敶医作王仲 嬀嫚簠 （陳） 04603				 鄦中姬丹匜 （蔡） 影彙472  上都公簠 （楚） 影彙401
	 曹公簠 （曹） 04593  曹公盤 （曹） 10144		卷六「賸」下重見。	 鄦子妝簠 （許） 04616	

⿱髟女*

⿱髟女	朕		⿰月⿱龹子	⿰女⿱日貝	⿰月⿱龹女
	 魯伯愈父匜 (魯) 10244 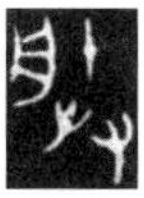 鑄公簠蓋 (鑄) 04574	 薛侯盤 (薛) 10133	 㠱侯簋 (㠱) 影彙1462		 干氏叔子盤 10131
 魯少司寇封孫宅盤 (魯) 10154	 鄭大内史叔上匜 (鄭) 10281  楚屈子赤目簠 (楚) 04612	 齊侯作孟姜敦 (齊) 04645			
	用作「⿰月⿱龹女」。卷八「朕」字重見。			 蔡侯⿲申東申缶 (蔡) 10004  蔡侯⿲申東申盤 (蔡) 10171	

	1600 嬭*	1599 嫞*		1598 媡*	1597 婜*
⿰女⿸户爾	嬭	嫜		媡	婜
 楚季哶盤 (楚) 10125	 楚王鐘 (楚) 00072  鄀公簠蓋 (鄀) 04569	 魯伯者父盤 (魯) 10087	 鼄友父鬲 (小邾) 00717  邾友父鬲 (小邾) 影彙1094	 杞伯每亡𣪕 (杞) 03898  杞伯每亡𣪕 (杞) 03901	 宗婦鄁婜𣪕 04077  宗婦鄁婜盤 10152
 長子沬臣簠 (楚) 04625  曾孟⿰女⿸户爾諫盆 (曾) 10332	 王子申盞 (楚) 04643		用作國族名「曹」字。		
 揚鼎 商圖02319	用作「芈」姓字。				

1602 毋　　1601 嬻*

母	毋	嬻	妳		
 楚太師登鐘（楚）商圖15512					 曾侯簠（曾）04598
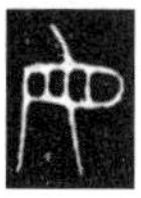 國差罎（齊）10361				 楚屈子赤目簠（楚）04612	 上鄀公簠（楚）影彙 401
 䢼子鼎（齊）商圖 02404				 楚屈子赤目簠（楚）影彙 1230	 楚王鼎（楚）通鑒02318
 杕氏壺（燕）09715 「母」「毋」一字分化。本卷「母」字重見。	 中央勇矛 11566	 倗夫人嬻鼎（楚）商圖02425	 鄬侯少子簋（莒）04152	 鄢子孟嬭青簠（楚）影彙 522	

1604 弗　　　　　　　　　　　　1603 民

	弗				民
	 戎生鐘 （晉） 影彙 1615  弗奴父鼎 （費） 02589		 洹子孟姜壺 （齊） 09730	 曾伯陭鉞 （曾） 影彙1203	 晉姜鼎 （晉） 02826  曾子斿鼎 （曾） 02757
	 叔夷鐘 （齊） 00273	 王子午鼎 （楚） 影彙 444  王子午鼎 （楚） 影彙 449	 王孫遺者鐘 （楚） 00261	 秦公簋 （秦） 04315.1  盄和鐘 （秦） 00270	 齊侯鎛 （齊） 00271
 哀成叔鼎 （鄭） 02782  侯馬盟書 （晉） 156:19	 侯馬盟書 （晉） 67:30		 郮夫人嫘鼎 （楚） 商圖02425		 余贎逐兒鐘 （徐） 00184  宋君夫人鼎 （宋） 近二 304

			1606 氏	1605 也	
			氏	乜	
 伯氏鼎 02443  伯氏鼎 02447	 矩甗 （申） 影彙970	 虢季鼎 （虢） 影彙 13  原氏仲簠 （陳） 影彙395	 毛叔盤 （毛） 10145  叔牙父鬲 00674		
	 國差𦉜 （齊） 10361	 魯大司徒厚氏元簠 （魯） 04691  齊鞷氏鐘 （齊） 00142	 趙焦犾戈 （晉） 中原2014.2  齊侯鎛 （齊） 00271		
	 杕氏壺 （燕） 09715  侯馬盟書 （晉） 85:19	 侯馬盟書 （晉） 200:46	 樊季氏孫仲𩰫鼎 （樊） 02624	 欒書缶 （楚） 10008  競孫旟也鬲 （楚） 商圖03036	 侯馬盟書 （晉） 67:30

1607 氒

				氒	
					 戎生鐘 （晉） 影彙1613  上鄀公敄人簋蓋 （鄀） 04183
 邾公釛鐘 （邾） 00102	 鄬子受鐘 （楚） 影彙512		 盜叔壺 （邿） 09625	 子犯鐘 （晉） 影彙1011  王孫誥鐘 （楚） 影彙418	 秦景公石磬 （秦） 商圖19785  叔夷鎛 （齊） 00285
 吴王夫差鑑 （吴） 10295  攻吴王夫差鑑 （吴） 影彙1477	 羅兒匜 （羅） 影彙1266  曾侯與鐘 （曾） 江考2014.4	 姑馮昏同之子句鑃 （越） 00424  越王者旨於睗鐘 （越） 00144	 臧孫鐘 （吴） 00098	 鼄公華鐘 （邾） 00245  三兒簋 （徐） 04245	

1609 戈　　1608 氏

戈		氏	呧		
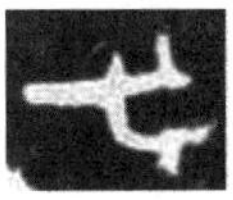 高子戈 （齊） 10961	 虢大子元徒戈 （虢） 11117  曹公子沱戈 （曹） 11120	 賙金氏孫盤 （虢） 10098		 鼄叔之伯鐘 （邾） 00087	
 趙昔月戈 （晉） 影彙 972  曾子南戈 （曾） 江考 2015.1	 曹右庭戈 （曹） 11070  左徒戈 10971			 子辛戈 （楚） 影彙526	 王子午鼎 （楚） 影彙 446  王子午鼎 （楚） 影彙 449
 王子安戈 （滕） 11122  南君旟鄒戈 （楚） 商圖17052	 宋公差戈 （宋） 11204  淳于公戈 （淳于） 影彙1109	 石鼓・汧沔 （秦）	 蔡侯紐鐘 （蔡） 00211  蔡侯紐鐘 （蔡） 00210		 之乘辰鐘 （徐） 影彙 1409

1610

肇

肇	鈛				
 魯司徒仲齊盨 （魯） 04441  鑄子叔黑臣簠 （鑄） 04570					 宮氏白子戈 （虢） 11119  衛公孫呂戈 （衛） 11200
 叔夷鐘 （齊） 00273					
 禾簋 （齊） 03939	 陳口造戈 （齊） 11034  成陽辛城里戈 11155	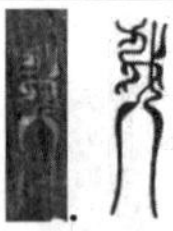 王子孜戈 （吴） 11207 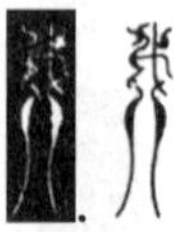 玄鏐戈 （吴） 影彙1289	 宋公得戈 （宋） 11132  之用戈 商圖16508	 許公戈 （許） 影彙 531  蔡侯䪥戈 （蔡） 11142	 宋公䜌戈 （宋） 11133  吴王光戈 （吴） 11255

1612		1611			
	戟		戎		
𢦒	戟	戎			
	 窟𢾅王戟 (吴) 通鑒16977		 戎生鐘 (晉) 影彙 1618 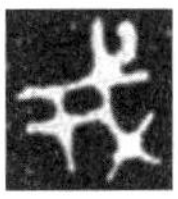 侯母壺 (魯) 09657	 内子仲口鼎 (芮) 02517 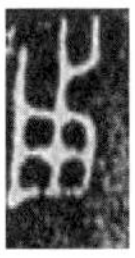 芮子仲㱃鼎 (芮) 商圖02125	 魯司徒仲齊匜 (魯) 10275  魯伯愈盨 (魯) 04458
 鄝子受戟 (楚) 影彙525			 王孫誥鐘 (楚) 影彙 421  叔夷鎛 (齊) 00285		
 武城戟 (齊) 10967  君子翮戟 11088	 簷戟 (莒) 商圖16604  比城戟 (晉) 影彙 971	 競之定豆 (楚) 商圖06151  競之定鬲 (楚) 商圖03015	 𦅫篙鐘 (楚) 00038		 蔡侯𨐨尊 (蔡) 06010

1613

賊

⿰鼎戈	⿰吞戈	⿷匚⿰貝戈	⿺建戈		
			 伯□邛戈 影彙1973		
			 王孫誥戟 （楚） 影彙466  童麗公柏戟 （鍾離） 鍾離：圖90		
 温縣盟書 （晉） WT1K1:3690  温縣盟書 （晉） WT1K1:2667	 滕侯昃戈 （滕） 11123	 舉子傀戈 商圖 16884		 玄鏐戟 影彙536  王孫名戟 （楚） 商圖16848	  平阿右戟 影彙 1542  攻敔戟 （吴） 11258

1615 或	1614 戲				
或	戲	戱	戝	戱	
 邛季之孫戈（邛）11252	 右戲仲夏父鬲 00668				
 秦景公石磬（秦）通鑒 19799					
 石鼓・靁雨（秦）	 温縣盟書（晉）WT4K6:212	 侯馬盟書（晉）156:25  温縣盟書（晉）T1K1:3802	 温縣盟書（晉）T1K1:3216	 温縣盟書（晉）T1K1:3211  温縣盟書（晉）T1K1:1961	 温縣盟書（晉）T1K1:137  司馬楙鎛（滕）近二49

1618 武	1617 戋	1616 戮			
武	戋	戮			
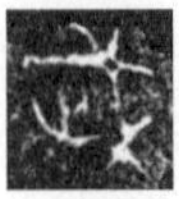 武生毀鼎 02523	 戋叔朕鼎 （戴） 02690  戋叔慶父鬲 （戴） 00608	 秦政伯喪戈 （秦） 近二 1248  秦政伯喪戈 （秦） 近二 1249			 秦公鎛 （秦） 00269 用作「國」。卷六「國」字重見。
 秦公簋 （秦） 04315  王孫誥鐘 （楚） 影彙 441	用作國族名「戴」。		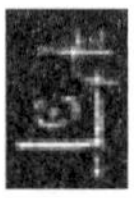 齊侯鎛 （齊） 00271  𩁹子鼎 （齊） 商圖 02404		
 曾侯與鐘 （曾） 江考 2014.4  配兒鉤鑃 （吴） 00427			 侯馬盟書 （晉） 85:2	 侯馬盟書 （晉） 67:10  哀成叔鼎 （鄭） 02782	 侯馬盟書 （晉） 16:9  侯馬盟書 （晉） 194:9

1622	1621	1620	1619		
⿹戈石*	戓*	戔	戠		
⿹戈石	戓	戔	戠		
		 伯戔盆 （邛） 10341  伯戔盤 （邛） 10160	 復封壺 （齊） 通鑒12447		 曾伯霥簠 （曾） 04632
					 周王孫季 紃戈 （曾） 11309  王孫誥鐘 （楚） 影彙436
 工𠪚大叔戈 （吴） 商圖17138	 攻吴王獻 戓劍 （吴） 影彙1188	 越王勾踐之 子劍 （越） 11594  戉王句戔之 子劍 （越） 11595	 𪈒鎛 （楚） 影彙489  𪈒鎛 （楚） 影彙490	 曾侯與鐘 （曾） 江考2014.4  曾侯與鐘 （曾） 江考2014.4	 邵黛鐘 （晉） 00230

1628 戫*	1627 戥*	1626 戙*	1625 戜*	1624 戏*	1623 或*
戫	戥	戙	戜	戏	或
 庚壺 (齊) 09733 用作「莊」。				  章子鄭戈 (楚) 11295	 叔夷鐘 (齊) 00273  叔夷鎛 (齊) 00285
	 越王者旨於睗鐘 (越) 00144	 攻敔王光劍 (吴) 11654	 越王者旨於賜戈 (越) 11310		

1633 戊	1632 ⿰尋戈*	1631 ⿰吾戈*	1630 ⿰豙戈*		1629 ⿰朮戈*
戊	⿰尋戈	⿰吾戈	⿰豙戈	⿰壴戈	⿰朮戈
 曾伯陭鉞 （曾） 影彙1203					
		 王孫誥鐘 （楚） 影彙 422  王孫誥鐘 （楚） 影彙 434			
 越王勾踐之子劍 （越） 11594  戉王句戔之子劍 （越） 11595	 攻敔王光劍 （吴） 11666		 司馬楙鎛 （滕） 近二49	 温縣盟書 （晉） WT4K6:211  温縣盟書 （晉） WT4K6:315	 温縣盟書 （晉） WT4K6:250 用作「仇」。

1635 我　　1634 戚

我	戕		戚		
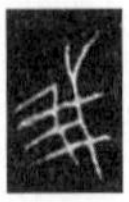 秦公鎛 （秦） 00267  曾伯霥簠 （曾） 04632			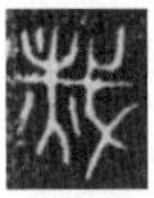 曾伯陭鉞 （曾） 影彙1203		
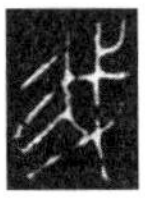 齊䢼氏鐘 （齊） 00142  季子康鎛（鍾離） 商圖15790	 叔夷鎛 （齊） 00285 用作「肅」。	 簷叔之仲子平鐘 （莒） 00179  簷叔之仲子平鐘 （莒） 00174			
 杕氏壺 （燕） 09715  石鼓・而師 （秦）		用作「肅」。		 越王諸稽於睗劍 （越） 影彙1738  越王諸稽於睗劍 （越） 影彙1899	 戉王矛 （越） 11451  戉王劍 （越） 11570

1636

義

義					
 秦公鎛 （秦） 00269  郜公簠蓋 （郜） 04569			 晉姜鼎 （晉） 02826  晉姜鼎 （晉） 02826		 楚太師登鐘 （楚） 商圖15511 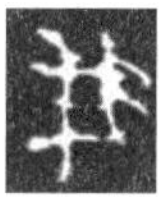 鄭義伯鑩 （鄭） 09973
 齊侯鎛 （齊） 00271		 邾公釛鐘 （邾） 00102		 王子午鼎 （楚） 影彙 449 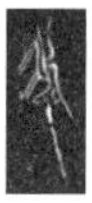 王子午鼎 （楚） 影彙444	 王孫誥鐘 （楚） 影彙419 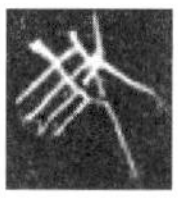 王孫誥鐘 （楚） 影彙 427
 郐王義楚觶 （徐） 06513  義子鼎 近二 308	 欒書缶 （楚） 10008  姑馮昏同之 子句鑃 （越） 00424	 我自鑄鈹 文物2011.9  者減鐘 （吴） 00196	 蔡侯紐鐘 （蔡） 00211  復公仲簋蓋 （楚） 04128	 與兵壺 （鄭） 近二 878	 遷邟鐘 （舒） 商圖15520  遷邟鎛 （舒） 商圖 15796

1637

直

直					
					 秦子簋蓋 (秦) 近二 423
			 王子午鼎 (楚) 02811 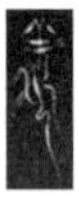 王子午鼎 (楚) 影彙 446	 王孫誥鐘 (楚) 影彙 429  王孫誥鐘 (楚) 影彙 434	 王孫誥鐘 (楚) 影彙 425  王孫誥鐘 (楚) 影彙418
 侯馬盟書 (晉) 3:5  侯馬盟書 (晉) 探 8②:1	 侯馬盟書 (晉) 88:3  侯馬盟書 (晉) 3:1	 侯馬盟書 (晉) 3:12  侯馬盟書 (晉) 16:36		 司馬楙鎛 (滕) 近二49	 蔡侯𪒠盤 (蔡) 10171  蔡公子義 工簠 (蔡) 04500

1638 亡

亡

 叔家父簠 04615		
 鄬子受鐘 （楚） 影彙506  鄬子受鐘 （楚） 影彙510		
 侯馬盟書 （晉） 67:52  侯馬盟書 （晉） 92:5	 侯馬盟書 （晉） 67:21  侯馬盟書 （晉） 67:20	 越王者旨於睗鐘 （越） 00144

1639 乍

乍

 秦公鼎 （秦） 影彙1340  虢季鐘 （虢） 影彙7	 商丘叔簠 （宋） 0455  大嗣馬簠 04505	 畢仲弁簠 （小邾） 商圖05912  郳子良人甗 00945
 陳伯元匜 （陳） 10267  簷叔之仲子平鐘 （莒） 00175	 鄭大内史叔上匜 （鄭） 10281  鄧公乘鼎 （楚） 02573	 楚子棄疾簠 （楚） 影彙314  宜桐盂 （徐） 10320
 郘黛鐘 （晉） 00226  石鼓・作原 （秦）	 宋公䜌簠 （宋） 04590  鄦公買簠 （許） 近二475	 子季嬴青簠 （楚） 04594  倗夫人嫘鼎 （楚） 商圖02425

 曾仲大父 蠢毁 （曾） 04203				 戎生鐘 （晉） 影彙1616  鄀公簠蓋 （鄀） 04569	 衛夫人鬲 （衛） 影彙1700  曾侯宦鼎 （曾） 商圖02219
 童麗君柏匿 （鍾離） 鍾離：圖26	 鄬子受鐘 （楚） 影彙511  鄬子受鐘 （楚） 影彙507	 王子午鼎 （楚） 影彙445  王子午鼎 （楚） 影彙449	 魯少司寇封 孫宅盤 （魯） 10154  叔左鼎 商圖02334	 齊侯鎛 （齊） 00271	 陳公孫寣 父瓶 （陳） 09979  黄子鬲 （黄） 00687
 姑馮昏同之 子句鑃 （越） 00424 「乍」皆用作「作」。					

					 番伯禽匜 （番） 10259  廓季伯歸鼎 02645 倒置。
 蔡侯產劍 （蔡） 11602  之乘辰鐘 （徐） 影彙 1409	 越王者旨於 賜鐘 （越） 00144  王用劍 （越） 商圖17820	 能原鎛 （越） 00155  邚王欿淺劍 （越） 11621	 楚王酓恷盤 （楚） 商圖14402  楚王酓恷匜 （楚） 商圖14869	 曾媀孆朱 姬簠 （曾） 影彙530  宋右師延敦 （宋） 春 CE33001	 吴王夫差鑑 （吴） 10296  吴王夫差矛 （吴） 11534

1641 區	1640 匄				
區	匄	⿰亡又	⿰亡攴		
	 召叔山父簠 （鄭） 04601  鼄乎簋 （曾） 04157				
			 鄬子受鐘 （楚） 影彙 510  鄬子受鐘 （楚） 影彙 506	 鞷子鼎 （齊） 商圖 02404  叔夷鐘 （齊） 00275	
 侯馬盟書 （晉） 1:46		 欒書缶 （楚） 10008		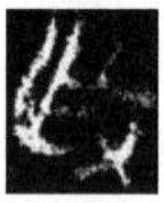 郘王劍 （呂） 11611	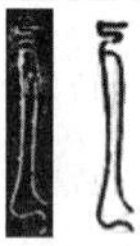 曾侯邸簠 （曾） 近二460a 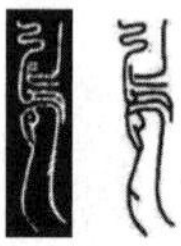 攻吴王光劍 （吴） 影彙1478

1645 匜*	1644 匹			1643 匽	1642 匿
匜	匹			匽	匿
	 戎生鐘 （晉） 影彙 1615  晉姜鼎 （晉） 02826			 秦公鎛 （秦） 00267  秦公鎛 （秦） 00269	
 匜君壺 09680		 王孫誥鐘 （楚） 影彙 431	 子犯鐘 （晉） 影彙 1017  匽公匜 （燕） 10229	 齊塦氏鐘 （齊） 00142  秦景公石磬 （秦） 通鑒 19782	
		 子璋鐘 （許） 00113  曾侯與鐘 （曾） 江考 2014.4	 杕氏壺 （燕） 09715	 沇兒鎛 （徐） 00203	 文公之母弟鐘 影彙1479

			1647 匜		1646 匡
			它		匩
 笱侯匜 （荀） 10232	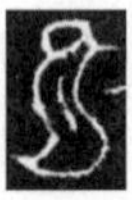 昶仲匜 （番） 商圖14953	 魯大司徒子 仲白匜 （魯） 10277	 虢宫父匜 （虢） 商圖14895	 郝召簠 （郝） 影彙1042	 叔家父簠 04615
 番口伯者 君匜 （番） 10269	 昶仲無龍匜 （番） 10249	 郘湯伯匜 （晉） 10208		 郝召簠 （郝） 影彙1042	 吴王御士簠 （虞） 04527
		 魯少司寇封 孫宅盤 （魯） 10154  樊夫人龍 嬴匜 （樊） 10209	 公典盤 （齊） 影彙1043  𦥑子鼎 （齊） 商圖02404		 陳公子中 慶簠 （陳） 04597
	卷十三「它」字重見。		 賈孫叔子 屖盤 （齊） 商圖14512		 曹公簠 （曹） 04593  蔡侯簠 （蔡） 影彙1896

沱	鍂	鉈	盄		
		 戈伯匜 （戴） 10246  齊伯里父匜 （齊） 商圖14966	 晉姞盤 （晉） 商圖14461	 曾子白父匜 （曾） 10207  番□伯者君匜 （番） 10268	 郟季寬車匜 （黃） 10234  塞公孫瘖父匜 （楚） 10276
	 𨻰子匜 （陳） 10279	 𨻰伯元匜 （陳） 10267			 鄭大内史叔上匜 （鄭） 10281  匽公匜 （燕） 10229
 曾甫人匜 （曾） 通鑒14964	 滕太宰得匜 （滕） 影彙1733  蔡侯𩰫匜 （蔡） 10189	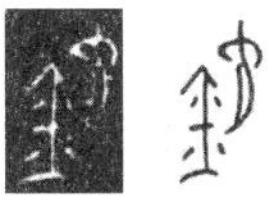 羅兒匜 （羅） 影彙1266			

1650 甗	1649 曲	1648 ⿷匚缶*			
鬳	曲	⿷匚缶	錍	銕	⿱叀皿
 王孫壽甗 00946 用作「甗」。參見卷三「鬳」字。	 曾子斿鼎 （曾） 02757	 梁姬罐 影彙 45			
			 王子申匜 （楚） 影彙 1675	 曾夨臣匜 （曾） 近二 948	 曾少宰黃仲酉匜 （曾） 近二951

		1653 弧		1652 弓	1651 瓶*	
		弧		弓	瓶	獻
					 都于子瓶簠 （都） 04542	 魯仲齊甗 （魯） 00939 用作「甗」。參見卷十「獻」字。
	 侯馬盟書 （晉） 1:41  侯馬盟書 （晉） 1:11	 侯馬盟書 （晉） 200:16  侯馬盟書 （晉） 16:22	 侯馬盟書 （晉） 200:17  侯馬盟書 （晉） 1:10	 石鼓・田車 （秦）  石鼓・而師 （秦）		

1654 彊

					彊
 郜伯祀鼎 （郜） 02602  番君酟伯鬲 （番） 00732	 考叔䏁父簠 （楚） 04608  番君酟伯鬲 （番） 00734	 秦公鎛 （秦） 00268.2	 鄁公簋 04017	 侯母壺 （魯） 09657  鼄來隹鬲 （郳） 00670	 秦公鎛 （秦） 00268  秦公鎛 （秦） 00269
		 魯大司徒厚氏元簠 （魯） 04689  何次簠 （楚） 影彙404	 陳公孫䏁父瓶 （陳） 09979	 魯大司徒厚氏元簠 （魯） 04691	 鄭大内史叔上匜 （鄭） 10281  叔師父壺 （邛） 09706
				 鼄公華鐘 （郳） 00245	 鄦公買簠 （許） 近二 475  倗夫人嫘鼎 （楚） 商圖02425

	1656 發		1655 引		
	弦	發		引	
					 郳子良人甗 00945  眚仲之孫簋 04120
 發孫虜鼎 （楚） 影彙1205  發孫虜簠 （楚） 影彙1773	 篖叔之仲子平鐘 （莒） 00179  篖叔之仲子平鐘 （莒） 00177		 叔夷鐘 （齊） 00272  叔夷鎛 （齊） 00285	 秦公簋 （秦） 04315  樂大司徒瓶 09981	
		 姑發𦊅反劍 （吳） 11718	或釋「弘」。		「彊」皆用作「疆」。

		1660	1659	1658	1657
		⿰弓呈*	⿰弓旨*	⿱产弓*	彌*
⿰弓睪		⿰弓呈	⿰弓旨	⿱产弓	⿰弓爾
					 齊侯鎛 （齊） 00271
 侯馬盟書 （晉） 156:23  侯馬盟書 （晉） 156:2	 侯馬盟書 （晉） 3:23  侯馬盟書 （晉） 156:20	 侯馬盟書 （晉） 75:8  侯馬盟書 （晉） 194:12	 侯馬盟書 （晉） 156:8	 仲姬敦 （曾） 影彙 502 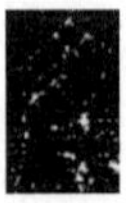 仲姬敦 （曾） 影彙502	

1665 ⿰弓遷*	1664 ⿰弓⿰束人*	1663 ⿰弓攵*	1662 弨*	1661 ⿰弓复*	
⿰弓遷	⿰弓⿰束人	⿰弓攵	弨	⿰弓复	⿰弓呈
 吴王光鑑（吴）10298 用作「彝」。	 侯馬盟書（晉）105:1  侯馬盟書（晉）105:2	 晉公盤（晉）復網2014.6	 晉公盤（晉）復網 2014.6	 晉公盆（晉）10342	 侯馬盟書（晉）156:24

			1668	1667	1666
			孫	系	盭
			孫	系	盭
		 戎生鐘 （晉） 影彙 1620  太師盤 （晉） 影彙 1464	 商丘叔簠 （宋） 04558  齊良壺 （齊） 09659		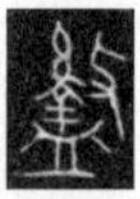 秦公鎛 （秦） 00268  秦公鐘 （秦） 00262
		 魯少司寇封孫宅盤 （魯） 10154 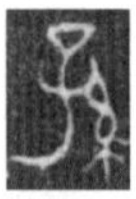 宋公𪍣鼎 （宋） 文物2014. 1	 陳公孫𢍰父瓶 （陳） 09979  公典盤 （齊） 影彙 1043		
 楚王孫漁戈 （楚） 11152  王孫家戈 （楚） 商圖16849	 宋公䜌簠 （宋） 04589  臧孫鐘 （吴） 00094	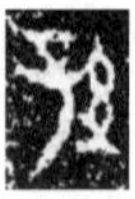 邵黛鐘 （晉） 00226  侯馬盟書 （晉） 194:4	 子璋鐘 （許） 00116  曾侯與鐘 （曾） 江考 2014. 4	 侯馬盟書 （晉） 92:45	

 □魯宰兩鼎 (魯) 02591	 番昶伯者君鼎 (番) 02618		 雍鼎 02521  筍侯匜 (荀) 10232		
 □偖生鼎 02632  □偖生鼎 02633	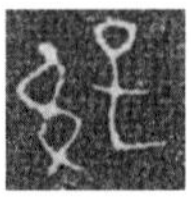 上鄀府簠 (楚) 04613		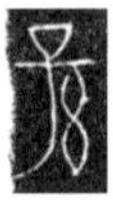 郲公鈺鐘 (郲) 00102		
		 侯馬盟書 (晉) 92:2	 侯馬盟書 (晉) 1:4  欒書缶 (楚) 10008	 三兒簋 (徐) 04245  三兒簋 (徐) 04245	 吴王孫無土鼎 (吴) 02359  越王者旨於睗鐘 (越) 00144

1669

𧺆*

				𧺆	[illegible]
					 鼄訧鼎 (邾) 02426
				 之乘辰鐘 (徐) 影彙 1409	 郳公𩚉父鎛 (小邾) 商圖15818 或釋作「遜」。

春秋文字字形表 卷十三

	1670 糸	1671 繹		
	糸	繹	繹	
早期		 曾子繹鼎 (曾) 江考 2015.3		
中期				
晚期	 侯馬盟書 (晉) 3:23	 侯馬盟書 (晉) 18:1  侯馬盟書 (晉) 91:5	 侯馬盟書 (晉) 77:18	 侯馬盟書 (晉) 3:22

1676		1675	1674	1673	1672
終		結	繯	繼	經
	[illegible]	結	繯	㡭	經
	 曾仲大父蝨段 (曾) 04204  曾子伯窞盤 (曾) 10156				
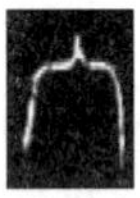 黄子鑐 (黄) 影彙 94	 黄子壺 (黄) 09664  蓊兒罍 (鄀) 影彙 1187				 叔夷鐘 (齊) 00272  叔夷鎛 (齊) 00285
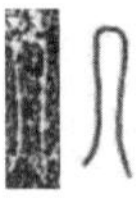 曾侯與鐘 (曾) 江考 2014.4	 曾侯與鐘 (曾) 江考 2014.4 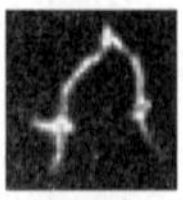 臧孫鐘 (吴) 00095	 侯馬盟書 (晉) 194:2  侯馬盟書 (晉) 194:5	 侯馬盟書 (晉) 49:2	 拍敦 04644	

1680 紳	1679 紫	1678 綰	1677 綾		
䌸	紫	⿱宀綰	綾		⿱宀中
 矩甗 （申） 影彙 970  䌸公彭宇簠 （楚） 04610		 晉姜鼎 （晉） 02826			
 秦景公石磬 （秦） 通鑒 19791  秦景公石磬 （秦） 通鑒19792			 庚壺 （齊） 09733		 黄子盤 （黄） 10122  黄子匜 （黄） 10254
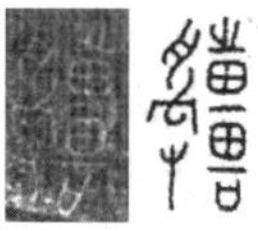 王子申匜 （楚） 影彙1675	 吴王光鐘 （吴） 00224  吴王光鐘 （吴） 00224			 王子頣組 通鑒06321	

1684	1683	1682	1681		
滕	緘	縈	組		
縢	緘	縈	緄		䜌
		 齊縈姬盤 （齊） 10147	 虢季氏子組鬲 （虢） 00662  虢季氏子組簋 （虢） 03972		
 庚壺 （齊） 09733  孟縢姬缶 （楚） 10005	 叔夷鐘 （齊） 00274  叔夷鎛 （齊） 00285				
				 曾侯殘鐘 （曾） 江考2014.4  曾侯與鐘 （曾） 江考2014.4	 蔡侯䜌缶 （蔡） 10004  蔡侯䜌戈 （蔡） 11140

1689 縷*	1688 緰	1687 綃	1686 緐		1685 維
縷	緰	綃	緐		維
			 吳王御士簋 （虞） 04527	 戎生鐘 （晉） 影彙 1616  晉姜鼎 （晉） 02826	
				 庚兒鼎 （徐） 02715	
 侯馬盟書 （晉） 198:3	 侯馬盟書 （晉） 156:24  侯馬盟書 （晉） 79:3	 侯馬盟書 （晉） 156:19  侯馬盟書 （晉） 156:19		 者𣹢鐘 （吳） 00198	 吳王光鐘 （吳） 00224  吳王光鐘 （吳） 00224

1690

彝

遾				彝	
			 曾子仲謱鼎 （曾） 02620	 王作贊母鬲 00611  曾子斿鼎 （曾） 02757	 宗婦鄁嬰殷 04079  曾侯簠 （曾） 04598
 王子午鼎 （楚） 影彙444  王子午鼎 （楚） 影彙447	 王子午鼎 （楚） 影彙449			 作司口匜 10260	 秦公簋 （秦） 04315
 與兵壺 （鄭） 近二878 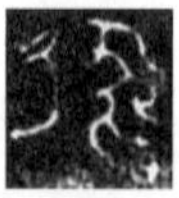 鄭莊公之孫盧鼎 （鄭） 商圖02409	 曾侯與鐘 （曾） 江考2014.4	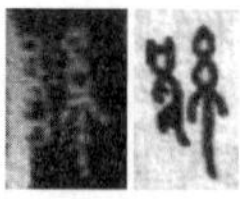 司馬楙鎛 （滕） 近二50	 蔡侯尊 （蔡） 06010  蔡侯盤 （蔡） 10171		 禾簋 （齊） 03939

1694	1693	1692	1691		
⿰口系*	綐*	絣*	⿰糸欠*		
⿰口系	綐	⿰糸⿱八見	⿰糸欠	⿰金⿱𢆶廾	⿰犭⿱𢆶廾
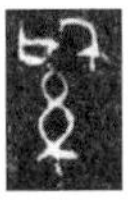 奚子宿車鼎 （黄） 02603 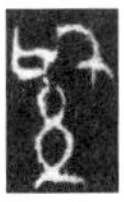 奚子宿車鼎 （黄） 02604					
				 鄬子受鐘 （楚） 影彙 511  鄬子受鎛 （楚） 影彙 513	
	 侯馬盟書 （晉） 156:25  侯馬盟書 （晉） 156:23	 吴王光鐘 （吴） 00224  吴王光鐘 （吴） 00224	 温縣盟書 （晉） WT1K1:3687		 競之定鬲 （楚） 商圖 03020  競之定豆 （楚） 商圖 06150

1698 綸*			1697 緯	1696 總*	1695 縝*
紟	綸	綽	緯	總	[illegible]
 秦公鎛 （秦） 00268  秦公鎛 （秦） 00269			 戎生鐘 （晉） 影彙 1618  晉姜鼎 （晉） 02826		
	 齊侯鎛 （齊） 00271				
		 温縣盟書 （晉） WT4K6:212		 温縣盟書 （晉） WT1K14:572	 蔡公子縝戈 （蔡） 古研30

1704	1703	1702	1701	1700	1699
强	蠆	蠹	雖	[illegible]*	[illegible]*
強	蠆	蠹	雖	[illegible]	[illegible]
			 秦公簋 （秦） 04315  盄和鐘 （秦） 00270	 [illegible]兒罍 （鄀） 影彙1187	
 侯馬盟書 （晉） 35:2  侯馬盟書 （晉） 16:9	 侯馬盟書 （晉） 92:20	 侯馬盟書 （晉） 16:2			 石鼓・鑾車 （秦）

1709 蚩*	1708 虹		1707 茧	1706 螇	1705 蜀
蚩	虹	⿱艹蟲	茧	螇	蜀
		 鄀公諴鼎 （鄀） 02753 用作國族名「鄀」。	 蛬公諴簠 （鄀） 04600 用作國族名「鄀」。	 叔單鼎 （黄） 02657	
 侯馬盟書 （晉） 85:35	 石鼓・馬薦 （秦）	 温縣盟書 （晉） WT4K6:315			 石鼓・避車 （秦）

1715	1714	1713	1712	1711	1710
蟲	䗬*	䗭*	蝨*	蝨*	䖵*
蟲	䗬	䗭	蝨	蝨	䖵
				 曾仲大父 蝨毁 （曾） 04203  曾仲大父 蝨毁 （曾） 04204	
					 江叔䖵鬲 （江） 00677
 侯馬盟書 （晉） 105:1	 鄘侯少子簋 （莒） 04152	 侯馬盟書 （晉） 156:26  侯馬盟書 （晉） 探 8②:2	 温縣盟書 （晉） WT1K1:2667		

1718 鼄　　1717 鼉　　1716 它

		鼄	鼉	它	
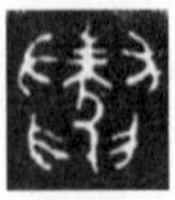 邾公子害簠 （小邾） 商圖05907  邾□白鼎 （邾） 02640	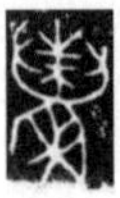 杞伯每亡 壺蓋 （杞） 09687  鼄友父鬲 （小邾） 00717	 鼄伯鬲 （邾） 00669 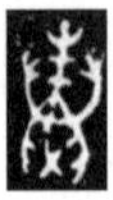 魯伯愈父鬲 （魯） 00692		 魯大司徒子 仲白匜 （魯） 10277	
		 鼄君鐘 （邾） 00050		 公典盤 （齊） 影彙 1043	 取它人鼎 （魯） 02227
		 鼄大宰簠 （邾） 04624  鼄公華鐘 （邾） 00245	 邵黛鐘 （晉） 00226  邵黛鐘 （晉） 00235	 賈孫叔子 屖盤 （齊） 商圖14512 用作「匜」。卷十二「匜」字重見。	 遷邟鐘 （舒） 商圖 15520  遷邟鎛 （舒） 商圖 15796

1721	1720	1719
亟	二	卵

	亟	二	卵	⿱宀黽	
	 晉姜鼎 （晉） 02826  曾大保盆 （曾） 10336	 虞侯政壺 （虞） 09696  洹子孟姜壺 （齊） 09730		 ⿱宀黽乎簋 （曾） 0415  ⿱宀黽乎簋 （曾） 04158	 邾慶簠 （小邾） 商圖05878  邾慶簠 （小邾） 商圖05879
	 王子午鼎 （楚） 影彙446  王子午鼎 （楚） 影彙449	 秦公簋 （秦） 04315  鄭大內史叔上匜 （鄭） 10281	 次□缶 （徐） 影彙 1249		「⿱大黽」皆用作國族名「邾」。
 侯馬盟書 （晉） 96:4  溫縣盟書 （晉） T1K1：3216	 與兵壺 （鄭） 近二 878  侯馬盟書 （晉） 156:22	 侯馬盟書 （晉） 1:21			

1724 凡　1723 竺　1722 亘

凡	竺	亘	亙	亟	
		 曾亘嫚鼎（曾）影彙1201  曾亘嫚鼎（曾）影彙 1202			
			 庚壺（齊）09733		
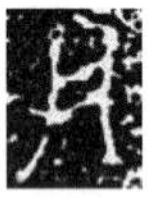 伯怡父鼎 近二 313	 侯馬盟書（晉）1:7			 侯馬盟書（晉）1:26	 侯馬盟書（晉）200:11  侯馬盟書（晉）200:38

1726 地		1725 土			
墬	墜	土			
				 戎生鐘 （晉） 影彙 1614 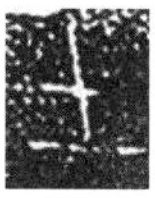 復封壺 （齊） 通鑒12448	
 侯馬盟書 （晉） 16:2  侯馬盟書 （晉） 16:30	 侯馬盟書 （晉） 3:16  侯馬盟書 （晉） 179:20	 公子土斧壺 （齊） 09709	 哀成叔鼎 （鄭） 02782  九里墩鼓座 （舒） 00429	 曾侯與鐘 （曾） 江考 2014.4  吴王孫無土鼎 （吴） 02359	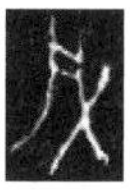 𪘨鎛 （楚） 影彙 489  𪘨鎛 （楚） 影彙 494

1728 坡　1727 坤

坡	坤	徑	陘	隊	
 工尹坡盞 商圖 06060	 温縣盟書 (晉) WT4K6:211	 侯馬盟書 (晉) 156:3	 侯馬盟書 (晉) 91:5	 侯馬盟書 (晉) 35:6	 侯馬盟書 (晉) 35:5  侯馬盟書 (晉) 16:4

1733 堵	1732 垣	1731 基		1730 均	1729 坪
堵	垣	基	堣	均	坪
 叔夷鐘（齊）00276  叔夷鎛（齊）00285					 高平戈 11020
	 滕垣戈 通鑒16401	 子璋鐘（許）00117  子璋鐘（許）00115	 𨍭鎛（楚）影彙 489  𨍭鎛（楚）影彙 496	 蔡侯紐鐘（蔡）00211  蔡侯紐鐘（蔡）00211	 臧孫鐘（吴）00096  秦王鐘（楚）00037

1736　　1735　　1734

型　　封　　在

𤱶	𤱶	坓	𡊄	在	䰞
			 復封壺 （齊） 通鑒12447  復封壺 （齊） 通鑒12448		
			 魯少司寇封孫宅盤 （魯） 10154		 子犯鐘 （晉） 影彙 1016
 𤱶篙鐘 （楚） 00038	 曾侯與鐘 （曾） 江考 2014.4  鼄大宰簠 （邾） 04624	 侯馬盟書 （晉） 156:23		 杕氏壺 （燕） 09715  邾公孫班鎛 （邾） 00140	 郘黛鐘 （晉） 00225  郘黛鐘 （晉） 00233

1737

城

𩫨		城			⿱⿰井刃田
	 孟城瓶 （都） 09980				
 比城戟 （晉） 影彙971	 武城戈 （齊） 11024  武城戟 （齊） 10967	 武城戈 （齊） 10900  奇字鐘 （越） 商圖15176	 𪒠鎛 （楚） 影彙 493  䣄醓尹征城 （徐） 00425	 成陽辛城里 戈 11154  成陽辛城里 戈 11155	 䣄令尹者旨 ⿱⿰井刃田爐 （徐） 10391

1743	1742	1741	1740	1739	1738
𡋲*	𡋯*	𡋼*	𡉴*	圭	坏
𡋲	𡋯	𡋼	𡉴	圭	坏
		 曾鎮墓獸 方座 （曾） 影彙 521			 秦公簋 （秦） 04315
  吴王光鐘 （吴） 00224	 石鼓・汧沔 （秦）		 拍敦 04644	 温縣盟書 （晉） T1K1：1845  温縣盟書 （晉） WT1K14:572	

1749	1748	1747	1746	1745	1744
堇	垚	垡*	堾*	堅*	坛*
堇	垚	垡	堾	堅	坛
 洹子孟姜壺 （齊） 09729  洹子孟姜壺 （齊） 09730					
 叔夷鐘 （齊） 00283  叔夷鎛 （齊） 00285	 連迂鼎 （�） 02083		 叔夷鎛 （齊） 00285		
		 九里墩鼓座 （舒） 00429	  曾侯與鐘 （曾） 江考 2014.4	  郤公鯢曹戈 11209	 侯馬盟書 （晉） 1:57

1753			1752	1751	1750
野			釐	里	艱
埜	孷	𨤲	釐	里	囏
			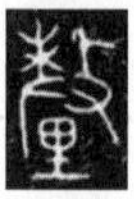 秦公鎛 （秦） 00267  秦公鎛 （秦） 00268	 齊伯里父匜 （齊） 商圖 14966	
		 庚壺 （齊） 09733	 秦公簋 （秦） 04315  叔夷鎛 （齊） 00285		 叔夷鐘 （齊） 00274  叔夷鎛 （齊） 00285
 邗王是埜戈 （吴） 11263	 者𣶃鐘（吴） 00193  者𣶃鐘 （吴） 00198			 石鼓・作原 （秦）  成陽辛城 里戈 11155	

1757 留			1756 晙	1755 時	1754 田
畱	⿰⿱𠂉田允	畹	晙	時	田
		 秦子鎛 (秦) 商圖 15770  晉姜鼎 (晉) 02826	 秦公鐘 (秦) 00263  秦公鎛 (秦) 00269	 秦子簋蓋 (秦) 近二 423	 復封壺 (齊) 通鑒12447
		 秦公簋 (秦) 04315	 盄和鐘 (秦) 00270		 雍之田戈 11019
 之乘辰鐘 (徐) 影彙 1409	 司馬楙鎛 (滕) 近二 50	 曾侯與鐘 (曾) 江考 2014.4  宋右師延敦 (宋) 春 CE33001			 石鼓・田車 (秦)

1758 畜

1759 畺

彊		畕	畺	⿱幺田	畜
	 鼄叔之伯鐘 (邾) 00087  王孫壽甗 00946	 奚子宿車鼎 (黄) 02603  奚子宿車鼎 (黄) 02604		 秦公鐘 (秦) 00262  秦公鎛 (秦) 00268	
 敬事天王鐘 (楚) 00078  庚兒鼎 (徐) 02715	 秦公簋 (秦) 04315  秦景公石磬 (秦) 商圖 19792	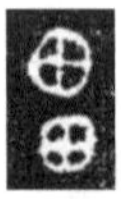 深伯鼎 02621	 伯亞臣鐳 (黄) 09974	 秦公簋 (秦) 04315	 盄和鐘 (秦) 00270
 越王者旨於賜鐘 (越) 00144  鄦鎛 (楚) 影彙493	 曾侯與鐘 (曾) 江考 2014.4  郤醻尹征城 (徐) 00425			 晉公盤 (晉) 復網 2014.6  欒書缶 (楚) 10008	

1760

黃

				黃	彊
		 戎生鐘 （晉） 影彙1619  元黃戈 （虢） 商圖16510	 曾伯文簋 （曾） 04051	 曾伯霥簠 （曾） 04631 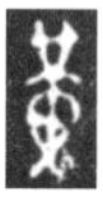 黃仲匜 （黃） 10214	 秦公鎛 （秦） 00268
	 克黃鼎 （楚） 影彙500	 黃戈 10901	 黃太子白克盆 （黃） 10338	 伯遊父鐳 （黃） 商圖14009  黃子壺 （黃） 09663	 鄭大内史叔上匜 （鄭） 10281
 曾少宰黃仲酉簠 （曾） 近二467  曾少宰黃仲酉壺 （曾） 近二861	 曾侯與鐘 （曾） 江考2014.4  曾侯與鐘 （曾） 江考2014.4	 哀成叔鼎 （鄭） 02782  趙孟庎壺 （晉） 09679		 石鼓·汧沔 （秦）	 鼄公華鐘 （邾） 00245 「彊」皆用作「疆」。參見卷十二「彊」。

1764 助	1763 力			1762 男	1761 ⿰黃生*
⿰月董	力			男	⿰黃生
				 鄀公簠蓋 （鄀） 04569	 叔家父簠 04615
 湯鼎 影彙1310	 叔夷鐘 （齊） 00276  叔夷鎛 （齊） 00285		 叔夷鎛 （齊） 00285	 公典盤 （齊） 影彙 1043  䢅子鼎 （齊） 商圖 02404	
	 温縣盟書 （晉） WT4K5:12  温縣盟書 （晉） WT4K5:13	 𪃠鎛 （楚） 影彙 490	 𪃠鎛 （楚） 影彙 491	 𪃠鎛 （楚） 影彙 493	

1769 勇		1768 加	1767 勞	1766 勠	1765 劼
勇		加	褮	㪘	劼
					 戎生鐘 （晉） 影彙 1616
		 楚王鼎 （楚） 通鑒02318	 齊侯鎛 （齊） 00271  叔夷鎛 （齊） 00285	 叔夷鐘 （齊） 00272  叔夷鎛 （齊） 00285	
 中央勇矛 11566  攻吴王歔㺬工吴劍 （吴） 吴越題 12	 蔡公子加戈 （蔡） 11148  温縣盟書 （晉） WT1K1:2667	 蔡加子戈 （蔡） 11149  曾侯與鐘 （曾） 江考 2014.4			

1770

助*

				助	戕
					 鄭戕句父鼎 (鄭) 02520
 侯馬盟書 (晉) 1:51  侯馬盟書 (晉) 203:8	 侯馬盟書 (晉) 98:6  侯馬盟書 (晉) 92:22	 侯馬盟書 (晉) 探 8②:1  侯馬盟書 (晉) 3:13	 侯馬盟書 (晉) 156:18  侯馬盟書 (晉) 1:53	 侯馬盟書 (晉) 77:4  侯馬盟書 (晉) 200:47	  攻敔王光劍 (吴) 11654

1771

勪*

勪	勪	臺	㙶	勵	勖
 侯馬盟書（晉）156:23  侯馬盟書（晉）85:12	 侯馬盟書（晉）156:19  侯馬盟書（晉）3:28	 侯馬盟書（晉）200:19	 侯馬盟書（晉）92:9	 侯馬盟書（晉）85:10  侯馬盟書（晉）98:25	 侯馬盟書（晉）200:10

協

			⿱多⿰言犬	⿱耒⿰火犬	
				 虢季鐘 （虢） 影彙 3  戎生鐘 （晉） 影彙 1616	 秦公鎛 （秦） 00267  秦公鎛 （秦） 00268
			 叔夷鐘 （齊） 00277		 盄和鐘 （秦） 00270
				 者𣲿鐘 （吴） 00197  者𣲿鐘 （吴） 00196	

金

春秋文字字形表　卷十四		金			
	早期	 叔朕簠 （戴） 04621  鄁公簋 04017	 曾伯霥簠 （曾） 04632  曾仲斿父 方壺 （曾） 09628	 番口伯者 君盤 （番） 10140  𤆍右盤 （曾） 10150	 番君匜 （番） 10271  曾子單鬲 （曾） 00625
	中期	 以鄧匜 （楚） 影彙405  童麗君柏鐘 （鍾離） 鍾離：圖50	 王孫誥鐘 （楚） 影彙423  王孫遺者鐘 （楚） 00261		
	晚期	 倗夫人嫘鼎 （楚） 商圖02425  唐子仲瀕 兒盤 （唐） 影彙1211	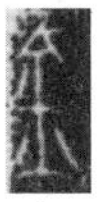 𪒠鎛 （楚） 影彙496  遷邟鐘 （舒） 商圖15520		

1775 1774

銅 鍚

銅	鐊				
 洹子孟姜壺 （齊） 09730	 曾伯霥簠 （曾） 04632  曾伯霥簠 （曾） 04631	 中子化盤 （楚） 10137  上曾太子鼎 （曾） 02750			
		 章子鄭戈 （楚） 11295  洐公宜鼎 文物 2014.1			 王子午鼎 （楚） 影彙 447
			 虡公劍 近二 1298	 自用命劍 11610  蔡劍 （蔡） 商圖 17862	 之乘辰鐘 （徐） 影彙 1409  越王者旨於 睗鐘 （越） 00144

				1777 鑄	1776 鋈
盥	㷉			𥂴	鋈
	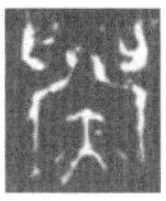 曾子伯誩鼎 （曾） 02450		 芮太子鬲 （芮） 近二78  楚嬴匜 （楚） 10273	 内公壺 （芮） 09598  鄭饔原父鼎 （鄭） 02493	 曾伯陭壺 （曾） 09712
	 宜桐盂 （徐） 10320  蔡大司馬 燮盤 （蔡） 近二 936	 曾子原彝簠 （曾） 04573	 上鄀府簠 （楚） 04613  簷叔之仲子 平鐘 （莒） 00179	 國差𦉜 （齊） 10361  以鄧鼎 （楚） 影彙406	
 倗夫人孎鼎 （楚） 商圖 02425	 競孫旟也鬲 （楚） 商圖 03036  玄夫戈 （吴） 11091	 其次句鑃 （越） 00421	 唐子仲瀕 兒匜 （唐） 影彙 1209	 鼄公華鐘 （邾） 00245  遷沴鐘 （舒） 商圖 15520	 石鼓・田車 （秦）

[illegible]	[illegible]	畁	[illegible]	[illegible]	[illegible]
 秦公鼎 （秦） 影彙 1337	 秦公鼎 （秦） 影彙 1339		 曾子斿鼎 （曾） 02757	 洹子孟姜壺 （齊） 09729	 洹子孟姜壺 （齊） 09730
 郳始鬲 （小邾） 00596	 公鑄壺 （莒） 09513				
		 郳公韍父鎛 （小邾） 商圖15818			 哀成叔鼎 （鄭） 02782

𨯫	𨯰	𨰁	𨰃	𨰅	𨰆
		 旅虎簠 04541  □鏞用戈 11334	 鑄叔作嬴氏簠 （鑄） 04560  奢虎簠 04539	 鑄子叔黑叵簠 （鑄） 04570  鑄叔皮父簋 （鑄） 04127	 鑄公簠蓋 （鑄） 04574
 微乘簠 04486				 叔夷鎛 （齊） 00285  叵君壺 09680	 取膚上子商匜 （魯） 10253
	 隴公克敦 04641  者尚余卑盤 10165				 翏金戈 （晉） 11262 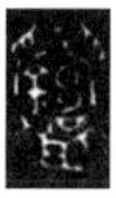 荊公孫敦 商圖6070

1778

鍾

	鍾	[illegible]	[illegible]	[illegible]	[illegible]
	 洹子孟姜壺 （齊） 09730				
	 邾公釛鐘 （邾） 00102  叔夷鐘 （齊） 00277	 王孫叔諲甗 通鑒03362		 𣲽公宜鼎 文物 2014.1	
 韓鍾劍 （晉） 11588	 郘黛鐘 （晉） 00226 用作「鐘」。		 曾季关臣盤 （曾） 近二 933	 余購逨兒鐘 （徐） 00184  我自鑄鈹 文物 2011.9	 王子安戈 （滕） 11122

1783 鐙	1782 鎬	1781 鑊	1780 鐈	1779 鑑	
豋	鎬	鑊	鐈	鑑	鍊
 華母壺 09638			 曾伯陭壺 （曾） 09712  曾伯陭壺 （曾） 09712		
	 盅子或鼎蓋 （邨） 02286  叔夷鐘 （齊） 00277		 叔夷鎛 （齊） 00285		 簷叔之仲子平鐘 （莒） 00175 用作「鐘」。
		 哀成叔鼎 （鄭） 02782	 鄧子午鼎 （楚） 02235	 智君子鑑 （晉） 10289  吳王光鑑 （吳） 10298	

1789 鑿	1788 鍫	1787 鈹	1786 錡	1785 鑋	1784 鉉
鑿	鍫	鈹	錡	鑋	鉉
			 克黃豆 (楚) 商圖 06132		
 侯馬盟書 (晉) 156:25  侯馬盟書 (晉) 156:22	 工尹坡盞 商圖 06060	 我自鑄鈹 文物 2011.9		  攻吴王之 孫盉 (吴) 影彙 1283	  配兒鉤鑃 (吴) 00427

1792	1791	1790			
鐲	錐	鎮			
鐲	錐	⿰金昃	⿰齒戈	⿰齒殳	鑡
	 上曾太子鼎 （曾） 02750				
		 秦公簋 （秦） 04315  秦景公石磬 （秦） 商圖 19793			
 之乘辰鐘 （徐） 影彙 1409			 侯馬盟書 （晉） 179:14  侯馬盟書 （晉） 91:5	 侯馬盟書 （晉） 156:19	 侯馬盟書 （晉） 3:20  侯馬盟書 （晉） 3:26

	1795		1794		1793
		鐘	鐸		鈴
	鐘		鋘	⿰金命	鈴
 秦公鎛 （秦） 00269  戎生鐘 （晉） 影彙 1616		 楚太師登鐘 （楚） 商圖 15518			 楚太師登鐘 （楚） 商圖 15516  楚王領鐘 （楚） 00053
 子犯鐘 （晉） 影彙 1016	 宋公戌鎛 （宋） 00013  童麗君柏鐘 （鍾離） 鍾離：圖45	 王孫誥鐘 （楚） 影彙427  鄬子受鐘 （楚） 影彙 508	 䢵子白鐸 （楚） 影彙 393	 鼄君鐘 （邾） 00050	 敶大喪史仲高鐘 （陳） 00353
 郘黛鐘 （晉） 00230  郘黛鐘 （晉） 00226	 蔡侯紐鐘 （蔡） 00211  沇兒鎛 （徐） 00203	 子璋鐘 （許） 00116  曾侯與鐘 （曾） 江考 2014.4			 鄦子盟自鎛 （許） 00153

1799 繆	1798 鎗	1797 鍠		1796 鎛	
鏐	鎗	鍠	鑮	鎛	
	 戎生鐘 （晉） 影彙 1617		 曾侯子鎛 （曾） 商圖 15762	 秦子鎛 （秦） 商圖 15770	 鑄侯求鐘 （鑄） 00047  虢季鐘 （虢） 影彙 2
 篖叔之仲子平鐘 （莒） 00172  叔夷鐘 （齊） 00277	 秦景公石磬 （秦） 通鑒 19785	 登句鑃 文物 2013.7		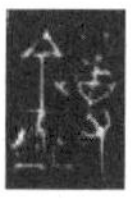 齊侯鎛 （齊） 00271	
 邵黛鐘 （晉） 00226  鼄公華鐘 （邾） 00245				 邾公孫班鎛 （邾） 00140  余購逐兒鐘 （徐） 00184	  者瀘鐘 （吴） 00202

1803 釺*	1802 鋪	1801 鋕	1800 鑾		
釺	鋪	鋕	鑾	鑾	
		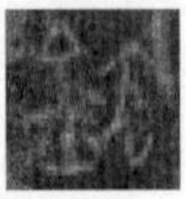 秦政伯喪戈（秦）近二 1248  秦政伯喪戈（秦）近二 1249	 尹小叔鼎（虢）02214		
 郳公釺鐘（郳）00102					
	 少虡劍（晉）11696  少虡劍（晉）11697			 石鼓・鑾車（秦）	 配兒鉤鑃（吴）00427  玄鏐之用戈（吴）商圖 16713

1807 銧* | 1806 鈇* | 1805 鈑* | 1804 鈚*

銧	鈇	鈑	⿰缶比	⿱鈚皿	鈚
			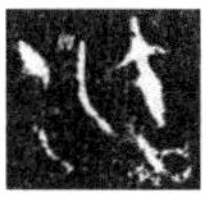 盂城瓶 （郜） 09980		
	 仲滋鼎 （秦） 影彙 632  叔夷鎛 （齊） 00285				
 吴王光鑑 （吴） 10298  吴王光鑑 （吴） 10299		 𢽳孫宋鼎 影彙1626		 蔡侯䵼瓶 （蔡） 09976	 唐子仲瀕鈚 （唐） 影彙1210

1813 ⿰金於*	1812 鍺*	1811 鑇*	1810 鋿*	1809 銿*	1808 鉥*
⿰金於	鍺	鑇	鋿	銿	鉥
				 戎生鐘 (晉) 影彙 1617	 秦公鐘 (秦) 00263  秦公鎛 (秦) 00268
		 叔夷鎛 (齊) 00285	 簷叔之仲子平鐘 (莒) 00172 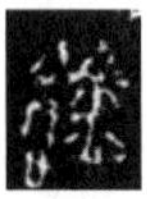 簷叔之仲子平鐘 (莒) 00176		 秦景公石磬 (秦) 通鑒 19785  盄和鐘 (秦) 00270
 吳王夫差矛 (吳) 11534	 鼄公牼鐘 (邾) 00149  鼄公牼鐘 (邾) 00151				用作「肅」。

1819 鏞*	1818 鑃*	1817 鎗*	1816 鎷*	1815 鍬*	1814 鍴*
鏞	鑃	鎗	鎷	鍬	鍴
 曾伯霥簠 （曾） 04631  □鏞用戈 11334					
 簷叔之仲子平鐘 （莒） 00172	 登句鑃 文物 2013.7				
 鼄公華鐘 （邾） 00245  配兒鉤鑃 （吴） 00427	 姑馮昏同之子句鑃 （越） 00424  其次句鑃 （越） 00422	  王子申匜 （楚） 影彙 1675	 侯馬盟書 （晉） 3:2	 韓鍾劍 （晉） 11588	 郤王義楚觶 （徐） 06513

1823 处	1822 ⿰金嚚*	1821 ⿰金⿱鹵皿*	1820 鑢*		
處	⿰金嚚	⿰金⿱鹵皿	鋁		
 叔夷鎛 (齊) 00285  鼄君鐘 (邾) 00050		 王孫叔諲甗 通鑒03362	 叔夷鎛 (齊) 00285		
 石鼓・汧沔 (秦)  侯馬盟書 (晉) 1:87	 郘黛鐘 (晉) 00226  郘黛鐘 (晉) 00235		 郘黛鐘 (晉) 00230  余購逐兒鐘 (徐) 00184	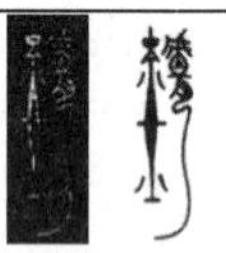 玄鏐戈 (吴) 影彙 1289	 郘黛鐘 (晉) 00226

1825 組 　　　　1824 且

組	⿱且口	⿱且廾	且		
				 都公平侯鼎 (鄀) 02771	
		 叔夷鎛 (齊) 00285 用作「祖」。卷五「⿱且廾」字重見。	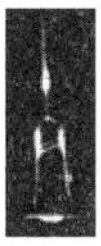 王子午鼎 (楚) 影彙 446  王子午鼎 (楚) 影彙 449	 王孫遺者鐘 (楚) 00261	
 與兵壺 (鄭) 近二 878 用作「祖」。	 曾侯與鐘 (曾) 江考 2014.4 用作「祖」。		用作「祖」。	 邵黛鐘 (晉) 00226  余購逐兒鐘 (徐) 00184	 姑發習反劍 (吴) 11718

		1829	1828	1827	1826
		所	釿	斨	斧
		所	釿	斨	斧
					 太子車斧 （虢） 影彙 44
 庚壺 （齊） 09733	 王子午鼎 （楚） 影彙 444  王子午鼎 （楚） 影彙 445	 子犯鐘 （晉） 影彙 1016  子犯鐘 （晉） 影彙 1021			
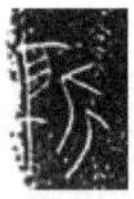 聽盂 影彙1072		 石鼓・作原 （秦）  侯馬盟書 （晉） 105:1	 侯馬盟書 （晉） 85:13	 子璋鐘 （許） 00118  {{chars:𨢅}}子斨戈 （唐） 商圖16766	 呂大叔斧 （晉） 11787  公子土斧壺 （齊） 09709

1832 斗		1831 新	1830 斯		
斗		新	斯		
		 𨚕𣪘王戟 （吴） 通鑒16977			
		 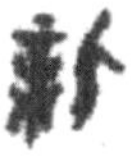 倗戟 （楚） 影彙469	 叔夷鎛 （齊） 00285  叔夷鐘 （齊） 00278		
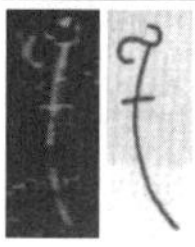 曾公子棄疾斗 （曾） 江考 2012.3	 侯馬盟書 （晉） 3:24  侯馬盟書 （晉） 3:21	 郘大叔斧 （晉） 11788  侯馬盟書 （晉） 179:13	 余購逐兒鐘 （徐） 00185	 𦑣料盆蓋 10326  侯馬盟書 （晉） 79:5	 侯馬盟書 （晉） 156:24  侯馬盟書 （晉） 86:1

1837 稆*	1836 矛	1835 升		1834 ⿰丬斗	1833 料
稆	矛	升		⿱亼斗	料
	 有司伯喪矛 (秦) 近二 1271				
	 倗矛 (楚) 影彙470	 連迂鼎 (邨) 02084			
 郐酷尹征城 (徐) 00425	 越王諸稽矛 (越) 影彙1735	 鄢子孟升嬭鼎 (楚) 影彙523  鄢子孟升嬭鼎 (楚) 影彙523	 侯馬盟書 (晉) 156:7  侯馬盟書 (晉) 200:16	 侯馬盟書 (晉) 1:16  侯馬盟書 (晉) 1:7	 蒯料盆蓋 10326

1842	1841	1840	1839		1838
範	軍	載	輅		車
軓	軍	載	輅		車
		 □鏞用戈 11334			 太子車斧 （虢） 影彙 44 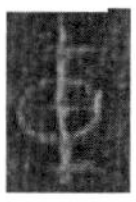 有司伯喪矛 （秦） 近二 1271
 子犯鐘 （晉） 影彙 1020  子犯鐘 （晉） 影彙 1023	 庚壺 （齊） 09733  叔夷鎛 （齊） 00285		 子犯鐘 （晉） 影彙 1023	 子犯鐘 （晉） 影彙 1023	 庚壺 （齊） 09733  叔夷鎛 （齊） 00285
					 石鼓・鑾車 （秦）  温縣盟書 （晉） T1K1:2857

1847 輚*	1846 轅*	1845 輅*	1844 軜*	1843 輔	
輚	轅	輅	軜	輔	軞
					 子犯鬲 （晉） 商圖 02727
 蔡侯紐鐘 （蔡） 00211  蔡侯紐鐘 （蔡） 00217	 侯馬盟書 （晉） 179:5	 侯馬盟書 （晉） 1:69	 侯馬盟書 （晉） 203:7	 侯馬盟書 （晉） 88:1	

1851		1850	1849		1848
陰		陵	⿰自敢*		自
陰		陵	⿰自叡		自
 曩伯子庭父盨（曩）04443  曩伯子庭父盨（曩）04445	 曩伯子庭父盨（曩）04444  曩伯子庭父盨（曩）04443	 武陵之王戈 影彙1893			 晉姜鼎（晉）02826
 敬事天王鐘（楚）00074	 敬事天王鐘（楚）00079		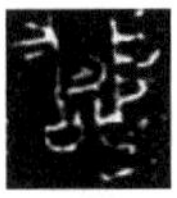  葬子⿰自叡盞 影彙1235		 子犯鐘（晉）影彙1021 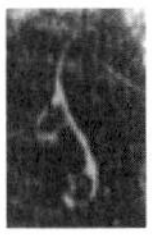 季子康鎛（鍾離）商圖15790
	 石鼓·鑾車（秦）			 晉公盤（晉）復網2014.6 皆用作「師」。	 晉公盆（晉）10342  鄦子盟自鎛（許）00154

1853 陸 | 1852 陽

陸	⿱陽山	⿱陽土	陽		
			 曩伯子宻父盨 （曩） 04445	 叔姬鼎 02392	 曩伯子宻父盨 （曩） 04443
 郲公鈺鐘 （郲） 00102  庚壺 （齊） 09733				 敬事天王鐘 （楚） 00074  敬事天王鐘 （楚） 00079	 秦景公石磬 （秦） 通鑒 19781  登句鑃 文物 2013.7
	 成陽辛城里戈 11154  成陽辛城里戈 11155	 揚鼎 商圖02319  平陽高馬里戈 （齊） 11156		 姑發聑反劍 （吴） 11718  吴王光鐘 （吴） 00224	 石鼓・霝雨 （秦）

	1858 降	1857 陟	1856 隥	1855 阪	1854 阿
隆	降	陟	隥	阪	⿱阿土
	 宗婦鄁嫛壺 09699  宗婦鄁嫛𣪕 04086				
 曾侯與鐘 (曾) 江考 2014.4		 蔡侯𩐁盤 (蔡) 10171  侯馬盟書 (晉) 1:46	 侯馬盟書 (晉) 156:23  侯馬盟書 (晉) 79:3	 石鼓・作原 (秦)	 平阿右戟 (齊) 影彙 1542  平阿左戈 (齊) 影彙 1496

1863 陆*	1862 阩*	1861 除		1860 陳	1859 陭
陆	阩	除	陻	陳	陭
	 曾侯宏鼎 （曾） 商圖 02219  曾侯宏鼎 （曾） 文物 2014.8			 陳医鬲 （陳） 00705  陳医鬲 （陳） 00706	 曾伯陭鉞 （曾） 影彙1203  曾伯陭壺 （曾） 09712
				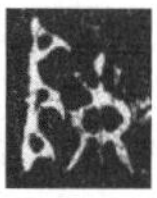 益余敦 影彙1627	
 侯馬盟書 （晉） 16:10	 侯馬盟書 （晉） 3:22  侯馬盟書 （晉） 194:11	 石鼓・作原 （秦）	 永陳缶蓋 影彙1191  陳爾戈 （齊） 影彙 1499	 陳口造戈 （齊） 11034  陳口戈 （齊） 10964	

1867	1866			1865	1864
⿰阝⿱生土*	⿰阝孚*			⿰阝寺*	阦*
⿰阝⿱生土	⿰阝孚	⿰阝志		⿰阝寺	阦
	 王作贇母鬲 00611				
 侯馬盟書 （晉） 156:21		 侯馬盟書 （晉） 198:13  侯馬盟書 （晉） 1:43	 侯馬盟書 （晉） 156:3  侯馬盟書 （晉） 195:2	 侯馬盟書 （晉） 3:7  侯馬盟書 （晉） 1:31	 石鼓・田車 （秦）  阦伯戈 影彙1906

			1870 四	1869 ⿰阝齊*	1868 ⿰阝皃*
	三		四	⿰阝⿱齊妻	⿰阝⿱白缶
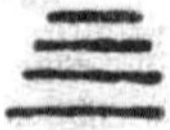 郜公諴鼎 （郜） 02753	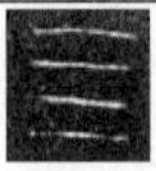 秦公鐘 （秦） 00263 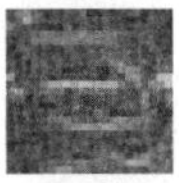 晉公戈 （晉） 影彙 1866		 曾子斿鼎 （曾） 02757		
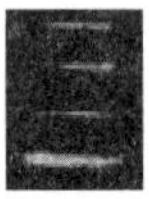 齊侯鎛 （齊） 00271  王孫誥鐘 （楚） 影彙439	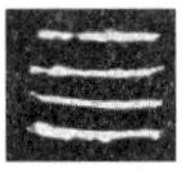 秦公簋 （秦） 04315  子犯鐘 （晉） 影彙 1023		 鄬子受鎛 （楚） 影彙 519		
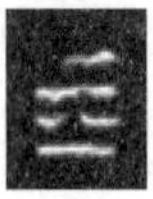 夫跌申鼎 （舒） 影彙 1250	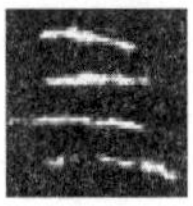 晉公盆 （晉） 10342	 郘黛鐘 （晉） 00236  曾侯與鐘 （曾） 江考 2014.4	 者瀘鐘 （吴） 00198  徐王子旃鐘 （徐） 00182	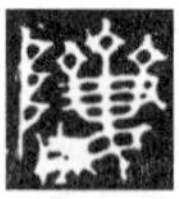  石鼓・田車 （秦）	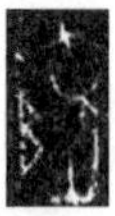 ⿰阝⿱白缶公克敦 04641

1875 九	1874 七	1873 六		1872 五	1871 亞
九	七	六		五	亞
 晉姜鼎 (晉) 02826  陳公子甗 (陳) 00947		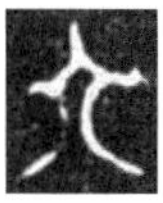 太師盤 (晉) 影彙1464  鼄叔之伯鐘 (邾) 00087	 郢侯戈 (楚) 11202	 鄭師口父鬲 (鄭) 00731 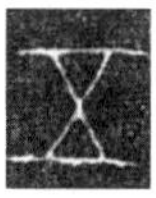 曾侯寚鼎 (曾) 商圖02219	
		 子犯鐘 (晉) 影彙1021 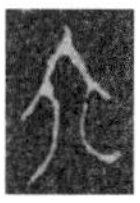 上都府簠 (楚) 04613		 子犯鐘 (晉) 影彙1020 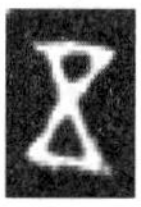 伯遊父鐳 (黃) 商圖14009	 伯亞臣鐳 (黃) 09974
 郳公韍父鎛 (小邾) 商圖 15815  九里墩鼓座 (舒) 00429	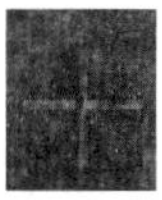 吴王壽夢之子劍 (吴) 近二1301  乙鼎 02607	 廩鼎 (鄭) 影彙 1237  石鼓・鑾車 (秦)	 鄘侯少子簋 (莒) 04152	 蔡侯紐鐘 (蔡) 00211  侯馬盟書 (晉) 303:1	

1877 萬　　1876 禽

萬			禽		
 穌公子設 （蘇） 04015  楚嬴匜 （楚） 10273	 虢季鬲 （虢） 影彙 23  郜伯祀鼎 （郜） 02602	 秦公鎛 （秦） 00268  商丘叔簠 （宋） 04558			 曾伯霥簠 （曾） 04632
 王孫遺者鐘 （楚） 00261  王子午鼎 （楚） 影彙 445	 叔師父壺 （邛） 09706  陳公子中慶簠 （陳） 04597	 子犯鐘 （晉） 影彙 1019  何次簠 （楚） 影彙403		 子犯鐘 （晉） 影彙 1016 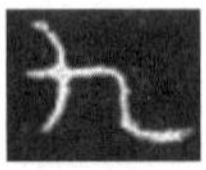 曾子原彝簠 （曾） 04573	 齊侯鎛 （齊） 00271
 鼄大宰簠 （邾） 04623  徐王子旃鐘 （徐） 00182	 公子土斧壺 （齊） 09709  樂子簠 （宋） 04618	 喬君鉦鋮 （喬） 00423  復公仲簋蓋 （楚） 04128	 石鼓・鑾車 （秦）	 余贎逐兒鐘 （徐） 00185	 嘉子昜伯臚簠 04605

内部

墓					
		 杞伯每亡 壺蓋 （杞） 09687  尋仲匜 （鄩） 10266	 番君䣄伯鬲 （番） 00734  敶医壺 （陳） 09633		
	 宋公圝鼎 （宋） 文物2014.1  邾公釸鐘 （邾） 00102	 齊医敦 （齊） 04639	 陳医盤 （陳） 10157  敶医作孟姜 媵簠 （陳） 04606	 簷叔之仲子 平鐘 （莒） 00175  盄和鐘 （秦） 00270	 魯大司徒厚 氏元簠 （魯） 04689  魯大司徒 元盂 （魯） 10316
 夫跌申鼎 （舒） 影彙1250  越王者旨於 賜鐘 （越） 00144	 宋君夫人鼎 （宋） 近二304  鼄公華鐘 （邾） 00245	 曾侯與鐘 （曾） 江考2014.4	 鄭莊公之孫 盧鼎 （鄭） 商圖02409	 三兒簋 （徐） 04245	 其次句鑃 （越） 00422 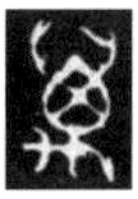 師麻孝叔鼎 02552

1878

禹

堣	禹	蠆	䘍	邁	鄅
		 哀鼎 (曩) 商圖 02311	 曾伯霥簠 (曾) 04632	 内太子白鼎 (芮) 02496	
 叔夷鎛 (齊) 00285  叔夷鐘 (齊) 00276	 秦公簋 (秦) 04315	用作「萬」。卷二「邁」字重見。	用作「萬」。卷二「邁」字重見。	用作「萬」。卷二「邁」字重見。	 伯亞臣鐳 (黄) 09974

1881 甲		1880 獸		1879 嘼	
		獸	獸	嘼	嘼
	 穌公子段 （蘇） 04014	 鄭義伯鐳 （鄭） 09973  祝司寇獸鼎 （鑄） 02474		 大嘼戈 10892  □鏞用戈 11334	
	 叔師父壺 （邛） 09706		 王子午鼎 （楚） 影彙444  王子午鼎 （楚） 影彙446		
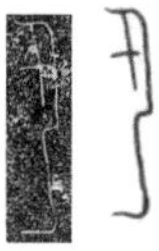 曾侯與鐘 （曾） 江考2014.4  鄬夫人[illegible]鼎 （楚） 商圖02425	 侯馬盟書 （晉） 16:3		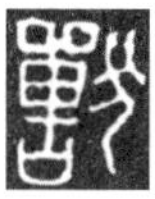 石鼓・鑾車 （秦）  攻吾王光劍 （吳） 吳越題30		 邵黛鐘 （晉） 00226  邵黛鐘 （晉） 00233

	1884 丙	1883 尤		1882 乙	
	丙	尤		乙	甲
	 晉姑盤 (晉) 商圖14461	 鑄司寇鼎 (鑄) 影彙1917		 戎生鐘 (晉) 影彙1613  上鄀公敄人簋蓋 (楚) 04183	
				 鄭大內史叔上匜 (鄭) 10281  宋公圝鼎 (宋) 文物2014.1	 秦景公石磬 (秦) 通鑒19788
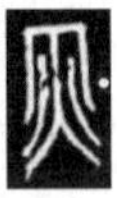 鄬侯少子簋 (莒) 04152	 石鼓・吾水 (秦)  侯馬盟書 (晉) 92:12		 樊季氏孫仲鼒鼎 (樊) 02624	 宋公緣簠 (宋) 04590  温縣盟書 (晉) T1K1:2279	

丁

					丁
	 王孫壽甗 00946	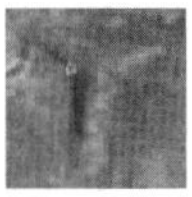 曾侯子鎛 （曾） 商圖15763	 鄭師口父鬲 （鄭） 00731	 陳公子甗 （陳） 00947 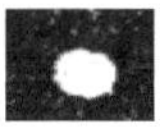 彭子仲盆蓋 （彭） 10340	 虢季鐘 （虢） 影彙 3  原氏仲簠 （陳） 影彙 396
 子犯鐘 （晉） 影彙 1020	 國差罎 （齊） 10361  王子午鼎 （楚） 影彙446	 鄦中姬丹盤 （蔡） 影彙 471  楚屈子赤目簠 （楚） 04612	 蔡大司馬燮盤 （蔡） 近二 936  王孫誥鐘 （楚） 影彙 428	 黃太子白克盤 （黃） 10162  上鄀府簠 （楚） 04613	 敶医作孟姜𡟰簠 （陳） 04607  齊侯鎛 （齊） 00271
 邵黛鐘 （晉） 00230  者減鐘 （吳） 00202	 侯古堆鎛 影彙280 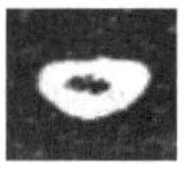 邾公孫班鎛 （邾） 00140		 邵黛鐘 （晉） 00233  臧孫鐘 （吳） 00098	 丁兒鼎蓋 （應） 影彙 1712  其次句鑃 （越） 00422	 子璋鐘 （許） 00113  蔡大師鼎 （蔡） 02738

1887 成		1886 戊			
成		戊			
	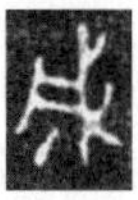 叔家父簠 04615				 伯戔盤 (邛) 10160
 匽君壺 09680	 齊侯鎛 (齊) 00271  叔夷鎛 (齊) 00285	 鄬子受鎛 (楚) 影彙 515  鄬子受鐘 (楚) 影彙 506	 叔夷鎛 (齊) 00285		
 曾侯殘鐘 (曾) 江考 2014.4	 哀成叔鼎 (鄭) 02782  成陽辛城里戈 11154			 之乘辰鐘 (徐) 影彙 1409  越王者旨於睗鐘 (越) 00144	

1889 𢀜

1888 己

𢀜	⿱己口	己			
 𢀜伯子𡨦父盨 (𢀜) 04443  𢀜伯子𡨦父盨 (𢀜) 04444			 己侯壺 (紀) 09632		
		 鐘伯侵鼎 02668	 叔左鼎 商圖02334  宜桐盂 (徐) 10320		
	 侯馬盟書 (晉) 200:10	 唐子仲瀕兒匜 (唐) 影彙1209  欒書缶 (楚) 10008	 鄭莊公之孫盧鼎 (鄭) 商圖02409  禾簋 (齊) 03939	 吴王光鐘 (吴) 00224	 蔡侯紐鐘 (蔡) 00211  沇兒鎛 (徐) 00203

1890

庚

庚					
		 曾伯霥簠 （曾） 04632  楚嬴匜 （楚） 10273	 戈叔朕鼎 （戴） 02692	 鄧子仲無忌戈 （鄧） 影彙 1233	 曩侯簋 （曩） 影彙1462  哀鼎 （曩） 商圖02311
 王子午鼎 （楚） 影彙 444  王子午鼎 （楚） 影彙446	 庚兒鼎 （徐） 02715	 敬事天王鐘 （楚） 00073  曾子原彝簠 （曾） 04573	 庚壺 （齊） 09733  簷叔之仲子平鐘 （莒） 00174		 次□缶 （徐） 影彙 1249
 吴王光鐘 （吴） 00224	 郐䣄尹譬鼎 （徐） 02766	 黄韋俞父盤 （黄） 10146	 哀成叔鼎 （鄭） 02782  郳公韎父鎛 （小邾） 商圖15818		 曩公壺 （曩） 09704

1892				1891	
	辥			辛	
[illegible]	辥			辛	
 晉姜鼎 （晉） 02826	 宗婦鄁嬰盤 10152  楚太師登鐘 （楚） 商圖 15514			 太師盤 （晉） 影彙 1464  鄦公彭宇簠 （楚） 04611	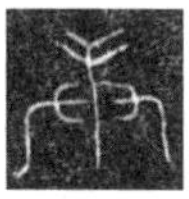 曾侯宏鼎 （曾） 商圖 02219  曾侯宏簋 （曾） 商圖 04976
 晉公盆 （晉） 10342  晉公盤 （晉） 復網 2014.6		 温縣盟書 （晉） WT1K1:3690  温縣盟書 （晉） WT1K1:2667	 蔡侯䙴尊 （蔡） 06010  鄬子辛簠 （楚） 影彙541	 温縣盟書 （晉） T1K1:3780  温縣盟書 （晉） T1K1:3802	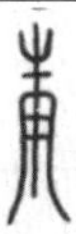 曾侯與鐘 （曾） 江考 2014.4  吴王光鑑 （吴） 10298

				1894 辭	1893 辤
[illegible]				𤔲	辝
 大𤔲馬簋 04505	 洹子孟姜壺 （齊） 09730  洹子孟姜壺 （齊） 09729	 召叔山父簋 （鄭） 04602  魯司徒仲 齊盨 （魯） 04440	 國子碩父鬲 （虢） 影彙 48  戎生鐘 （晉） 影彙 1614	 有司伯喪矛 （秦） 近二 1271	 戎生鐘 （晉） 影彙 1613  晉姜鼎 （晉） 02826
		 魯大司徒厚 氏元簠 （魯） 04691  庚壺 （齊） 09733			 齊侯鎛 （齊） 00271  叔夷鎛 （齊） 00285
			 石鼓・作原 （秦）  𤔲料盆蓋 10326		 鼄公牼鐘 00149

1897 子			1896 癸	1895 壬	
		子	癸		壬
 魯司徒仲 齊盨 （魯） 04441	 鄭戕句父鼎 （鄭） 02520	 秦子鎛 （秦） 商圖15770	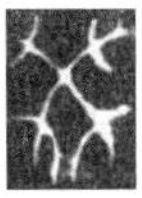 穌公子段 （蘇） 04014	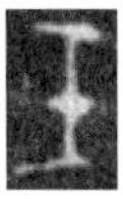 蔡太史鉚 （蔡） 10356	 虞侯政壺 （虞） 09696
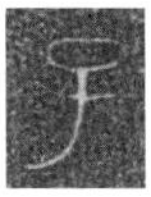 䣄公彭宇簠 （楚） 04610	 敶侯作嘉 姬段 （陳） 03903	 晉侯簋 （晉） 商圖04713		 都公諴鼎 （都） 02753	 蔡大善夫 趣簠 （蔡） 影彙1236
 齊侯鎛 （齊） 00271	 鄭子石鼎 （鄭） 02421	 子犯鐘 （晉） 影彙1021			
 宜桐盂 （徐） 10320	 敶伯元匜 （陳） 10267	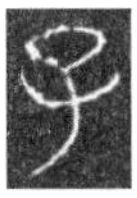 秦景公石磬 （秦） 通鑒19781			
 楚子遁鼎 （楚） 02231	 樂子簠 （宋） 04618	 侯馬盟書 （晉） 1:23	 侯馬盟書 （晉） 303:1	 與兵壺 （鄭） 近二878	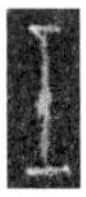 少虡劍 （晉） 11697
 郤𨞒尹譽鼎 （徐） 02766	 蔡侯紐鐘 （蔡） 00211	 䣄鼎 （鄭） 影彙1237	 徐王子旃鐘 （徐） 00182	 嘉子昜伯 臚簠 04605	 寬兒缶 （蘇） 商圖14091

 番君酟伯鬲 （番） 00732  番昶伯者君鼎 （番） 02618				 鄭義伯𨱓 （鄭） 09973  洹子孟姜壺 （齊） 09730	 魯大司徒子仲白匜 （魯） 10277  太師盤 （晉） 影彙1464
			 王子午鼎 （楚） 影彙447  鄬子昊鼎 （楚） 影彙532	 鄴伯受簠 （楚） 04599  何次簠 （楚） 影彙402	 魯大司徒厚氏元簠 （魯） 04690 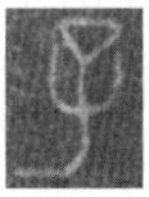 宋公圝鋪 （宋） 文物2014.1
	 戉王句戔之子劍 （越） 11595  王子孜戈 （吳） 11207	 鄬子孟孎青簠 （楚） 影彙522  蔡公子從戈 （蔡） 影彙1676	 䵴鎛 （楚） 影彙490  蔡公子加戈 （蔡） 11148	 鄭莊公之孫盧鼎 （鄭） 商圖02409  宋公䜌簠 （宋） 04589	 侯馬盟書 （晉） 198:15  侯馬盟書 （晉） 3:17

1900 季	1899 豰		1898 字		
季	豰		字	仔	
 虢季鼎 (虢) 影彙 9  陳庆鬲 (陳) 00705	 虢叔鬲 (虢) 00603				 番君伯歡盤 (番) 10136
 夆叔匜 (逄) 10282  宜桐盂 (徐) 10320	 陳子匜 (陳) 10279		 叔夷鎛 (齊) 00285		 □偖生鼎 02633
 宋公䜌簠 (宋) 04590	 𨛗𧸘尹䜭鼎 (徐) 02766  𨛗𧸘尹䜭鼎 (徐) 02766	 吴王光鑑 (吴) 10298	 余贎逨兒鐘 (徐) 00184  吴王光鑑 (吴) 10299	 蔡侯紐鐘 (蔡) 00211  蔡侯紐鐘 (蔡) 00217	 唐子仲瀕兒匜 (唐) 影彙 1209

1901

孟

孟					
 齊趫父鬲 (齊) 00685  弗奴父鼎 (費) 02589	 毛叔盤 (毛) 10145			 魯大宰邍父簋 (魯) 03987	 黃季鼎 (黃) 02565  楚季𡄒盤 (楚) 10125
 蔡大司馬燮盤 (蔡) 近二936	 敶医作孟姜嫚簠 (陳) 04606			 周王孫季紉戈 (曾) 11309	 季子康鎛 (鍾離) 商圖15790 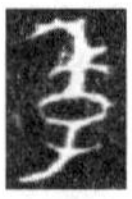 伯遊父鑐 (黃) 商圖14009
 曹公簠 (曹) 04593	 趙孟庎壺 (晉) 09679  侯馬盟書 (晉) 1:22	 子季嬴青簠 (楚) 04594  吴季子之子逞劍 (吴) 11640	 欒書缶 (楚) 10008		 曾子季关臣簠 (曾) 近二463  樊季氏孫仲𪔂鼎 (樊) 02624

1902

孬*

孬					
		 曾孟嬴剈簠 （曾） 影彙1199  匹君壺 09680	 魯大司徒子仲白匜 （魯） 10277 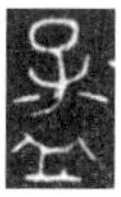 鑄公簠蓋 （鑄） 04574	 洹子孟姜壺 （齊） 09729	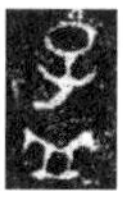 郜仲簠 （郜） 影彙1045  鼄叔豸父簠 （邾） 04592
	 孟縢姬缶 （楚） 10005	 曾孟嬭諫盆 （曾） 10332	 敶子匜 （陳） 10279		 黃子盤 （黃） 10122  曾子原彝簠 （曾） 04573
 侯馬盟書 （晉） 35:6	 蔡侯䌛缶 （蔡） 10004  蔡叔季之孫貫匜 （蔡） 10284	 禾簋 （齊） 03939	 司馬楙鎛 （滕） 近二47 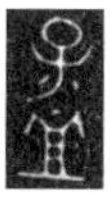 曹公盤 （曹） 10144	 鄬子孟嬭青簠 （楚） 影彙522  復公仲簋蓋 （楚） 04128	 郮夫人孎鼎 （楚） 商圖02425

		1905 羞		1904 丑	1903 育
羏	羞			丑	㛅
 魯伯愈父鬲 (魯) 00691  魯伯愈父鬲 (魯) 00694	 洹子孟姜壺 (齊) 09730  伯氏鼎 02447	 國子碩父鬲 (虢) 影彙 48  鄭叔蒦父鬲 (鄭) 00579		 上鄀公敄人 簋蓋 (楚) 04183	
		 子犯鐘 (晉) 影彙 1023  郳始鬲 (小邾) 00596			
			 欒書缶 (楚) 10008	 侯馬盟書 (晉) 16:3  拍敦 04644	 曾孟孋朱 姬簠 (曾) 影彙530

1908 辰			1907 卯		1906 寅
辰			卯	⿱寅皿	寅
					 晉姞盤 （晉） 商圖14461
					 叔夷鎛 （齊） 00285
 鼄公牼鐘 （邾） 00150	 陳囗造戈 （齊） 11034	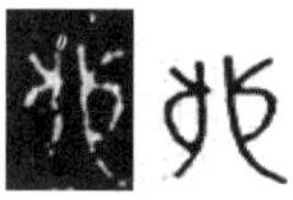 羅兒匜 （羅） 影彙1266	 侯馬盟書 （晉） 98:13  龏王之卯戈 （楚） 商圖17058	 曾侯與鐘 （曾） 江考 2014.4  曾侯殘鐘 （曾） 江考 2014.4	 侯馬盟書 （晉） 105:1  侯馬盟書 （晉） 16:3

1910 以		1909 巳			
㠯		巳		⿸厂昏	⿸厂𠮛
 秦公鐘 （秦） 00265  宗婦鄁嫛鼎 02686					
 秦公簋 （秦） 04315		 叔夷鎛 （齊） 00285  䡿子鼎 （齊） 商圖 02404			 叔夷鐘 （齊） 00272
 石鼓・霝雨 （秦）  侯馬盟書 （晉） 156:1	 之乘辰鐘 （徐） 影彙 1409	 蔡侯䶮盤 （蔡） 10171  遷邟鎛 （舒） 商圖 15796	 之乘辰鐘 （徐） 影彙 1409	 競孫旟也鬲 （楚） 商圖03036  競孫不服壺 （楚） 商圖12381	

1911

午

午					
 曾伯霥簠 （曾） 04631	 叔朕簠 （戴） 04620			 有兒簋 （陳） 商圖05166	 鄭義伯𦉜 （鄭） 09973  曾伯霥簠 （曾） 04632
 公父宅匜 10278	 簷叔之仲子平鐘 （莒） 00180	 王子午鼎 （楚） 影彙 444  王子午鼎 （楚） 影彙 447		 敬事天王鐘 （楚） 00081  宜桐盂 （徐） 10320	 齊鞷氏鐘 （齊） 00142  邾公釛鐘 （邾） 00102
 曾侯與鐘 （曾） 江考 2014.4	 侯馬盟書 （晉） 1:96	 自用命劍 11610	 曾侯與鐘 （曾） 江考 2014.4	 𪑱鎛 （楚） 影彙490	 鄭莊公之孫盧鼎 （鄭） 商圖 02409
 鄧子午鼎 （楚） 02235	 司馬楙鎛 （滕） 近二 47	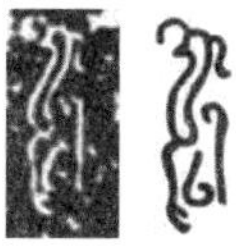 蔡劍 （蔡） 商圖17861	 侯馬盟書 （晉） 92:9	 沇兒鎛 （徐） 00203	 曾侯與鐘 （曾） 江考 2014.4

1913 申　　1912 未

申	未				
 戈叔朕鼎 （戴） 02690		 鄀公平侯鼎 （鄀） 02771		 楚太師登鐘 （楚） 商圖15512  楚嬴盤 （楚） 10148	 鼄叔之伯鐘 （邾） 00087  塞公孫㝤父匜 （楚） 10276
 秦景公石磬 （秦） 通鑒 19788		 子犯鐘 （晉） 影彙 1020	 王子午鼎 （楚） 影彙 445 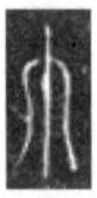 王子午鼎 （楚） 影彙 449		
 石鼓・吾水 （秦）	 温縣盟書 （晉） T1K1:2182  温縣盟書 （晉） T1K1:2279	 唐子仲瀕兒匜 （唐） 影彙 1209	 温縣盟書 （晉） T1K1:3216	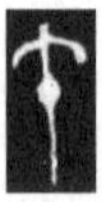 鄬侯少子簋 （莒） 04152  哀成叔鼎 （鄭） 02782	 少虡劍 （晉） 11697  壬午吉日戈 商圖17122

1914

叀

弄	叀				
			 曾仲大父 蛕毀 （曾） 04204		 曾侯宏鼎 （曾） 商圖 02219  蔡大善夫 趣簠 （蔡） 影彙 1236
	 以鄧匜 （楚） 影彙405  東姬匜 （楚） 影彙398		 楚子暖簠 （楚） 04576  曾子原彝簠 （曾） 04573	 鄬子受鎛 （楚） 影彙 517  鄬子受鎛 （楚） 影彙 514	 敬事天王鐘 （楚） 00078  王子申盞 （楚） 04643
 唐子仲瀕 兒匜 （唐） 影彙 1209 用作「匜」。	 彭子射匜 （楚） 文物 2011.3 用作「匜」。	 夫欧申鼎 （舒） 影彙 1250  與兵壺 （鄭） 近二 878	 寬兒鼎 （蘇） 02722	 黄韋俞父盤 （黄） 10146	 簷太史申鼎 （莒） 02732

1916 醴　　　　1915 酉

醴			酉		弁
 蔡公子叔湯壺 （蔡） 影彙1892  郳君慶壺 （小郳） 商圖12333		 鄭師口父鬲 （鄭） 00731		 魯酉子安母簠 （魯） 商圖05903	
	 宜桐盂 （徐） 10320	 簷叔之仲子平鐘 （莒） 00172		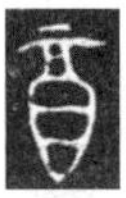 國差罎 （齊） 10361  簷叔之仲子平鐘 （莒） 00177	
		 晉公盆 （晉） 10342  温縣盟書 （晉） WT1K1:3865	 郐王義楚觶 （徐） 06513	 温縣盟書 （晉） T1K1:3863  曾少宰黃仲酉簠 （曾） 近二467	 蔡子匜 （蔡） 10196 用作「匜」。

1918 酢				1917 配	
酢				配	醴
					 曾伯陭壺 (曾) 09712  彭伯壺 (彭) 影彙 315
		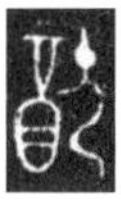 鄬子受鐘 (楚) 影彙 508  鄬子受鎛 (楚) 影彙 515	 鄬子受鐘 (楚) 影彙 512	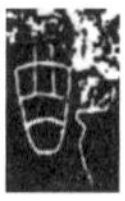 秦景公石磬 (秦) 通鑒 19783  叔夷鐘 (齊) 00276	
 郐王義楚觶 (徐) 06513  王子姪鼎 02289	 曾侯與鐘 (曾) 江考 2014.4  曾侯殘鐘 (曾) 江考2014.4		 配兒鉤鑃 (吳) 00427  拍敦 04644	 蔡侯⿲糸申糸盤 (蔡) 10171	

1924	1923	1922	1921	1920	1919
⿱齊酉*	⿱卯酉*	⿰酉皆*	⿰酉正*	酓*	醬
⿱齊酉	⿱卯酉	⿰酉皆	⿰酉正	酓	⿰爿酉
	 戎生鐘 （晉） 影彙 1615  郘召簠 （郘） 影彙 1042		 番君⿰酉正伯鬲 （番） 00734  番君⿰酉正伯鬲 （番） 00733	 番伯酓匜 （番） 10259	
	 番君召簠 （番） 04582  番君召簠 （番） 04585			 楚王酓審盂 （楚） 影彙1809	
 宋右師延敦 （宋） 春CE33001		 ⿰酉皆衼想簠 （楚） 影彙534  郤⿰酉皆尹征城 （徐） 00425		 楚王酓忎盤 （楚） 商圖14402  競孫旟也鬲 （楚） 商圖 03036	 曾仲姬壺 （曾） 近二855  曾侯與鐘 （曾） 江考 2014.4

				1926 尊	1925 ⿰酉关
⿰阝⿱酉大	⿰阝⿱酉廾			⿰阝尊	⿰酉关
	 曾仲斿父壺 （曾） 09628  曾伯宫父 穆鬲 （曾） 00699	 楚季咩盤 （楚） 10125  仲姜甗 （芮） 商圖 03300	 穌公子段 （蘇） 04014  鄀公平侯鼎 （鄀） 02771	 晉侯簋 （晉） 商圖04713  叔牙父鬲 00674	
 江叔螽鬲 （江） 00677				 伯遊父鑘 （黄） 商圖 14009  盜叔壺 （郙） 09625	
		 競之定豆 （楚） 商圖06151  復公仲簋蓋 （楚） 04128		 蔡侯䵼缶 （蔡） 09993	 彭射尊缶 （楚） 商圖14057

1928		1927			
亥		戌			
亥		戌	⿰阝⿰鬲又	⿰阝盧	⿱酋廾
 有兒簋 （陳） 商圖05166	 陳公子甗 （陳） 00947	 虞侯政壺 （虞） 09696	 仲姜簋 （芮） 近二403		 仲姜壺 （芮） 商圖12247
 彭子仲盆蓋 （彭） 10340	 蔡公子叔 湯壺 （蔡） 影彙1892				
 鄔中姬丹盤 （蔡） 影彙471	 敶医作孟姜 媿簠 （陳） 04606	 宋公戌鎛 （宋） 00010			
 王孫誥鐘 （楚） 影彙425	 黃太子白 克盆 （黃） 10338	 叔師父壺 （邛） 09706			
 蔡侯簠 （蔡） 影彙1896	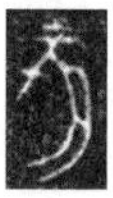 鄦子妝簠 （許） 04616	 温縣盟書 （晉） WT4K5:12		 倗尊缶 （楚） 09988	 蔡侯䵼鑑 （蔡） 10290
 余贎逐兒鐘 （徐） 00185	 鄦公買簠 （許） 近二475				

					 虢季鐘 （虢） 影彙 1  太師盤 （晉） 影彙 1464
 王子午鼎 （楚） 影彙 445 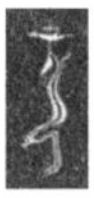 王子午鼎 （楚） 影彙 444	 番子鼎 （番） 文物 2012.4  季子康鎛 （鍾離） 商圖15787		 庚壺 （齊） 09733  此余王鼎 文物2014.1	 齊太宰歸 父盤 （齊） 10151  齊侯鎛 （齊） 00271	 長子沫臣簠 （楚） 04625  上都府簠 （楚） 04613
 越王者旨於 睗鐘 （越） 00144	 温縣盟書 （晉） WT1K1:3858	 鼄公華鐘 （邾） 00245  鼄公牼鐘 （邾） 00150	 其次句鑃 （越） 00421	 邾公孫班鎛 （邾） 00140	 郘黛鐘 （晉） 00226  遷邟鐘 （舒） 商圖15520

春秋文字字形表　合文

	一人	一月	二日	二月
	一人	一月	二日	二月
早期		 戎生鐘 （晉） 影彙 1613  鑄叔皮父簋 （鑄） 04127		 鼄乎簋 （曾） 04157
中期	 叔夷鎛 （齊） 00285			 鄭大内史叔 上匜 （鄭） 10281
晚期			 石鼓・作原 （秦）	

三百	八月	上子	上帝	上下	二百
三 百	八 月	二 子	二 帝	二 一	二 百
 叔夷鐘 （齊） 00275  叔夷鎛 （齊） 00285	 秦景公石磬 （秦） 商圖 19788	 取膚上子商盤 10126	 秦景公石磬 （秦） 商圖 19786  秦景公石磬 （秦） 商圖 19793		 齊侯鎛 （齊） 00271  庚壺 （齊） 09733
				 者減鐘 （吴） 00197  者減鐘 （吴） 00198	

四酉	四方	小臣	小魚	小大	小子
三 酉	三 方	小 臣	小 魚	小 大	小 子
		 魯内小臣床生鼎 （魯） 02354			 秦公鐘 （秦） 00262
	 盄和鐘 （秦） 00270				 秦公簋 （秦） 04315
 晉公盆 （晉） 10342			 石鼓・汧沔 （秦）	 石鼓・而師 （秦）	 晉公盆 （晉） 10342

弌日	小心	小子	五日	五十	四千
弌日	少心	少子	五日	五十	三千
 國差𦉜 （齊） 10361	 叔夷鎛 （齊） 00285  叔夷鎛 （齊） 00285	 叔夷鎛 （齊） 00285		 叔夷鐘 （齊） 00275  叔夷鎛 （齊） 00285	 叔夷鐘 （齊） 00273  叔夷鎛 （齊） 00285
 唐子仲瀕兒匜 （唐） 影彙 1209  唐子仲瀕兒盤 （唐） 影彙 1211			 石鼓・作原 （秦）		

式日 式日	永寶 永寶	無疆 無彊	至于 至于	公子 公子	諸楚 者楚
	 郘伯祀鼎 （郘） 02602	 郘伯祀鼎 （郘） 02602		 曹公子沱戈 （曹） 11120	
					 子犯鐘 （晉） 影彙 1020
 競之定鬲 （楚） 商圖 03015			  姑發習反劍 （吴） 11718		

造戈	忠心		子孫	喬豫	孝孫
戠=	忠=		孫=	喬豫	孝孫
 𨭉王之卯戈 （楚） 商圖 17058	 溫縣盟書 （晉） WT1K1:13105  溫縣盟書 （晉） WT1K1:13687	 吳王光鑑 （吳） 10298	 競孫旟也鬲 （楚） 商圖 03036  余購逐兒鐘 （徐） 00184	 淳于公戈 11124  淳于公戈 11125	 鄺侯少子簋 （莒） 04152

合文

大夫

					夫=
					 蔡侯紐鐘 （蔡） 00211  曾侯與鐘 （曾） 江考 2014. 4

引書簡稱表

江考　《江漢考古》
考文　《考古與文物》
文物　《文物》
中原　《中原文物》
國博　《國家博物館館刊》
古研　《古文字研究》
商圖　《商周青銅器銘文暨圖像集成》
通鑒　《商周金文資料通鑒》
近二　《近出殷周金文集録二編》
影匯　《新收殷周青銅器銘文暨器影匯編》
吴越題　吴越題銘研究
復網　復旦大學出土文獻與古文字研究中心網站
中網　中國新聞網
三代　《三代吉金文存》
鍾離　《鍾離君伯墓》
楚金　《楚系金文彙編》
鳥考　《鳥蟲書通考》
郭　《郭沫若全集・考古篇》第七卷
春　春秋金文檢索系統（自編）
侯馬盟書　《侯馬盟書》
温縣盟書　編號T開頭者來自《河南温縣東周盟誓遺址一號坎發掘簡報》
編號W開頭者來自《新出簡帛研究：新出簡帛國際學術研討會文集》

參考文獻

艾蘭、邢文編：《新出簡帛研究：新出簡帛國際學術研討會文集》，文物出版社，二〇〇四年。

白海燕、白軍鵬：《論長子沫臣簠的國別》，《中國國家博物館館刊》二〇一四年第三期。

曹錦炎：《鳥蟲書通考》，上海書畫出版社，一九九九年。

曹錦炎：《吴越歷史與考古論叢》，文物出版社，二〇〇七年。

陳漢平：《金文編訂補》，中國社會科學出版社，一九九三年。

陳劍：《甲骨金文考釋論集》，綫裝書局，二〇〇七年。

陳劍：《金文字詞零釋（四則）》，《古文字學論稿》，安徽教育出版社，二〇〇八年。

陳斯鵬：《新見金文釋讀商補》，《古文字研究》第二十九輯。

陳斯鵬：《新見金文字編》，福建人民出版社，二〇一二年。

陳昭容：《秦系文字研究——從漢字史的角度考察》，臺灣中研院史語所，二〇〇三年。

陳治軍：《安徽出土青銅器銘文研究》，黄山書社，二〇一二年。

董楚平：《吴越徐舒金文集釋》，浙江古籍出版社，一九九二年。

董蓮池：《新金文編》，作家出版社，二〇一一年。

董　珊：《郘公䤬父二器簡釋》，《出土文獻》第三輯，中西書局，二〇一二年。
董　珊：《試説山東滕州莊里西村所出編鎛銘文》，《古文字研究》第三十輯。
董　珊：《隨州文峰塔M1出土三種曾侯與編鐘銘文考釋》，復旦大學出土文獻與古文字研究中心網站，二〇一四年一〇月四日。
董　珊：《吴越題銘研究》，科學出版社，二〇一四年。
段玉裁：《説文解字注》，上海古籍出版社，一九八一年。
復旦大學出土文獻與古文字研究中心編：《出土文獻與古文字研究》（第一—三輯），復旦大學出版社，二〇〇六—二〇一〇年。
復旦大學出土文獻與古文字研究中心編：《出土文獻與古文字研究》（第四、五輯），上海古籍出版社，二〇一一—二〇一三年。
高　明、涂白奎：《古文字類編（增訂本）》，上海古籍出版社，二〇〇八年。
高　明：《中國古文字學通論》，北京大學出版社，一九九六年。
郭沫若：《郭沫若全集・考古編》第七卷，科學出版社，二〇〇二年。
郭沫若：《兩周金文辭大系圖録考釋》，上海書店出版社，一九九九年。
何景成：《商周青銅器族氏銘文研究》，齊魯書社，二〇〇九年。
河南省文物研究所：《河南温縣東周盟誓遺址一號坎發掘簡報》，《文物》一九八三年第三期。
黄德寬、陳秉新：《漢語文字學史（增訂本）》，安徽教育出版社，二〇一四年。
黄德寬：《漢字理論叢稿》，商務印書館，二〇〇六年。
黄德寬主編：《古文字譜系疏證》，商務印書館，二〇〇七年。
黄錦前：《楚系銘文中的「孟庚」與「孟甲」》，《中原文物》二〇一二年第四期。

黄錫全：《古文字論叢》，藝文印書館，一九九九年。
黄錫全：《湖北出土商周文字輯證》，武漢大學出版社，一九九二年。
李　剛：《䀇、簠補釋》，《古文字研究》第二十九輯。
李家浩：《安徽大學漢語言文字研究叢書·李家浩卷》，安徽教育出版社，二〇一三年。
李家浩：《著名中年語言學家自選集·李家浩卷》，安徽教育出版社，二〇〇二年。
李　零：《文峰塔M1出土鐘銘補釋》，《江漢考古》二〇一五年第一期。
李守奎：《「𡰥」與「徙之古文」考》，《出土文獻》第六輯，中西書局，二〇一五年。
李守奎：《楚文字編》，華東師範大學出版社，二〇〇三年。
李天虹：《曾侯與編鐘銘文補説》，《江漢考古》二〇一四年第四期。
李學勤：《當代學者自選文庫——李學勤卷》，安徽教育出版社，一九九九年。
李學勤：《東周與秦代文明》，上海人民出版社，二〇〇七年。
李學勤：《新出青銅器研究》，文物出版社，一九九〇年。
李學勤：《曾侯與編鐘銘文前半釋讀》，《江漢考古》二〇一四年第四期。
李運富：《楚國簡帛文字構形系統研究》，嶽麓書社，一九九七年。
李運富：《漢字學新論》，北京師範大學出版社，二〇一二年。
林　澐：《林澐學術文集》，中國大百科全書出版社，一九九八年。
劉彬徽：《楚系金文匯編》，湖北教育出版社，二〇〇九年。
劉　剛：《杕氏壺銘文「實」字考》，《漢語言文字研究》第一輯，上海古籍出版社，二〇一五年。
劉　雨、盧　岩：《近出殷周金文集録》，中華書局，二〇〇二年。
劉　雨、嚴志斌：《近出殷周金文集録二編》，中華書局，二〇一〇年。

劉　釗：《出土簡帛文字叢考》，臺灣古籍出版有限公司，二〇〇四年。
劉　釗：《古文字構形學》，福建人民出版社，二〇〇六年。
羅衛東：《春秋金文構形系統研究》，上海教育出版社，二〇〇五年。
馬承源主編：《商周青銅器銘文選》（一—四册），文物出版社，一九八六—一九九〇年。
彭裕商：《春秋青銅器年代綜合研究》，中華書局，二〇一一年。
裘錫圭：《古文字論集》，中華書局，一九九二年。
裘錫圭：《裘錫圭學術文集》，復旦大學出版社，二〇一二年。
裘錫圭：《文字學概要》，商務印書館，二〇一三年修訂版。
容　庚：《金文編》，中華書局，一九八五年。
山西省文物工作委員會編：《侯馬盟書》，文物出版社，一九七六年。
施謝捷：《吴越文字匯編》，江蘇教育出版社，一九九八年。
孫　剛：《齊文字編》，福建人民出版社，二〇一〇年。
湯餘惠主編：《戰國文字編》，福建人民出版社，二〇〇一年。
湯志彪：《三晉文字編》，作家出版社，二〇一三年。
王　輝、程學華：《秦文字集證》，藝文印書館，一九九九年。
王　輝：《秦銅器銘文編年集釋》，三秦出版社，一九九〇年。
鄔可晶：《鄭太子之孫與兵壺「項首」别解》，《古文字研究》第二十九輯。
吴良寶：《先秦貨幣文字編》，福建人民出版社，二〇〇六年。
吴振武：《古璽文編校訂》，人民美術出版社，二〇一一年。
吴鎮烽：《晉公盤與晉公𥂴銘文對讀》，復旦大學出土文獻與古文字研究中心網站，二〇一四年六月二二日。

吴鎮烽：《商周金文資料通鑒》（光盤），二〇一三年。
吴鎮烽：《商周青銅器銘文暨圖像集成》，上海古籍出版社，二〇一二年。
謝明文：《晉公盨銘文補釋》，《出土文獻與古文字研究》第五輯，上海古籍出版社，二〇一三年。
謝明文：《釋東周金文中的幾例「醓」字》，《出土文獻》第六輯，中西書局，二〇一五年。
徐寶貴：《石鼓文整理研究》，中華書局，二〇〇八年。
徐在國：《傳抄古文字編》，綫裝書局，二〇〇六年。
徐在國：《隸定古文疏證》，安徽大學出版社，二〇〇二年。
許　可：《試説隨州文峰塔曾侯與墓編鐘中從「匕」之字》，《出土文獻》第六輯，中西書局，二〇一五年。
許　慎：《説文解字》，中華書局，一九五九年。
嚴志斌：《四版〈金文編〉校補》，吉林大學出版社，二〇〇一年。
楊樹達：《積微居金文説》，中華書局，一九九七年。
姚孝遂：《姚孝遂古文字論集》，中華書局，二〇一〇年。
于省吾：《雙劍誃吉金文選》，中華書局，一九九八年。
于省吾：《于省吾著作集》，中華書局，二〇〇九年。
袁仲一、劉　鈺：《秦文字類編》，陝西人民教育出版社，一九九三年。
曾憲通：《古文字與出土文獻叢考》，中山大學出版社，二〇〇五年。
曾憲通：《曾憲通學術文集》，汕頭大學出版社，二〇〇二年。
張光裕、曹錦炎：《東周鳥篆文字編》，香港翰墨軒出版有限公司，一九九四年。
張懋鎔：《古文字與青銅器論集》，科學出版社，二〇〇二年。
張亞初：《殷周金文集成引得》，中華書局，二〇〇一年。

張振謙：《齊魯文字編》，學苑出版社，二〇一四年。
張政烺：《張政烺文集》，中華書局，二〇一二年。
趙　誠：《古代文字音韻論文集》，中華書局，一九九一年。
趙平安：《金文釋讀與文明探索》，上海古籍出版社，二〇一一年。
趙平安：《隸變研究》，河北大學出版社，二〇〇九年。
中國古文字研究會、吉林大學古籍整理研究所：《紀念中國古文字研究會成立三十週年國際學術研討會會議論文集》（自印本），二〇〇八年。
中國古文字研究會編：《古文字研究》（第一—三〇輯），中華書局，一九七九—二〇一四年。
中國社會科學院考古研究所：《殷周金文集成（修訂增補本）》，中華書局，二〇〇七年。
鍾柏生、陳昭容、黄銘崇、袁國華：《新收殷周青銅器銘文暨器影匯編》，臺北藝文印書館，二〇〇五年。
周法高：《金文詁林》，香港中文大學，一九七五年。
周法高：《金文詁林補》，臺灣中研院史語所，一九八二年。
朱鳳瀚：《古代中國青銅器》，南開大學出版社，一九九五年。

拼音檢字表

筆畫檢字表

令 413
印 414
犳 442
氏 533
乍 545
匃 548
処 606
卯 637
弁 642

〔丶〕

礼 7
玄 178
疒 360
立 458
永 493
庀 504
它 550、572

〔乛〕

召 44
台 45
疋 96
皮 146
右 205
出 275
司 412
永 510
母 518、529
妣 519
奴 520
民 530
弗 530
加 587
矛 610
㠯 638

六畫

〔一〕

吏 5
芃 29
吉 47
迁 78
延 94
丙 100
共 121
臣 142
寺 145
攷 152
百 166
再 177
死 183
囟 203
刑 236
㓝 236
邦 284
邯 293
斥 310
有 320
朿 326
考 389
老 390
而 428
夷 449
炏 460
至 503
西 504
耳 506
戎 535
戈 538
匜 549
匡 550
亘 574
地 575
在 578
圭 580
成 626
戌 646

〔丨〕

吁 49
此 62
邙 293
早 304
同 365
光 445
曲 552
孛 560
曳 641

〔丿〕

名 41
各 49
往 68
迄 80
廷 94
行 94
负 117
弁 122
𨒌 135
彶 136
自 163
旨 213
合 240
缶 243
朱 257
休 263
𠂤 275
邢 287
𨛬 292
郈 294
多 324
年 334
伊 373
伐 375
舟 392
先 399
后 412
色 414
旬 416
乑 532
伞 610
𠂤 613

〔丶〕

𢖯 158
羊 172
邡 294
宅 341
厇 341
宇 342
安 344
守 350
官 355
衣 383
卒 384
次 402
亦 450
交 452
忕 471
江 477
汝 481
汋 482
汲 490
州 493
祀 520
字 633
亥 646

〔乛〕

夋 91
丞 117
聿 140
夆 270
妃 517
妃 517
妁 520
改 521
好 521
如 521
妄 522
㚬 523
系 561
阪 615
阴 616
㠯 627

七畫

〔一〕

折 27
吾 41
走 53
迊 81
迖 81
弄 119
戒 119
玑 131
攻 152
甫 160
巫 207
扞 212
豆 218
匠 224
医 244
杞 256
杕 258
极 262
孛 275
束 275
邯 287
邵 294
邬 295
克 331
求 390
孝 390
玖 402
和 413
床 425
屁 426
豖 429
赤 447
志 462
忒 468
巠 492
否 503
耴 506
臣 509
扶 509
均 577
坏 578
坖 578
坏 580
里 580
車 611
辰 637
酉 642

〔丨〕

呈 47
呴 50
㞷 88
旻 137
肖 186
告 271
困 278
因 278
邑 284
呼 290
吴 306
吕 358
見 399
吳 450
昃 489
妟 522
里 582
男 586
助 586
助 588

〔丿〕

每 24
余 36
牡 39
告 40
昏 50
返 75
迄 80
徃 94
延 94
佃 104
兵 119
孚 128
妥 129
攸 151
季 157
孖 181
肝 187
利 189
角 194
刎 217

八畫

〔丨〕

十一畫

〔一〕

〔乛〕

〔丶〕

〔丿〕

〔丨〕

鉈 551
雋 581
鉉 598
鈹 598
鈴 600
鉣 602
鉄 603

〔、〕

福 7
禋 10
童 70
適 72
遾 83
褋 104
意 106
詹 108
詨 111
誁 111
詵 111
訮 115
訊 130
敎 150
雁 170
扇 187
登 218
淦 231
遮 313
滥 330
粱 339
窑 346
窑 347
索 353
寡 356
瘠 364
痯 364
剫 409
廍 423
鹰 436
麀 438
猷 442
煙 444
煌 444
貳 450
澆 459
慎 463
慍 470
溺 478
滔 481
滂 481
溼 484
滅 490
溲 492
戠 539
義 543
新 609

〔乛〕

辟 20
遅 76
遂 82
肅 140
群 172
羣 172
師 272
鄝 292
辟 415
綷 464
盡 474
畫 491
嫱 523
嬉 525
敹 541
彊 557
彄 557
經 562
緦 564
綐 567
墜 576
勠 587
墮 616

十四畫

〔一〕

瑚 21
蔘 24
蔡 26
趙 55
趙 56
趣 57
跋 61
遨 83
遊 83
臧 142
嗀 153
爾 160
壹 178
覭 207
嘉 215
壽 216
棐 238
討 257
鄌 299
塱 381
監 381
壽 386
鬲 388
歌 401
碩 408
厲 425
豧 429
零 496
臺 504
戡 511
斀 541
韓 568
童 569
橐 589
輔 612

〔丨〕

嘻 45
賠 71
對 116
皴 147
鼎 157、328
睽 161
雎 171
鳴 174
鼏 191
罰 192
嘗 214
賕 282
鄲 287
鄰 299
鄙 299
縣 306
裂 384
間 505
闕 506
聞 508
鋻 598
巢 623

〔丿〕

德 93
僕 117
晨 122
毀 144
膣 188
儈 193
箬 197
箁 200
箕 202
箕 204
餌 239
餓 239
鉷 243
舞 252
槃 259
繁 260
鄦 287
鄱 289
鄒 291
鄙 292
貪 323
稯 338
稱 338
徹 374
德 378
頒 410
毚 438
獄 443
婴 527
鉠 552
繇 565
遥 576
酡 583
勸 589
銅 592
銚 603
銇 604
鋁 606

〔、〕

旅 13
壹 59
逹 66
適 70
訹 97
語 105
語 105
誨 105
誋 106
誋 106
誥 107
誤 108
詰 113
肇 147
盧 151
寧 212
害 225
濫 230
賓 281
鄭 286
旛 310
齊 326
鼏 328
糊 340
康 342
盜 343
實 344
寢 351
寡 352
婦 352
寓 353
寠 353
寂 356
瘍 361
瘂 362
瘢 363
瘳 363
襖 390
歆 405
廣 423
戡 458
惶 468
漢 478
滩 479
漸 492
漁 499
肇 534
裝 587

〔乛〕

遲 75
遡 83
陳 149
盡 227
鄩 287
鄧 288
鄱 299
朡 360
愳 466
匰 489
嫚 522
綾 563
綰 563
維 565
綽 568
䋽 610
墬 614
陽 614
隥 615
障 645

十五畫

〔一〕

璜 20
璋 20
蕃 28
蔽 29

十六畫

後記

《春秋文字字形表》的編撰，緣起於十多年前我在安徽大學的博士畢業論文。二〇〇三年初，導師黄德寬先生與我討論畢業論文選題。黄老師曾有過全面研究漢字發展的初步設想，並指導師兄江學旺博士對西周文字進行過整理研究。鑒於出土春秋文字資料逐年增多，而春秋文字發展演變研究尚比較薄弱，因此確定我做春秋文字的整理研究。選題確定後，我便開始搜集相關出土文字材料，着手編製字形表以作爲撰寫畢業論文的基礎。當時材料來源主要爲《殷周金文集成》、《近出殷周金文集録》、《石鼓文研究》、《侯馬盟書》和《文物》一九八三年第三期上的温縣盟書，采用的是紙本複印、手工剪切然後粘貼的方式整理與匯集字形。二〇〇五年初，初步編成按國别分列、早中晚三期分欄排佈字形的《春秋文字字形表》，並與論文一起提交答辯。畢業後，我繼續對字形表進行補充和完善。考慮到複印剪貼的形式已經落後於時代的發展，決定改用掃描和電腦剪切的方式處理字形，於是抛開原有的紙質字形表，重新開始。在前述幾種資料來源之外，又陸續采集了後出的《新收殷周青銅器銘文暨器影匯編》、《殷周金文集成（修訂增補本）》、《近出殷周金文集録二編》和《商周青銅器銘文暨圖像集成》等新材料，也補充了《新出簡帛研究》中温縣盟書的字形資料。

本字形表的最終完成，凝聚着恩師黄德寬先生、徐在國先生的大量心血。十多年來，兩位恩師對字形表的編製給予了持續不斷的鼓勵、指導與督促。蒙老師不棄，先後將本字形表的編製納入「漢字理論與漢字發展史研究」和「漢字發展通史」課題的研究計劃。近三四年中，除了日常的通訊指導外，課題組每年至少集中一次，就字形表的體例及單字的釋讀、編排問題進行討論，幫助解決了諸多疑難問題。最後定稿階段，兩位恩師又對字形表進行了全面的審閲，帮助糾正了不少錯誤。

李運富老師、趙平安老師、陳英傑先生曾對字形表編製的有關問題提出過很好的意見和指導。師兄郝士宏、江學旺，同學程燕，師弟張振謙、張道昇、劉剛、袁金平、李鵬輝、牛清波、陳治軍及學生董喆等先後爲我提供過材料和幫助。

字形表吸收和采納了衆多專家學者的研究成果，由於體例所限，未能一一注明，雖附有參考文獻，亦不免掛一漏萬，還請專家學者們諒解。少数拓片字形欠清晰，則采用相關著録中的銘文摹本，或采自《金文編》、《新金文編》、《新見金文字編》、《齊魯文字編》、《三晉文字編》等著作中更清晰的字形。

趁此書出版之機，謹向關心、支持和幫助我的師友表示衷心的感謝，也向相關專家學者表示敬意。

書中錯漏，概由本人負責，並懇請學界同仁批評指正。

吴國昇

二〇一五年十一月二日

圖書在版編目(CIP)數據

春秋文字字形表 / 黃德寬主編；徐在國副主編；吴國昇編著. —上海：上海古籍出版社，2017.9（2021.6 重印）
（古漢字字形表系列）
ISBN 978-7-5325-8233-4

Ⅰ.①春… Ⅱ.①黃… ②吴… Ⅲ.①漢字—古文字—字形—春秋時代 Ⅳ.①H123

中國版本圖書館 CIP 數據核字(2016)第 229250 號

責任編輯　顧莉丹
封面設計　嚴克勤
技術編輯　富　强

古漢字字形表系列
春秋文字字形表
黃德寬　主　編
徐在國　副主編
吴國昇　編　著
上海古籍出版社　出版
（上海瑞金二路 272 號　郵政編碼 200020）
（1）網址：www.guji.com.cn
（2）E-mail：gujil@guji.com.cn
（3）易文網網址：www.ewen.co
上海世紀出版股份有限公司發行中心發行經銷
常熟新驊印刷有限公司印刷
開本 787×1092　1/16　印張 43.75　插頁 5
2017 年 9 月第 1 版　2021 年 6 月第 3 次印刷
ISBN 978-7-5325-8233-4
H·158　定價：238.00 元
如有質量問題，請與承印公司聯繫